Du même auteur (extraits)

Les Cités obscures, bandes dessinées (en collaboration avec François Schuiten), Casterman, 1983-2019.
Hergé, fils de Tintin, biographie, Flammarion, 2002.
Lire la bande dessinée, essai, Flammarion, 2003.
Nous est un autre, enquête sur les duos d'écrivains, essai (en collaboration avec Michel Lafon), Flammarion, 2006.
Lire Tintin, les bijoux ravis, essai, Les Impressions Nouvelles, 2007.
Écrire l'image, un itinéraire, essai, Les Impressions Nouvelles, 2009.
Derrida, biographie, Flammarion, 2010.
Trois ans avec Derrida, les carnets d'un biographe, essai, Flammarion, 2010.
Chris Ware, la bande dessinée réinventée, essai (en collaboration avec Jacques Samson), Les Impressions Nouvelles, 2010.
L'homme qui dessine, entretiens avec Jirô Taniguchi, Casterman, 2012.
Valéry, tenter de vivre, essai, Flammarion, 2014.
Raoul Ruiz le magicien, essai (en collaboration avec Guy Scarpetta), Les Impressions Nouvelles, 2015.
Revoir Paris, bande dessinée (en collaboration avec François Schuiten), Casterman, 2016.
Tôkyô est mon jardin, bande dessinée (en collaboration avec Frédéric Boilet), Casterman, 2018.
Comme un chef, bande dessinée (en collaboration avec Aurélia Aurita), Casterman, 2018.

Sándor Ferenczi

L'enfant terrible
de la psychanalyse

Conception graphique : Léa Chevrier
ISBN : 978-2-0813-4727-4
© Flammarion, 2020.

Benoît
Peeters

Sándor Ferenczi

L'enfant terrible de la psychanalyse

Flammarion

« Le temps de Ferenczi *doit* venir. »
Lou Andreas-Salomé

Sándor Ferenczi.

1

Le vendredi 2 septembre 1932, peu avant 16 heures, Sándor Ferenczi et sa femme Gizella arrivent au 19 de la Berggasse, à Vienne. Sándor a le souffle court et la démarche hésitante ; elle le soutient discrètement. Il n'a que cinquante-neuf ans, mais il paraît beaucoup plus. Quelques mois plus tôt, Sigmund Freud ne s'est d'ailleurs pas privé d'ironiser sur le sujet : « Vous blanchissez, moi je grisonne. » Malgré les dix-sept ans qui les séparent, et les multiples opérations qu'a subies Freud depuis 1923, les deux hommes ont presque l'air d'avoir le même âge.

Sándor traverse le hall imposant de l'immeuble et gravit péniblement l'escalier qui conduit au premier étage. Sur le palier, deux portes se font face. L'une donne sur l'appartement familial, et l'autre sur le cabinet. Paula Fischl vient leur ouvrir, comme elle le fait pour les patients et les proches. Elle est au service des Freud depuis près de vingt ans. Quelques années plus tard, sa mémoire exceptionnelle lui permettra de remettre en place avec précision, dans la maison de Maresfield Gardens à Londres, tous les objets emportés par le professeur.

De tous les disciples de Freud, Sándor Ferenczi est le seul à partager sa passion pour l'archéologie. Dans le bureau chargé d'objets, d'images, de coussins et de tapis, il reconnaît les statuettes qu'ils ont achetées ensemble lors de leurs voyages en Italie, peu avant la Grande Guerre, et celles qu'il a dénichées pour lui à Budapest. Au-dessus de la reproduction du tableau montrant une leçon de Charcot à la Salpêtrière sont accrochées les photographies des disciples les plus proches. Celles de Jung et de Rank ont été retirées depuis longtemps. La sienne sera-t-elle la prochaine ?

Freud et Ferenczi sont aussi tendus l'un que l'autre. Après les rudes échanges de lettres des derniers mois, il ne pouvait en aller autrement. Freud, le visage déformé par les opérations successives de son cancer de la mâchoire, embarrassé par une prothèse approximative, s'exprime avec difficultés. Ce dont il souhaite parler, c'est de la présidence de l'Association psychanalytique internationale : Ferenczi va-t-il enfin se décider à l'accepter ? Sortir de «l'île des rêves», dans laquelle il s'est enfermé depuis trois ou quatre ans, pour rendre à la communauté psychanalytique les services qu'elle attend de lui ?

De son côté, Ferenczi veut d'abord donner lecture à Freud de la communication qu'il compte présenter quelques jours plus tard au congrès de Wiesbaden, malgré les polémiques qu'elle risque de susciter. Le titre est encore provisoire : «Les passions des adultes et leur influence sur le développement du caractère et de la sexualité de l'enfant». Sans attendre l'assentiment de Freud, Ferenczi se met à lire :

«Je suis arrivé peu à peu à la conviction que les patients perçoivent avec beaucoup de finesse les souhaits, les tendances, les humeurs, les sympathies et antipathies de l'analyste, même lorsque celui-ci en est totalement inconscient lui-même. Au lieu de contredire l'analyste, de l'accuser de défaillance ou de commettre des erreurs, les patients *s'identifient* à lui. C'est seulement à des moments exceptionnels que les malades peuvent amasser suffisamment de courage pour protester. D'habitude, ils ne se permettent aucune critique à notre égard ; une telle critique ne leur vient même pas à l'esprit, à moins d'en avoir reçu de notre part permission expresse ou encouragement direct. Nous devons donc non seulement apprendre à deviner, à partir des associations des malades, les choses déplaisantes du passé, mais aussi nous astreindre davantage à deviner les critiques refoulées ou réprimées qui nous sont adressées*[1]. »

Freud ne cherche pas à dissimuler son agacement. Le contre-transfert – les réactions inconscientes du psychanalyste à l'égard de son patient –, cela fait des années qu'ils en discutent. Mais l'insistance de Ferenczi sur les comportements inadéquats de certains analystes lui paraît excessive, et en tout cas inappropriée pour ouvrir un congrès qui s'annonce difficile.

Ferenczi poursuit sa lecture. Il est pressé d'en arriver au cœur de son propos : les traumatismes infantiles. Plusieurs des longues analyses qu'il a menées ces dernières années l'ont convaincu non seulement de la réalité des abus sexuels, mais aussi de leur fréquence. Il s'agit à ses yeux d'un phénomène majeur auquel la psychanalyse devrait accorder toute son attention.

« Même des enfants appartenant à des familles honorables et de tradition puritaine sont, plus souvent qu'on osait le penser, les victimes de violences et de viols. Ce sont soit les parents eux-mêmes qui cherchent un substitut à leurs insatisfactions, de cette façon pathologique, soit des personnes de confiance, membres de la famille (oncles, tantes, grands-parents), les précepteurs ou le personnel domestique, qui abusent de l'ignorance et de

---

*Toutes les références sont données en fin de volume.

l'innocence des enfants. L'objection, à savoir qu'il s'agissait des fantasmes de l'enfant lui-même, c'est-à-dire de mensonges hystériques, perd malheureusement de sa force, par suite du nombre considérable de patients, en analyse, qui avouent eux-mêmes des voies de fait sur des enfants.»

On frappe à la porte. Abraham Brill surgit dans le bureau et s'assied sans mot dire. Sándor ne comprend pas cette irruption : Brill a beau présider l'American Psychoanalytic Association, il ne fait pas partie des intimes du professeur. Et Ferenczi ne l'aime pas : lors de son séjour aux États-Unis, en 1926, Brill a eu un comportement très hostile envers lui. Sa présence à ce rendez-vous de la dernière chance apparaît comme un signe de défiance, presque un affront... Sándor hésite à reprendre sa lecture, mais Freud l'incite à poursuivre, comme si de rien n'était. «Les séductions incestueuses se produisent habituellement ainsi : un adulte et un enfant s'aiment; l'enfant a des fantasmes ludiques, comme de jouer un rôle maternel à l'égard de l'adulte. Ce jeu peut prendre une forme érotique, mais il reste pourtant toujours au niveau de la tendresse. Il n'en est pas de même chez les adultes ayant des prédispositions psychopathologiques, surtout si leur équilibre ou leur contrôle de soi ont été perturbés par quelque malheur, par l'usage de stupéfiants ou de substances toxiques. Ils confondent les jeux des enfants avec les désirs d'une personne ayant atteint la maturité sexuelle, et se laissent entraîner à des actes sexuels sans penser aux conséquences. De véritables viols de fillettes, à peine sorties de la première enfance, des rapports sexuels entre des femmes mûres et de jeunes garçons, ainsi que des actes sexuels imposés, à caractère homosexuel, sont fréquents.»

Brill se penche vers Freud en chuchotant : «Il n'est pas sincère.» L'exaspération du professeur est si criante que Sándor perd toute envie de lire le reste de sa communication. De tout ce qu'il a écrit, ces pages sont pourtant celles auxquelles il tient le plus. Il lui semble y avoir condensé l'essentiel de ses réflexions. Et il sait qu'il ne lui reste que peu de temps à vivre.

Pour Freud, les choses sont claires. Depuis quelques années, Ferenczi s'est engagé sur une pente glissante, s'éloignant des techniques classiques de la psychanalyse : sa façon maternante de céder aux aspirations et aux désirs des patients ne peut conduire à rien de bon. Le voici maintenant qui prend pour argent comptant les traumatismes infantiles au lieu de les interpréter comme des fantasmes : c'est une vraie régression vers cette « Théorie de la séduction » à laquelle il a lui-même renoncé trente-cinq ans plus tôt.

Freud n'a pas besoin d'en entendre davantage. Il insiste pour que Ferenczi ne présente pas cette communication au congrès de Wiesbaden, et surtout pour que le texte ne soit pas publié. Au moins pendant l'année qui vient. Le temps que celui qu'il a longtemps considéré comme son « paladin et grand vizir secret[2] » revienne à la raison.

La discussion se délite. Quand Ferenczi se lève pour prendre congé, Freud se détourne sans même serrer la main qu'il lui tend. Soutenu par Gizella, Sándor parcourt difficilement les cinq cents mètres qui les séparent de l'hôtel Regina. Il sait qu'il n'a plus rien à attendre du congrès de Wiesbaden, le dernier auquel il pourra participer. Cela fait plus d'un an qu'il est gravement malade. Son médecin a longtemps tâtonné, mais désormais il connaît le nom de son mal : une anémie pernicieuse dont l'issue ne peut qu'être fatale.

19, Berggasse à Vienne en 1938.

Quelques-unes des statuettes de la collection de Freud.
À l'arrière-plan, une photo de Lou Andreas-Salomé.

Freud à son bureau vers 1930.

Freud à son bureau au 19, Berggasse à Vienne vers 1930.

2

Vingt-quatre ans plus tôt, le dimanche 2 février 1908, Sándor avait franchi pour la première fois la porte du 19 de la Berggasse, avec son collègue Fülöp Stein. Freud et les siens habitaient alors le rez-de-chaussée de l'immeuble. Il y avait moins de statuettes sur le bureau, et seulement deux ou trois photos d'amis et de disciples sur le mur. Carl Gustav Jung était cette année-là l'indiscutable favori, celui que Freud considérait comme son successeur, celui dont l'arrivée avait soustrait la psychanalyse « au danger de devenir une affaire de la nation juive[1] ».

Ferenczi et son collègue avaient d'abord été un peu déçus de ne pas être invités à déjeuner, à cause de la grippe qui sévissait dans la famille. Mais Sigmund Freud les avait accueillis dès 15 heures et avait parlé avec eux tout le reste de l'après-midi. Sándor avait été ébloui par l'éloquence du professeur et la puissance de ses réflexions, qui confirmaient ce qu'il avait entrevu en lisant *L'Interprétation des rêves*. Comment avait-il pu passer à côté de ce livre, la première fois qu'il l'avait eu dans les mains ? C'était en 1902. On lui avait proposé d'en écrire un compte rendu. Mais ce gros volume n'avait pas retenu son attention. Il l'avait refermé rapidement, avant d'y revenir cinq ans plus tard. Cette fois, *L'Interprétation des rêves* l'avait passionné. Et pendant les semaines suivantes, il avait lu d'un bout à l'autre tous les autres textes de Freud disponibles : *Psychopathologie de la vie quotidienne*, *Le Mot d'esprit et ses rapports avec l'inconscient*, *Trois Essais sur la théorie sexuelle* et *Fragments d'une analyse d'hystérie*. Il ne parvenait plus à comprendre pourquoi cette théorie de l'origine sexuelle des névroses avait pu susciter en lui « tant de déplaisir et d'aversion[2] ».

Vers 1906, juste avant de découvrir l'œuvre de Freud, Sándor s'était passionné pour Jung et ses associations d'idées, une méthode permettant de mesurer avec précision le fonctionnement mental : l'expérimentateur dispose d'une liste de mots, choisis au hasard, qui n'ont entre eux aucun rapport de signification. Il invite le sujet à réagir à chacun de ces mots aussi vite que possible en prononçant la première chose qui lui vient à l'esprit, sans la moindre censure. Mesuré avec précision, le temps de réaction permet d'identifier les termes les plus marquants.

Immédiatement séduit, Sándor s'était mis à chronométrer les associations libres de tous ceux qu'il rencontrait, au New York Palace ou au dispensaire. Quiconque croisait son chemin dans les cafés de Budapest, « écrivain, poète, peintre, préposée aux toilettes ou serveur[3] », était soumis à cette expérience.

La visite à Jung, à la célèbre clinique psychiatrique zurichoise du Burghölzli, la première à s'être ralliée aux théories freudiennes, avait achevé de le convaincre[4]. Et c'est sur le conseil de Jung que Ferenczi s'était décidé à écrire à Freud le 18 janvier 1908 : « Je suis très désireux de vous approcher personnellement, vous dont l'enseignement occupe sans cesse mon esprit depuis un an[5]. » Ferenczi expliquait qu'il allait bientôt présenter les principes de la psychanalyse à des médecins hongrois ignorants ou mal informés ; les conseils de son fondateur lui seraient donc des plus utiles.

Après la première visite chez Freud, les lettres s'étaient enchaînées rapidement, le ton devenant de plus en plus personnel. Ferenczi ne le cachait pas : le souvenir de ce dimanche après-midi lui revenait sans cesse et le stimulait au plus haut point.

Dans son cabinet de Budapest, Sándor s'était mis à traiter ses patients sur un mode analytique, avec un grand enthousiasme. À cette époque, il avait le fantasme de cures très brèves, aux résultats quasi miraculeux. Des années plus tard, il a évoqué le tout premier cas de sa carrière de psychanalyste : « Il s'agissait d'un jeune collègue que j'avais rencontré dans la rue : extrêmement pâle, luttant manifestement contre une pénible dyspnée, il me saisit par le bras et me supplia de l'aider. Il souffrait, me dit-il entre deux étouffements, d'asthme nerveux. Il avait tout essayé, mais sans succès jusqu'à présent. Je me décidai rapidement et je conduisis mon malheureux collègue dans mon cabinet de consultation. Là, je l'engageai à me livrer ses réactions au schéma d'association proposé, puis je me plongeai dans l'analyse de son passé à l'aide de ce matériel associatif rapidement semé et récolté, et comme prévu, les images mnésiques se regroupèrent bientôt autour d'un traumatisme subi dans la première enfance[6]. »

Tout petit, le patient avait subi une opération d'une tumeur du scrotum, juste à côté du pénis. Tandis qu'il parlait avec Ferenczi, ces souvenirs longtemps enfouis lui revenaient. « Il vit et revécut, avec un vif sentiment de réalité, comment il avait été empoigné de force par les infirmiers, comment on lui avait appliqué de force le masque de chloroforme sur le visage et comment il avait voulu échapper, de toutes ses forces, au pouvoir asphyxiant du gaz anesthésiant ; il répéta les contractions musculaires, la sueur d'angoisse et le trouble respiratoire qu'il avait dû éprouver au moment de l'événement traumatique. Puis il ouvrit les yeux comme s'il sortait d'un rêve, promena un regard étonné autour de lui et me serra dans ses bras en jubilant et déclarant qu'il se sentait totalement délivré de sa crise. »

Mais Sándor ne tarda pas à se rendre compte que la plupart de ces « guérisons de symptômes » ne produisaient que des résultats éphémères. Par-delà la puissance des effets cathartiques, il lui fallait comprendre les résistances des patients et maîtriser la technique du transfert telle que Freud l'avait mise au point.

Ferenczi lui-même n'avait pas été analysé, non plus que les autres praticiens de l'époque : cette règle, devenue fondamentale, n'a été établie qu'en 1925. Mais cela n'empêchait pas Sándor d'agir avec prudence : il avait par exemple envoyé chez le professeur une de ses patientes, une paranoïaque à laquelle il n'était pas sûr que la psychanalyse puisse convenir, diagnostic que Freud avait confirmé.

L'aspect théorique de la psychanalyse et ses applications à la vie quotidienne passionnaient tout autant Ferenczi. Dans une de ses premières lettres à Freud, il avait évoqué le grand intérêt qu'il portait aux devinettes : leur caractère quelque peu sadique et leurs nombreuses allusions sexuelles lui paraissaient susceptibles d'une approche psychanalytique. Cette nouvelle piste de recherche avait aussitôt réjoui Freud qui y avait vu un prolongement de ses propres recherches sur l'humour : « La devinette utilise au grand jour toutes les techniques que le mot d'esprit dissimule. Une étude parallèle serait, en effet, très instructive. Personne ne m'a encore suivi sur cette voie, ni sur ces détours esthétiques[7]. »

Et sans plus attendre, Freud avait invité Ferenczi à prononcer une conférence lors de la première rencontre de psychologie freudienne qui devait se tenir à Salzbourg le 27 avril 1908. Il ne dissimulait pas son désir de le revoir prochainement : « Il a suffi d'un jour pour que nous établissions des relations amicales. »

S'il a déjà trente-quatre ans, Sándor a l'impression que sa vie vient réellement de commencer. Un peu plus tard, il écrit même à Freud que c'est grâce à la rencontre de la psychanalyse qu'il s'est senti devenir homme.

3

J'ai entendu le nom de Sándor Ferenczi pour la première fois en classe de terminale, en 1974. Notre professeur de philosophie avait évoqué son texte le plus célèbre, *Thalassa*, de manière assez précise pour que je m'en souvienne.

Lecteur attentif de Freud, auditeur occasionnel du séminaire de Lacan, j'ai continué à m'intéresser de près à la psychanalyse pendant les années suivantes, sans m'y impliquer directement. Bientôt, *Un destin si funeste* de François Roustang, *La Saga freudienne* de Paul Roazen et quelques autres ouvrages ont commencé à m'éclairer sur les rapports douloureux de Freud avec ses disciples.

En 1992, un compte rendu du premier volume de la correspondance de Freud et Ferenczi m'a immédiatement fasciné. Je me suis plongé dans ce gros livre, puis dans le *Journal clinique* et plusieurs autres textes. J'attendais avec impatience les deux tomes suivants de la correspondance. Ils ne m'ont pas déçu. Sous une forme certes très éclatée, on peut y lire l'histoire d'une amitié en même temps qu'un éclairage extraordinaire sur les débuts du mouvement psychanalytique.

Pendant vingt-cinq ans, la relation des deux hommes connaît des bouleversements de toute nature. Une vraie complicité se noue dès les premières vacances passées ensemble en 1908, puis pendant le voyage en Amérique de l'été suivant. Sigmund Freud et Sándor Ferenczi – ils ont les mêmes initiales – partagent non seulement la passion de la psychanalyse, mais aussi un rapport ambigu au judaïsme, le goût de l'Italie, l'amour de l'art et la littérature, un vif intérêt pour la télépathie. Freud ne se prive pas d'utiliser l'énergie de Ferenczi et son inlassable prosélytisme pour «la cause». L'enthousiasme et le talent de Sándor, mais aussi, chaque fois qu'il le faut, ses attaques frontales contre les analystes tombés en disgrâce font longtemps de lui le disciple favori du maître.

Mais le lien entre Ferenczi et Freud n'est qu'un des éléments de l'histoire fascinante et cruelle qui se dessine en pointillé dans leur correspondance. C'est à travers l'imbroglio sentimental entre Sándor, sa maîtresse Gizella Pálos et Elma, la fille de cette dernière, que se noue un incroyable drame, plusieurs années durant. Ferenczi prend les deux femmes en analyse, puis, après être tombé amoureux d'Elma, il l'envoie suivre une cure chez Freud. Les lettres et les confidences circulent en tous sens, dans la plus totale confusion des rôles et des divans.

La relation de Freud et Ferenczi va survivre à cette histoire comme à d'innombrables turbulences, entre Vienne et Budapest, dans un Empire austro-hongrois qui se disloque. Bientôt, ce sont les conflits au sein du «Comité secret» et de l'Association psychanalytique internationale, la Première Guerre mondiale, le cancer de Freud, la place grandissante de sa fille Anna, la montée de l'antisémitisme et du nazisme...

Thérapeute remarquable et théoricien inventif, Ferenczi minimise longtemps ses désaccords avec Freud, alors que sa manière de pratiquer et de penser la psychanalyse s'écarte de plus en plus de la sienne. Ses textes les plus novateurs et les plus controversés n'ont été écrits que peu avant sa mort prématurée en 1933. Comment se libérer d'un maître ? Conquérir son indépendance sans le renier ? Ces questions sont au cœur de ce livre.

Il ne s'agit nullement pour moi de traiter Freud en bouc émissaire, en donnant à Ferenczi le rôle héroïque naguère attribué à l'auteur de *L'Interprétation des rêves* : seul contre tous, et incompris. L'histoire est plus complexe et autrement passionnante : Ferenczi est loin d'avoir toujours un comportement exemplaire et Freud fait souvent preuve d'une grande patience à son égard.

Il n'empêche qu'il existe entre les deux hommes une différence fondamentale. Là où Freud croit à la séparation des registres – entre vie publique et vie privée, science et affectivité –, Sándor refuse tous les cloisonnements. Sa volonté de soigner ne connaît bientôt plus de limites. À force de distance, la position de Freud peut tendre à *l'inhumain*. À force d'exigence et de doutes, celle de Ferenczi va le conduire à *l'invivable*.

Le destin posthume de celui qui se désignait parfois comme « l'enfant terrible de la psychanalyse » n'est pas moins passionnant que l'histoire de sa vie. Maltraité par Ernest Jones dans sa célèbre biographie de Freud, Ferenczi a vu ses apports longtemps minimisés. Malgré les efforts de son disciple Michael Balint, sa correspondance avec Freud et son bouleversant *Journal clinique* ont été censurés pendant des décennies. La France a joué un rôle central dans leur exhumation, notamment grâce à la revue *Le Coq-Héron*.

Au fil des ans, de nouveaux documents sont devenus accessibles et l'intérêt pour Sándor Ferenczi n'a cessé de grandir, révélant la richesse de sa trajectoire et la modernité de ses intuitions. La question des traumas enfantins, centrale dans ses derniers articles, est devenue brûlante pour nous depuis que la tragédie des abus sexuels s'est révélée dans toute son ampleur, à travers des faits divers sordides et des scandales à répétition. On regrette que les avancées cliniques et théoriques de l'auteur de «Confusion de langue entre les adultes et l'enfant» n'aient pas été prises en compte plus tôt quand on lit ces propos d'une analyste par ailleurs aussi remarquable que Françoise Dolto, affirmant, en 1979, que les enfants abusés sont «toujours consentants» : «Dans l'inceste père-fille, la fille adore son père et est très contente de pouvoir narguer sa mère! […] Elle ne l'a pas ressenti comme un viol. Elle a simplement compris que son père l'aimait et qu'il se consolait avec elle, parce que sa femme ne voulait pas faire l'amour avec lui[1].»

Si plusieurs ouvrages ont été consacrés à Ferenczi, dont certains de grande qualité, c'est à la communauté psychanalytique qu'ils s'adressaient en priorité. Sa vie, romanesque à bien des égards, méritait, je crois, d'être racontée à un plus large public.

Ce livre n'est ni un traité savant, ni une véritable biographie, même si je me suis appuyé sur toutes les sources disponibles en français et en anglais. C'est l'histoire d'une amitié peut-être impossible et d'un amour qui ne le fut pas moins. C'est le portrait d'un perdant magnifique et d'un analyste visionnaire, précurseur des réflexions les plus contemporaines sur les maltraitances enfantines, la possibilité de la résilience, la théorie du *care* et les nouvelles voies de la thérapie.

À l'heure des remises en question brutales et souvent injustes de la psychanalyse, l'approche de Sándor Ferenczi, ouverte, humaine et respectueuse, me semble particulièrement riche d'avenir.

Sándor Ferenczi en 1909.

4

On ne trouve dans l'œuvre de Sándor Ferenczi aucun texte qui ressemble à une autobiographie. Beaucoup d'archives ont disparu dans la tourmente de la Seconde Guerre mondiale ; d'autres documents n'ont pas encore été méthodiquement exploités[1]. C'est dans quelques articles, dans le *Journal clinique*, et surtout dans les lettres à Freud et à Georg Groddeck que sont dispersées les indications sur son enfance et sa jeunesse.

Sándor Ferenczi est né le 7 juillet 1873 à Miskolc, une ville industrielle de 60 000 habitants, à 180 kilomètres au nord-est de Budapest.

Son père, Baruch Fränkel, né à Cracovie en 1830, a émigré très tôt en Hongrie. En mars 1848, le jeune homme s'est engagé dans l'armée de volontaires qui lutte contre le pouvoir des Habsbourg, réclamant l'indépendance de la Hongrie. Après l'écrasement de l'insurrection, son courage lui vaut du prestige et de nombreux amis fidèles. Comme beaucoup de Juifs venus de Pologne, il va devoir magyariser son nom : en 1879, il devient Bernát Ferenczi, refusant par conviction politique le *y* final qui aurait donné à son patronyme une allure plus aristocratique.

Sa mère, née Roza Eibenschütz le 11 décembre 1840, est elle aussi juive et d'origine polonaise. Le couple, qui se marie à Vienne en 1858, aura douze enfants dont onze survivront. Sándor est le huitième.

À Miskolc, Bernát Ferenczi et sa femme tiennent une librairie renommée, doublée d'une petite imprimerie publiant les poèmes de grandes figures de la résistance hongroise. Ils dirigent également une agence artistique qui organise de nombreux concerts. La maison est un lieu de rencontres et de débats pour les écrivains et les artistes. On y discute aussi volontiers de politique que de questions esthétiques. La libre-pensée prévaut ; les convictions religieuses sont dédaignées.

Dès son enfance, Sándor est un grand lecteur. Pas une seule étagère de la librairie n'est trop élevée pour lui : assis au sommet de l'échelle, il reste si tranquillement à lire que plus personne ne sait où il se trouve. Très jeune, il se plonge dans les poèmes de Goethe et Heine comme dans les récits de Maupassant et Anatole France. Mais il aime aussi la nature et notamment marcher avec son père dans la vigne familiale, où travaillent de petites paysannes dont les charmes ne le laissent pas insensible[2].

Bernát Ferenczi meurt brusquement en 1888, sans doute d'une occlusion intestinale. Sándor n'a que quinze ans : le choc est d'autant plus grand qu'il semble avoir été son fils préféré. C'est le second deuil qui le frappe : sa petite sœur Vilma a été emportée par la diphtérie alors qu'il était âgé de cinq ans.

Après la mort du père, la continuité prévaut sur le plan matériel. Énergique et efficace, Roza Ferenczi poursuit les activités de la librairie et de l'imprimerie ; elle ouvre même une succursale dans une ville voisine et devient présidente de l'Union des femmes juives de Miskolc. Mais elle gère sa nombreuse famille avec une froideur et une dureté dont Sándor se plaindra toute sa vie, considérant qu'elle a fait preuve d'injustice à son égard.

C'est dans une longue lettre à son ami Georg Groddeck que Ferenczi a donné le plus de détails sur son enfance : « Étais-je trop exigeant ou bien ma mère – la mère de onze enfants vivants dont j'étais le huitième – était-elle trop sévère : selon mon souvenir, il est certain qu'enfant j'ai reçu d'elle trop peu d'amour et trop de sévérité. Sentimentalité et caresses étaient inconnues dans notre famille. […] D'une telle éducation pouvait-il résulter autre chose que de l'hypocrisie[3] ? »

On trouve aussi plusieurs notations sur les blessures de ses premières années dans le journal qu'il a tenu en 1932 : « Quand ma mère affirmait que j'étais méchant, cela me rendait encore plus méchant. Sa façon de me blesser le plus, c'était de prétendre que je la tuais ; c'était le tournant à partir duquel je me contraignais, contre ma conviction intérieure, à la bonté et à l'obéissance[4]. »

Les traumatismes d'ordre sexuel, qui seront au centre de ses derniers articles, n'ont pas été absents de son enfance. Tout petit, vers l'âge de trois ans, après des attouchements avec sa sœur Gizella, qui est d'un an son aînée, Sándor a été menacé avec un grand couteau par la cuisinière qui les a surpris. À cinq ans, un camarade plus âgé lui impose une fellation ; il évoquera dans une lettre à Freud le dégoût provoqué par ce gros pénis « bien brun » et ses veines bleues. Un peu plus tard, Sándor est surpris par sa mère en train de noter sur une feuille de papier un véritable dictionnaire des expressions obscènes qu'il connaît, mais « au lieu d'être aidé, compris, éclairé », il n'a droit qu'à un rude sermon. L'humiliation d'être découvert, et précisément par sa mère, ainsi que la sévère punition qui s'ensuit, entraînent un long désintérêt pour le domaine érotique, et même, plus tard, « une hostilité pour le contenu du vocabulaire érotique[5] ».

Pour le reste, les informations sur son enfance et son adolescence sont hélas bien rares. Comme ses six frères, Sándor fait ses études secondaires au collège protestant de Miskolc. Il est aussi à l'aise en allemand qu'en hongrois et acquiert une solide connaissance du latin. Grand lecteur et amateur de littérature, il apprend également le français et l'anglais. Mais pendant l'adolescence, la pensée de la mort l'occupe des nuits entières. Et la communication avec sa mère et ses frères et sœurs se réduit de plus en plus. « Préserver les apparences, cacher les "mauvaises habitudes", c'était le plus important. C'est ainsi que je devins un excellent élève et un onaniste secret ; timide, n'employant jamais un mot obscène – et fréquentant en cachette des prostituées avec de l'argent volé[6]. »

À l'âge de dix-huit ans, tandis que ses frères aînés reprennent la librairie familiale, Sándor part étudier la médecine à Vienne, car à Budapest le niveau est considéré comme médiocre. On sait peu de choses de ces trois années viennoises. Il loge chez son oncle Sigmund Fränkel, frère aîné de son père. De son propre aveu, il n'est guère studieux, préférant mener « la belle vie », et multipliant les sorties en montagne avec l'un de ses frères, qui travaille non loin de Vienne. C'est à cette époque que Sándor entend pour la première fois parler de Sigmund Freud : il lit, sans y prêter une grande attention, l'article que celui-ci vient de signer avec Josef Breuer sur « Les mécanismes psychiques des phénomènes hystériques ». Mais il se passionne bien davantage pour l'hypnose, à laquelle il soumet ses sœurs, puis un employé de la librairie.

En 1894, tout juste diplômé, Sándor fait son service militaire comme médecin des armées. Puis il s'installe à Budapest, la capitale née une vingtaine d'années plus tôt de la fusion de Buda, de Pest et du quartier historique d'Obuda. Le nationalisme hongrois n'est pas mort. Certes, en 1867 un compromis a donné naissance à la double monarchie d'Autriche-Hongrie, accordant au territoire hongrois sa propre constitution et son propre Parlement, mais les rapports avec le pouvoir central autrichien restent très tendus. En 1896, Budapest célèbre le Millénaire de la conquête de la patrie par les Magyars. On inaugure la première ligne de métro électrique d'Europe, ainsi que la place des Héros et de grands boulevards de style haussmannien, tandis que d'importantes manifestations opposent le peuple aux autorités[7]. Quant aux Juifs, même s'ils bénéficient des droits civiques depuis 1867, ils sont régulièrement l'objet de sarcasmes. Karl Lueger, maire de Vienne et antisémite proclamé, évoque avec mépris la ville de « Judapest ».

D'abord praticien généraliste, Ferenczi devient en 1897 médecin assistant à Szent Rókus, l'hôpital des indigents[8]. Alors qu'il souhaite s'occuper des maladies nerveuses, le chef du service, le professeur Kalman Müller, l'enchaîne au service des prostituées. Les maladies vénériennes, omniprésentes, viennent s'ajouter à la misère. Budapest compte alors de très nombreuses maisons closes, des plus huppées aux plus sordides. C'est la rançon du puritanisme officiel : comme le racontera Stefan Zweig dans *Le Monde d'hier*, fréquenter les bordels est pour les jeunes gens d'alors le meilleur moyen de protéger la vertu des jeunes filles de bonne famille.

Pour échapper à la malveillance de son supérieur, Sándor rejoint dès 1898 l'hôpital Erzsébeth, dans l'un des quartiers les plus pauvres de Budapest. C'est un amas de maisons insalubres et surpeuplées aux allures de ghetto, dont la population est majoritairement juive. En 1900, il y est nommé médecin : au service de neuropsychiatrie, il reçoit les épileptiques, les hystériques et les vieillards séniles. Un peu plus tard, il y ajoute des fonctions d'expert-psychiatre à la cour d'assises de Budapest.

Dès cette époque, Sándor ne craint pas de se remettre en question, heurté par la bonne conscience et les fausses certitudes de la plupart de ses collègues. Il aimerait que, dans les publications médicales, au lieu se présenter comme infaillibles, les auteurs évoquent avec sincérité la façon dont se constitue, se confirme ou s'infirme le diagnostic qu'ils élaborent. « Il est en effet bien rare que l'on s'avise de parler des erreurs que nous faisons dans notre pratique quotidienne, et, lorsque c'est le cas, nous nous empressons d'accumuler maintes excuses qui ont valeur de défense, alors qu'il est évident qu'au moment précis où il fut établi, tout autre diagnostic était tout simplement invraisemblable[9]. » La fureur de guérir l'anime déjà, lui qui ne parvient pas à se résigner à la souffrance de ses patients.

Pourtant, même s'il habite une petite chambre à l'hôpital Erzsébeth, Sándor s'intéresse à bien d'autres choses que la médecine. Dans la ville de près d'un million d'habitants qu'est Budapest, la vie culturelle est aussi intense que la vie politique est tumultueuse. Les cafés jouent un rôle essentiel. Il y passe toutes ses soirées, fréquentant des écrivains et des artistes. C'est un monde qu'il côtoie depuis son enfance. Il se plonge aussi volontiers dans les œuvres d'Emmanuel Kant et Arthur Schopenhauer que dans celles d'Henrik Ibsen et Fernand Crommelynck. Plus tard, rendant hommage à son ami Hugó Ignotus, l'un de ses principaux interlocuteurs en ces premières années du XXe siècle, Ferenczi évoquera cette époque heureuse « où il arrivait qu'un poème, un mot juste, une idée scientifique agisse sur la vie d'hommes mûrs avec la force d'impact d'un véritable choc émotionnel[10] ».

La psychologie le passionne, même si ses études de médecine ne lui ont guère donné l'occasion de s'y frotter. En tant que science, pense Sándor, elle n'en est encore qu'à ses balbutiements. Ne pouvant se livrer à de véritables expériences, il s'intéresse à son propre fonctionnement mental. Un soir de 1898, après le dîner, il se retire dans sa petite chambre d'assistant.

« Minuit avait depuis longtemps sonné lorsque j'entrepris d'expérimenter ce que l'on nomme l'"écriture automatique". Les spirites en parlaient beaucoup à l'époque et Janet avait publié des observations intéressantes sur ce sujet. Je pensai que la fatigue, l'heure tardive et un peu d'émotion favoriseraient le "dédoublement psychique". Je saisis donc le crayon et, le tenant légèrement, plaçai la pointe sur une feuille de papier blanc; j'étais décidé à abandonner complètement l'instrument à lui-même; qu'il écrive ce qui lui plaît. D'abord vinrent des griffonnages sans signification, puis des lettres et quelques mots (auxquels je n'avais pas pensé), enfin des phrases cohérentes. J'en arrivai bientôt à conduire de véritables dialogues avec mon crayon : je lui posais des questions et recevais des réponses tout à fait inattendues... Avec l'avidité de la jeunesse, je le questionnai d'abord sur les grands problèmes théoriques de la vie, puis passai aux questions pratiques. Le crayon fit alors la proposition suivante : "Écris un article sur le spiritisme pour la revue *Gyógyászat* ['Thérapeutique'], son rédacteur sera intéressé."[11] »

Sándor se met aussitôt au travail. Dans son texte, il commence par renvoyer dos à dos la vision matérialiste rigide qui prévaut chez la plupart des médecins et les conceptions mystiques de ceux qui invoquent les esprits et les fantômes dès qu'il est question de phénomènes inexpliqués. Selon lui, il faut analyser les faits d'allure surnaturelle d'un œil critique, « avec l'acuité et le sens de l'objectivité qui caractérisent les véritables savants[12] ». Il invite ses collègues à participer à des séances de tables tournantes ou à des manifestations spiritistes pour mieux comprendre les éléments inconscients et semi-conscients qui y sont à l'œuvre. À de tels sujets, il s'intéressera toute sa vie, les évoquant souvent avec Freud qui partage sa curiosité.

Comme prévu, Ferenczi envoie son article à la revue *Gyógyászat* et rencontre son directeur, Miksa Schächter. Les deux hommes se lient bientôt d'amitié. Pour Sándor, c'est un premier maître, une puissante figure paternelle en même temps qu'un modèle dont il veut se montrer digne. Schächter l'incite à écrire régulièrement des articles pour sa revue, un espace de liberté où il peut traiter de toutes les questions qui lui importent. Mais leur relation ne se limite pas à ces aspects professionnels. Accueilli fréquemment dans la famille de son mentor, Sándor y trouve une chaleur dont il a été privé pendant son enfance. Il accompagne aussi Schächter lors d'un voyage à Corfou, admirant son tact et sa générosité. Ferenczi se souviendra de cette période comme d'une merveilleuse école de formation du caractère. Mais il note que son admiration inconditionnelle pour le directeur de *Gyógyászat* lui vaut alors le surnom ironique de « Schächter-miniature ».

Les publications s'enchaînent à un rythme soutenu : six articles en 1899, sept en 1900, cinq en 1901, six en 1902. La plupart ont des sujets strictement médicaux, peu attirants pour le profane : « Le traitement de la furonculose », « Un cas de rétrécissement rectal », « Le phénomène du genou dans la crise épileptique », « Bradycardie sénile ». Mais d'autres annoncent les préoccupations ultérieures de Ferenczi : « Conscience et développement », « Deux erreurs de diagnostic », « L'amour dans la science », « De la valeur thérapeutique de l'hypnose », « L'homosexualité féminine ».

Dès cette époque, Ferenczi ne craint pas de prendre des risques. Sur la question de l'homosexualité, il défend par exemple une position beaucoup plus ouverte que ses contemporains. Dans une communication présentée à l'Association des médecins de Budapest en 1905, « États sexuels intermédiaires », il écrit : « Nul ne punit les humains qui s'aiment d'un amour hétérosexuel. De même, l'homosexualité, dans la mesure où elle ne cause aucun dommage à la société, n'a pas à être sanctionnée. Les juristes sont parfaitement en droit de protéger les intérêts de notre société, mais non de punir quelqu'un pour un acte bénin. En faisant cela, ils rejettent immanquablement des êtres de grande valeur mais d'instinct malheureux qui deviennent la proie d'individus louches et misérables. Ceci n'est pas dans l'intérêt de la société. [...] Il est possible et nécessaire de parler de ces problèmes et d'écrire ce que l'on pense. Si nous ne le faisons pas, nous condamnons les homosexuels à être enfermés sans aucune analyse étiologique de leur situation, [...] : nous ne sommes pas dans ce cas des juges équitables, mais de cruels bourreaux[13]. »

Il s'engage avec force contre les sanctions pénales et les persécutions dont les homosexuels sont victimes dans plusieurs pays européens, invitant ses collègues à soutenir fermement la pétition rédigée par le Comité scientifique humanitaire de Berlin.

En 1903, dans un article très combatif, Ferenczi prend aussi fait et cause pour les médecins assistants, dénonçant la façon dont ils sont exploités dans les hôpitaux hongrois. Il s'insurge contre le mépris des médecins-chefs – dont il a lui-même été victime à ses débuts –, contre les salaires de misère et l'absence de véritable formation.

L'année suivante, il défend la valeur thérapeutique de l'hypnose, une technique qui permet de calmer aussi bien certaines douleurs physiques que des troubles affectifs. Selon Ferenczi, la réussite dépend beaucoup de la personnalité du médecin. Un traitement en profondeur n'est pas forcément nécessaire. « Il suffit parfois d'un certain charme, induisant une demi-hypnose, un état transitoire intermédiaire entre la suggestion à l'état vigile et l'hypnose proprement dite[14]. »

Le charme, Sándor n'en manque pas. Et il est de plus en plus apprécié dans le milieu intellectuel et artistique de Budapest. Le cabinet privé de neurologue qu'il a ouvert est situé juste en face du Grand Hôtel Royal, au cœur de la ville. Célibataire et sans attaches, il passe l'essentiel de son temps libre dans le café de ce grand hôtel et l'on se presse autour de lui, à sa table réservée. Enthousiaste et charismatique, inlassable défenseur des idées nouvelles, Sándor discute aussi volontiers avec György Lukács, futur théoricien marxiste, qu'avec Béla Balázs, un jeune écrivain passionné de cinéma. Grand amateur d'opéra, surtout de Wagner, il suit aussi avec attention les recherches musicales de ses quasi contemporains Béla Bartók et Zoltán Kodály, qui vont de village en village recueillir les traditions musicales hongroises. Cela ne l'empêche pas de s'intéresser à Debussy.

« Il y avait en Ferenczi, racontera l'un de ses amis de jeunesse, une inquiétude perpétuelle, une sorte de curiosité enfantine, d'intérêt avide. […] Il jouait à des jeux de société, il s'intéressait à la linguistique, au théâtre, aux boutades, aux ragots, à tout ce qui est humain. […] S'il était "spécialiste", c'est de la vie qu'il l'était[15]. »

Sándor Ferenczi vers 1900.

Miksa Schächter,
directeur de la
revue *Gyógyászat*.

Maison natale de Ferenczi à Miskolc, avec la librairie-imprimerie de ses parents au rez-de-chaussée, au 13 de la rue de Széchenyi.

L'hôpital Szent Rókus (Saint-Roch) de Budapest en 1905.

Gare de Budapest-Keleti, ancienne gare centrale (1910).

Grand Hôtel Royal de Budapest.

Le New York Palace de Budapest vers 1900.

Béla Bartók (1881-1945) et Zoltán Kodály (1882-1967) en 1905.

Georg Lukács (1885-1971) et Béla Balázs (1884-1949).

5

Au moment où Ferenczi fait la connaissance de Freud, en 1908, la psychanalyse n'existe que depuis peu d'années ; son statut et sa légitimité sont encore très fragiles. Des alliés sûrs et talentueux sont indispensables, car le combat est loin d'être gagné.

Ce combat, Sándor a décidé d'en devenir un acteur important. Le 28 mars, il prononce devant la société des médecins de Budapest une conférence passionnée sur « Les névroses à la lumière des recherches de Freud ». C'est la première fois que les thèses freudiennes font l'objet d'un exposé méthodique dans la capitale hongroise. Si certains auditeurs marquent un vif intérêt, la discussion est animée. Deux neurologues avancent des objections que Ferenczi considère comme éculées et auxquelles il répond avec vigueur. Il promet au professeur de lui adresser une copie de sa conférence, dès qu'il l'aura traduite en allemand.

Freud est d'autant plus sensible au courage et à l'énergie de son nouveau disciple que les premiers psychanalystes viennois – Wilhelm Stekel, Alfred Adler, Paul Federn, Fritz Wittels et quelques autres – le déçoivent de plus en plus. À la fin d'une des rituelles réunions du « groupe psychologique du mercredi » qui se réunit à Vienne depuis 1902, Freud a lancé au jeune psychiatre suisse Ludwig Binswanger : « Alors, vous avez vu maintenant cette bande[1] ? » Heureusement, la situation est en train de changer. En 1906, des psychiatres talentueux, formés à l'hôpital Burghölzli de Zurich, ont fait part de leur intérêt pour la psychanalyse. Deux d'entre eux, Karl Abraham et Max Eitingon, font bientôt partie du premier cercle. Le troisième, Carl Gustav Jung, suscite de sa part une réelle exaltation : très vite, Freud voit en lui son dauphin : « Vous serez celui qui comme Josué, si je suis Moïse, prendra possession de la terre promise de la psychiatrie que je ne peux qu'apercevoir de loin[2] », lui écrit-il.

Même s'il n'a que cinquante-deux ans, l'auteur de *L'Interprétation des rêves* est obsédé depuis longtemps par l'idée qu'il mourra jeune. La psychanalyse est « l'enfant de tous ses soucis » : il craint de ne pas vivre assez longtemps pour l'établir sur une base ferme et lui donner une chance de perdurer.

Freud et Ferenczi se revoient à la première rencontre de psychologie freudienne, à Salzbourg, le 27 avril 1908. Freud y expose, plusieurs heures durant, le cas qui deviendra célèbre sous le nom de « L'homme aux rats ». Quant à Ferenczi, il présente une communication intitulée « Psychanalyse et pédagogie », un sujet encore tout neuf qu'il aborde de manière très militante. Selon lui, l'hypocrisie qui prévaut dans l'éducation est responsable d'une névrose généralisée à laquelle la psychanalyse serait en mesure de mettre fin.

« L'éducation morale édifiée sur le refoulement produit dans tout homme bien portant un certain degré de névrose et donne naissance aux conditions sociales actuellement en vigueur où le mot d'ordre de patriotisme recouvre de toute évidence des intérêts égoïstes, où sous la bannière du bonheur social de l'humanité l'on propage l'écrasement tyrannique de la volonté individuelle, où l'on vénère dans la religion soit un remède contre la peur de la mort [...], soit un mode licite de l'intolérance mutuelle ; quant au plan sexuel : ce qu'un chacun fait, personne ne veut en entendre parler[3]. »

Pendant le congrès, Ferenczi converse amicalement avec Jung et fait la connaissance d'Ernest Jones, un Gallois de six ans son cadet, ainsi que d'Abraham Brill, un psychiatre new-yorkais récemment converti à la psychanalyse. Mais ce qui compte le plus pour Sándor, c'est de se rapprocher de Freud. Rare privilège, le professeur lui propose de venir passer ses vacances à Berchtesgaden, près de lui et de sa famille, se réjouissant par avance des nombreuses heures de discussion que ce séjour permettra.

Sándor arrive le 8 août. Il s'installe à l'Hôtel Bellevue, non loin de la belle maison isolée du Dietfeldhof qu'a louée la famille Freud. « Le collègue Ferenczi, qui mérite personnellement aussi toutes les sympathies, est actuellement à Berchtesgaden et fréquemment l'hôte de ma maison. Il va à la montagne avec mes fils[4] », écrit Freud à Jung quelques jours plus tard.

Comme chaque été, Freud travaille abondamment. Pendant ces semaines-là, il écrit « Le petit Hans », récit de la première psychanalyse d'un enfant. Si Ferenczi se réjouit de tous les moments passés auprès du professeur, il souffre dès qu'il se sent négligé, ne serait-ce qu'une journée. L'admiration paralyse souvent Sándor : il boit les paroles de Freud, mais il a du mal à s'exprimer librement en sa présence et guette son approbation dès qu'il énonce un avis. Cette situation, notera-t-il des années après dans son *Journal clinique*, n'a pas dû déplaire au professeur qui pouvait « se laisser aller à ses fantasmes théoriques sans se laisser troubler par la contradiction, et utiliser l'accord enthousiaste de l'élève ébloui, pour accroître sa propre assurance[5].» Il n'empêche : le séjour les rapproche considérablement. Freud l'avouera d'ailleurs quelques mois plus tard : il ne lui aurait pas déplu que Sándor épouse Mathilde, sa fille aînée (elle se fiance dès l'automne avec Robert Hollitscher, négociant en textiles).

Les recherches théoriques de Ferenczi, et particulièrement l'article novateur «Transfert et introjection», lui valent de vifs encouragements de Freud qui insiste pour que le texte soit publié rapidement dans le prestigieux *Jahrbuch für psychoanalytische und psychopathologische Forschungen*, en même temps que son propre récit sur «L'homme aux rats». L'introjection est un nouveau concept élaboré par Ferenczi, par opposition à celui de projection : «Alors que le paranoïaque projette à l'extérieur les émotions devenues pénibles, le névrosé cherche à inclure dans sa sphère d'intérêts une part aussi grande que possible du monde extérieur.» Au fond, conclut Ferenczi, «l'homme ne peut aimer que lui-même ; aime-t-il un objet, il l'absorbe [6]». Freud est si séduit par le concept d'introjection qu'il ne tarde pas à le reprendre.

Même si Jung apparaît alors comme «le prince héritier», Freud ne perd pas une occasion de faire savoir à Ferenczi qu'une place éminente lui est assurée parmi ses successeurs et continuateurs. De son côté, Ferenczi fait preuve d'un prosélytisme à toute épreuve. Il multiplie les conférences et propose d'habiles synthèses sur la paranoïa, le rêve et le mot d'esprit, tout en assurant régulièrement Freud de sa confiance dans l'avenir. Bien au-delà de son enthousiasme personnel, Sándor est convaincu que les adeptes de la cause ne sont que les précurseurs de l'humanité entière : loin d'être réservée à quelques patients fortunés, la psychanalyse a pour fonction de modifier la société. Quoi qu'il arrive, déclare-t-il, l'œuvre déjà réalisée par Freud laissera « des traces profondes dans l'histoire du monde ».

Vienne et Budapest ne sont séparées que par 250 kilomètres, et les liaisons ferroviaires sont nombreuses. Mais la charge de travail de Ferenczi ne lui permet que rarement de participer aux séances du mercredi soir ; il en prend connaissance à travers les comptes rendus établis par le jeune Otto Rank, un protégé de Freud qui assure le secrétariat de l'Association viennoise. Lorsque Sándor en a la possibilité, il préfère venir le dimanche, pour avoir une conversation en tête-à-tête avec le professeur.

Quelle que soit l'estime de Freud pour son disciple hongrois, « un ami intime, familier comme peu le sont de toutes les difficultés des problèmes psychanalytiques[7] », ainsi qu'il l'écrira dans une préface à l'édition hongroise de ses premiers textes, la dissymétrie reste évidente. Dans les nombreuses lettres qu'ils échangent, si Freud passe bientôt de « cher collègue » à « cher ami », Ferenczi n'ose pas se départir du « cher Monsieur le Professeur ».

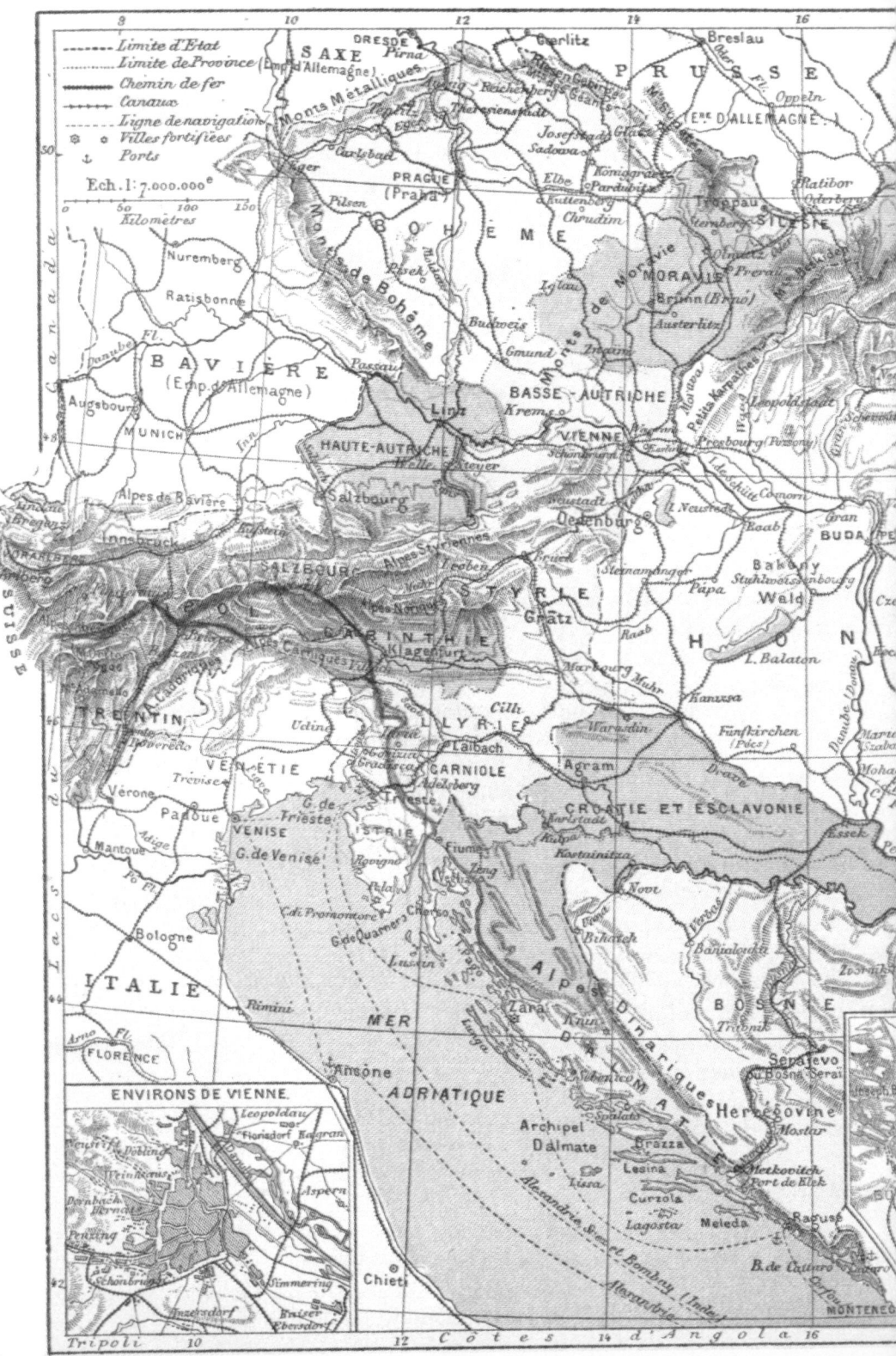

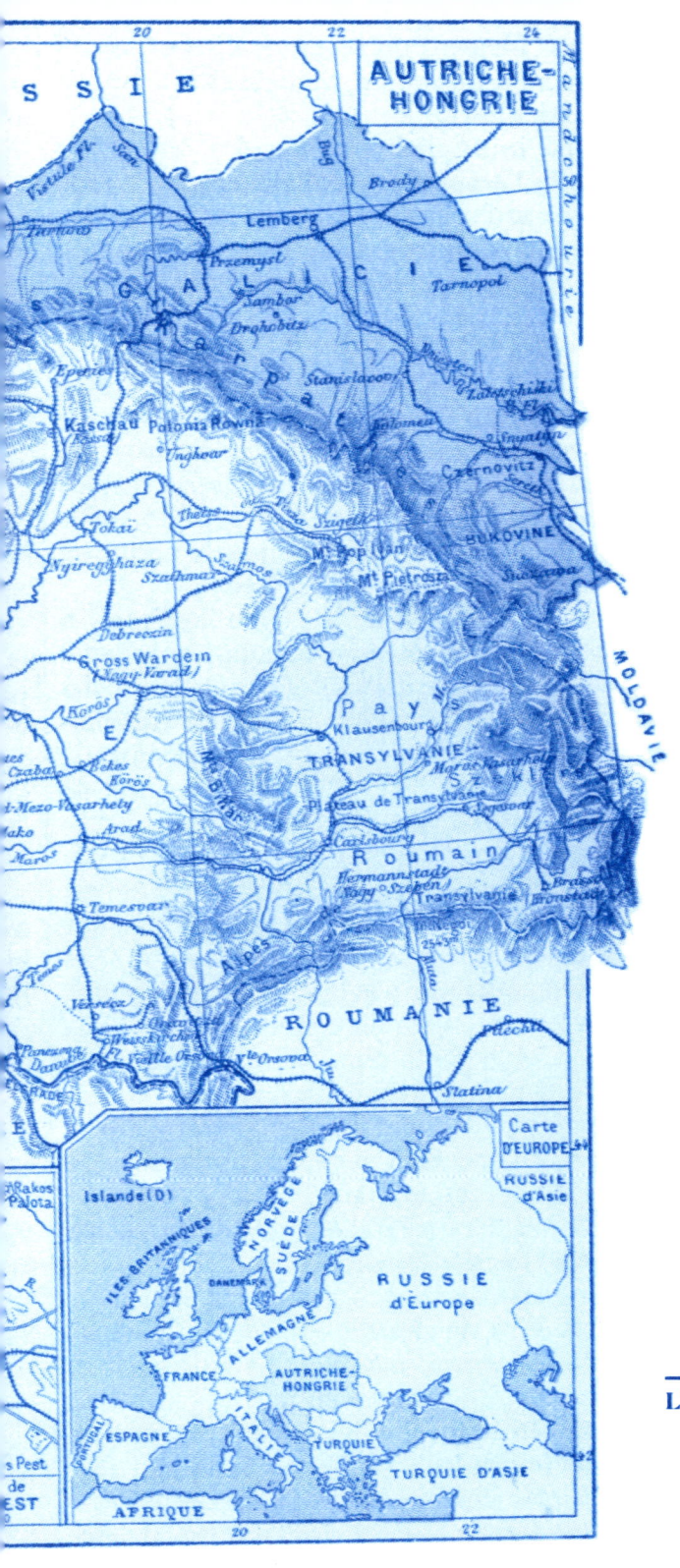

L'Autriche-Hongrie en 1905.

Le Burghölzli de Zurich en 1890. Il était alors l'un des hôpitaux psychiatriques les plus importants d'Europe.

Eugen Bleuler (1857-1939).

Alfred Adler (1870-1937).

Wilhelm Stekel (1868-1940).

Ernest Jones (1879-1958).

Abraham Brill (1874-1948).

Max Eitingon (1881-1943). **Karl Abraham (1877-1925).**

Carl Gustav Jung (1875-1961).

6

En janvier 1909, Freud évoque pour la première fois une invitation aux États-Unis. Un certain Stanley Hall, professeur de psychologie et président de la Clark University à Worcester dans le Massachusetts, lui a proposé de venir donner une série de conférences pendant l'été, à l'occasion du vingtième anniversaire de l'université. Freud est loin d'accepter tout de suite : il faudrait en tout cas que les conditions matérielles soient meilleures que celles qui ont été évoquées. «L'Amérique doit rapporter, non coûter de l'argent», d'autant que Freud n'en attend pas grand-chose pour la cause. Il est persuadé que les théories psychanalytiques seront mises à l'index dès que leurs soubassements sexuels deviendront évidents.

Le 28 février, le voyage aux États-Unis se précise. Les dates ont été légèrement modifiées et les conditions matérielles sensiblement améliorées. Très vite, l'affaire est entendue : Ferenczi accompagnera Freud, même s'il n'est pas officiellement invité. Les deux hommes ont de multiples échanges pour mettre au point le trajet le plus agréable, espérant dans un premier temps faire quelques escales en Méditerranée avant de rejoindre New York. Plus les semaines passent, plus l'excitation grandit. Freud est désormais convaincu que le voyage sera un véritable événement. Sándor voudrait se perfectionner en anglais et lire quelques ouvrages sur l'Amérique, mais il a tant de travail que ces projets vont rester lettre morte. Un peu plus tard, Sándor s'inquiète de la garde-robe à emporter. Freud estime qu'un frac et un habit seront bien suffisants, en plus des costumes de voyage. Quant aux chapeaux hauts-de-forme, mieux vaut selon lui les acheter sur place, « car ils sont difficiles à transporter ; et ensuite, avant de repartir, les jeter dans l'océan[1] ».

C'est au mois de juin qu'il est pour la première fois question de Jung. Il vient d'être invité à son tour à la Clark University, pour y prononcer trois conférences. Cela rehausse toute l'histoire aux yeux de Freud, persuadé que le séjour en sera grandi et amplifié. Si Ferenczi ne partage pas forcément l'enthousiasme de Freud, il se garde bien de le dire. Ce qui lui importe, plus encore que le contenu précis du voyage, ce sont les discussions sur le présent et l'avenir de la psychanalyse que les longs trajets en bateau vont leur permettre. Mais à cette époque, Freud privilégie de toute évidence la relation avec Jung : « Avec Ferenczi nous serons tous deux très gentils », écrit-il au Zurichois le 18 juin.

Le 20 août 1909, les trois hommes se retrouvent à Brême. Avant le dîner, Sándor, qui a emporté « un monstre de malle », enfile une tenue « qu'on ne porterait que pour se rendre à l'anniversaire de l'empereur », note ironiquement Freud. Jung les informe qu'il a décidé de renoncer à l'abstinence d'alcool, à laquelle Eugen Bleuler l'avait converti ; il demande donc à Freud et Ferenczi de l'encourager un peu à boire. Au cours du repas, le vin aidant, Jung raconte en détail la découverte récente de restes humains datant de la préhistoire. Freud interprète ce récit comme l'expression d'un souhait de mort à son égard : il se met soudain à transpirer avant de perdre connaissance. Un incident du même ordre lui était arrivé quelques années auparavant, lors d'une rencontre avec son grand ami Wilhelm Fliess dans la même salle du Park Hotel. Ce n'est pas la dernière fois que l'ombre de Fliess viendra s'immiscer dans les relations entre Freud et ses proches.

Le lendemain matin, Freud, Jung et Ferenczi embarquent sur le paquebot *George Washington*, un navire tout neuf de la Norddeutsche Lloyd, transportant deux mille quatre cents passagers, dont cinq cents voyagent comme eux en première classe. Pendant la traversée, les trois hommes se livrent à de nombreuses tentatives d'analyse mutuelle, avec plus ou moins de bonheur. Alors que Freud vient de raconter l'un de ses rêves, Jung s'efforce de l'interpréter, ajoutant qu'il lui sera possible d'en dire bien davantage si son interlocuteur accepte de lui donner quelques détails supplémentaires sur sa vie privée. Mais Freud lui lance un regard plein de méfiance avant de s'exclamer : « Je ne puis pas risquer mon autorité ! » Une phrase dont Jung se souviendra toute sa vie[2].

Ils arrivent à New York le dimanche 29 août dans la soirée. Abraham Brill les accueille sur le quai et les conduit à l'hôtel Manhattan. Les jours suivants, il leur fait découvrir Central Park, le quartier juif, Chinatown et Coney Island, sans oublier le Metropolitan Museum dont Freud visite minutieusement la section d'antiquités grecques. Lorsque Jones les retrouve, il les emmène au cinéma pour voir un film empli de folles poursuites. Ferenczi, « très jeune de caractère », fait preuve de plus d'enthousiasme que Freud[3].

Le 4 septembre, ils entreprennent de rejoindre Worcester, siège de la Clark University. Si Ferenczi ne donne pas lui-même de conférence, il contribue largement aux célèbres cinq leçons que va donner Freud – en allemand en dépit des recommandations de Jones. Freud évoquera plus tard les promenades matinales pendant lesquelles il discute avec Ferenczi des thèmes qu'il va aborder juste après, en improvisant avec brio devant un auditoire prestigieux.

Lors de la cérémonie de clôture, le 11 septembre, des doctorats *honoris causa* sont remis à Freud et Jung. Freud est très ému, en dépit du peu d'estime qu'il professe d'habitude pour les Américains. «C'est la première reconnaissance officielle de nos efforts», déclare-t-il, les larmes aux yeux. Malgré son admiration pour le père de la psychanalyse, Sándor trouve cette réaction un peu excessive, mais il se garde bien de le dire.

Les derniers jours du voyage sont voués au tourisme, Freud tenant surtout à découvrir les chutes du Niagara. Puis ils se rendent à Keene Valley, dans les monts Adirondack, où James Putnam, éminent professeur de neurologie, accueille chaleureusement dans son ranch Freud, Jung et Ferenczi. Revenus à New York, le 19 septembre, ils embarquent le 21 sur le paquebot *Kaiser Wilhelm der Grosse*.

Dans une lettre à sa fille Mathilde, Freud fait part de ses sentiments ambivalents. Il se dit très heureux d'avoir quitté les États-Unis et plus heureux encore de ne pas devoir y vivre, d'autant que la nourriture américaine ne lui a pas réussi. Il ne se sent ni reposé ni d'excellente humeur. «Mais ce fut extrêmement intéressant, et probablement cela entraînera des conséquences importantes pour notre cause. À tout bien considérer, on peut dire que ce fut un grand succès[4].»

De son côté, Sándor se remémore ces semaines en Amérique comme une sorte de rêve et il éprouve une joie peu commune d'avoir participé au voyage, même en restant au second plan. Cela ne l'a pas empêché, pendant la traversée qui les ramenait en Europe, de réfléchir à l'attitude qui a parfois été la sienne. Certes, il a pu faire preuve d'immaturité, mais il tient tout de même à plaider sa cause auprès du professeur : « Les mouvements de jalousie envers Jung m'ont inspiré à moi aussi la pensée, renforcée sur un mode infantile, que vous ne m'estimiez pas à ma juste valeur[5]. »

Les trois hommes sont de retour à Brême le 29 septembre. Tandis que Jung rejoint immédiatement Zurich, Freud et Ferenczi se rendent ensemble à Berlin où ils rencontrent une certaine Mme Seidler, réputée pour ses talents de médium : elle se prétend capable de lire une lettre alors qu'elle a les yeux bandés. Freud et Ferenczi partagent le même intérêt pour la télépathie. Cette séance les impressionne l'un et l'autre et renforce leur complicité.

Comme l'écrit Sándor, juste après son retour à Budapest : « Lorsque je cherche à m'expliquer ce que j'ai vu et entendu, je dois reconnaître que je n'en suis pas capable. Lire à travers un foulard, c'est-à-dire les yeux bandés, ce peut être de la prestidigitation. Mais deviner le métier du Prof. Philipp, cela ne peut sûrement pas l'être, pas plus que les déclarations étonnantes à propos de votre personnalité. » Sándor assure n'avoir pourtant rien dit qui aurait pu mettre Mme Seidler sur la voie. Il a d'ailleurs à peine parlé. « Si donc j'admets qu'elle possède vraiment des capacités inhabituelles, peut-être pourrait-on les expliquer par une sorte de "lecture de la pensée", par la lecture de *mes* pensées[6] ? »

Il tient toutefois à rassurer Freud, d'ordinaire plus sceptique que lui : il n'est nullement en danger de « succomber à l'occultisme », si étonnante qu'ait été cette expérience. De toute manière, quel que soit l'intérêt du problème de la télépathie, ce n'est sûrement pas la tâche la plus urgente pour lui. Freud lui-même s'avoue très troublé : « Il semble bien qu'il y ait quelque chose là-dedans. » Mais il demande à Ferenczi de garder un silence absolu sur l'affaire, même à l'égard de Jung, en attendant de nouvelles confirmations : « J'ai presque peur que vous ayez commencé à reconnaître là quelque chose d'important, mais son utilisation va se heurter aux pires difficultés[7]. »

Dans les mois suivants, des expériences menées à Budapest auprès d'une autre voyante, Mme Jelinek, donneront des résultats plus mitigés. Mais le sujet continue de passionner Ferenczi qui fait part régulièrement de nouvelles observations, y compris pendant les cures qu'il conduit avec ses *analysants*[8]. Certaines semblent « définitivement tordre le cou aux doutes » concernant la télépathie, reconnaît Freud en 1910 : « Il s'agit maintenant de s'y habituer en pensée, de perdre cette crainte respectueuse devant la nouveauté, et aussi de garder le secret suffisamment longtemps dans le sein maternel[9]. » Le sujet est si controversé qu'il pourrait donner de nouvelles armes aux adversaires de la psychanalyse.

Le paquebot *George Washington*, construit en 1908 pour la Norddeutsche Lloyd.

Freud en 1910.

Cabine de première classe.

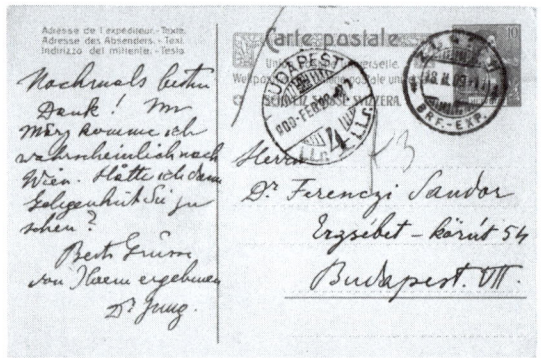

Carte de Jung à Ferenczi (1909).

Lettre de Ferenczi à Freud (1909).

Clark University (1909). De gauche à droite : Abraham Brill, Ernest Jones et Sándor Ferenczi (second rang) ; Sigmund Freud, Stanley Hall et Carl Gustav Jung (premier rang).

Clark University, 1909.
Ferenczi est au troisième rang, derrière Jones.

7

Après le voyage aux États-Unis, les relations des deux hommes prennent un caractère de plus en plus personnel. Les nouvelles familiales occupent une place importante dans les lettres de Freud. De son côté, Ferenczi commence à évoquer celle qui est sa maîtresse depuis cinq ans, sans encore révéler son nom. Dans un de ses rêves, elle lui apparaissait comme « Mme Isolde » et c'est ainsi qu'il la désigne dans plusieurs lettres à Freud, ajoutant qu'elle s'intéresse de très près aux questions psychanalytiques. Comme leur relation « ne porte pas le poinçon officiel », les rencontres sont trop rares à son goût. Ils ne parviennent à se voir que quelques heures le dimanche, aussi discrètement que possible.

Elle se nomme en réalité Gizella Pálos, née Altschul. Sándor la connaît depuis sa prime jeunesse, car elle est comme lui originaire de Miskolc et leurs deux familles étaient très proches. Née le 29 août 1866, Gizella a été contrainte de se marier très jeune avec Géza Pálos, un homme faible qu'elle n'a jamais aimé. Elle est mère de deux grandes filles : Elma, qui a près de vingt-deux ans en cette année 1909, et Magda, d'un an sa cadette, qui est sur le point d'épouser Lajos, le jeune frère de Ferenczi.

La relation de Sándor avec Gizella a connu récemment des difficultés qu'il s'efforce de résoudre par « une sincérité complète», explique-t-il à Freud. Il a en effet avoué à sa maîtresse quelques aventures avec d'autres femmes, et la sagesse avec laquelle elle a réagi, «après quelques résistances», lui semble de nature à rendre leur lien plus solide et plus durable.

Cela fait longtemps que le mariage de Gizella n'est plus que formel et elle a envisagé plusieurs fois de demander le divorce pour pouvoir épouser Sándor. Le seul vrai problème, en ce qui la concerne, ce sont «les égards dus à sa fille non mariée», Elma. Du côté de Sándor, les choses sont plus complexes. Comme il l'explique à Freud : «Manifestement, je trouve *trop* en elle : maîtresse, amie, mère et, en matière scientifique, l'élève, c'est-à-dire l'enfant. De plus, une élève des plus intelligentes et enthousiastes, qui saisit entièrement la portée des nouvelles connaissances[1].» Mais l'âge de Gizella – elle a sept ans de plus que Sándor – les empêcherait d'avoir un enfant ensemble. Cela le désole profondément, lui qui a toujours rêvé de devenir père.

Freud rencontre pour la première fois Gizella dans les derniers jours de novembre 1909, lors d'un bref voyage à Budapest. Il éprouve pour elle une sympathie immédiate, d'autant qu'elle ne cache pas son enthousiasme pour la psychanalyse. Plus secrètement, le fait qu'elle porte le même prénom que la première jeune fille dont il a été amoureux n'est sans doute pas indifférent. Quelques jours plus tard, il fait remettre à Gizella un exemplaire dédicacé de la *Psychopathologie de la vie quotidienne*.

Dans ses lettres, Freud met en garde Ferenczi contre ses fantasmes de sincérité permanente, lui recommandant une forme de prudence. Selon lui, la vérité n'est un but absolu que dans le cadre scientifique. Il n'y a pas de raison de la faire prévaloir dans les relations amoureuses, d'autant qu'une forme de refoulement sexuel est à ses yeux «indissociable du caractère de la femme civilisée[2]».

De son côté, Sándor, qui se fait du couple et des femmes une idée bien plus égalitaire que Freud, expose sa volonté de mettre en pratique l'honnêteté psychanalytique entre amis, mais aussi dans la vie amoureuse. Il espère que la psychanalyse va ouvrir aux générations futures de nouvelles perspectives dans les relations personnelles comme dans la vie sociale et politique. Il faut imaginer ce que cela signifierait *« qu'on puisse dire la vérité à tout un chacun*, au père, au professeur, au voisin et même au roi. Toute autorité fondée sur le mensonge que l'on s'impose à soi-même irait au diable – l'autorité justifiée resterait, bien sûr[3]. » Freud n'est sans doute pas disposé à le suivre sur ce terrain.

La correspondance des deux hommes est très dense à cette époque. Pour l'infatigable épistolier que Freud est depuis sa jeunesse, Ferenczi est devenu un interlocuteur essentiel. C'est aussi un homme énergique et passionné sur lequel il sait pouvoir compter. Dans sa lettre du 1er janvier 1910, Freud évoque pour la première fois son désir d'organiser de façon plus rigoureuse le mouvement psychanalytique international. Ferenczi trouve l'idée très pertinente, pour peu que l'on parvienne à tenir à l'écart d'une telle association « les éléments indésirables » qui font beaucoup de mal à la cause.

Le projet va se concrétiser lors du congrès qui se tient à Nuremberg les 30 et 31 mars, rassemblant une soixantaine de participants venus d'un peu partout. C'est naturellement Freud qui ouvre la rencontre avec un exposé sur les « Perspectives d'avenir de la thérapeutique analytique ». Mais Ferenczi prend aussitôt le relais, dressant un bilan de la courte histoire du mouvement psychanalytique pendant les années héroïques, avant de proposer la création d'une organisation internationale permanente, seule à même d'éviter les dérives scientifiques et « la prolifération excessive des tendances individuelles ». Certains passages de son texte sont remarquablement prémonitoires :

« Je connais bien la pathologie des associations et je sais combien souvent dans les groupements politiques, sociaux et scientifiques règnent la mégalomanie puérile, la vanité, le respect des formules creuses, l'obéissance aveugle, l'intérêt personnel, au lieu d'un travail consciencieux consacré au bien commun. Les associations, dans leur principe comme dans leur structure, conservent certaines caractéristiques de la famille. Il y a le président, le père, dont les déclarations sont indiscutables, l'autorité intangible ; les autres responsables : les frères aînés, qui traitent les cadets avec hauteur et sévérité, entourant le père de flatteries, mais sont tout prêts à l'évincer pour prendre sa place[4]. »

La meilleure façon de lutter contre ces guerres internes est, selon Ferenczi, de donner au mouvement une structure explicite. L'association qu'il appelle de ses vœux réunira « les avantages de l'organisation familiale à un maximum de liberté individuelle ». On n'y admettra que des membres ayant reçu une véritable formation, ce qui permettra d'établir une distinction claire avec « toutes les inepties que l'on colporte sous le nom de psychanalyse ».

Après des débats mouvementés, le congrès accepte la proposition de Ferenczi. Le siège de l'Association psychanalytique internationale est établi à Zurich, et Jung est élu président avec des pouvoirs très étendus. On conçoit la mauvaise humeur du groupe viennois – Alfred Adler et Wilhelm Stekel en tête – qui se trouve de plus en plus marginalisé. Freud reconnaît avoir accumulé beaucoup d'aversion contre leur petit cercle. Sa confiance en

Ferenczi est par contre plus vive que jamais : comme il l'écrit à Jung, c'est l'une des rares personnes dont il soit absolument sûr et avec laquelle il peut parler « du plus important et du plus intime[5] ».

8

En 1909 déjà, Freud et Ferenczi avaient rêvé de voyager ensemble en Italie, mais le projet n'était pas compatible avec l'invitation aux États-Unis. Cette année, ils sont bien décidés à visiter la Sicile, si riche en antiquités grecques. Lorsque Freud évoque incidemment la possibilité qu'Abraham Brill les accompagne, Ferenczi ne cache pas ses réticences. Il commence par avouer son «désir infantile injustifié d'être le premier et l'unique auprès du "père"», avant de tenter une explication plus rationnelle : «Il est des questions (de nature personnelle ainsi que scientifique) que nous pouvons traiter avec beaucoup plus d'économie si nous sommes seuls, plutôt qu'en présence de Brill[1].»

Sándor attend beaucoup de ce long tête-à-tête. C'est comme une revanche sur le trio qui lui a été imposé pour le voyage en Amérique. Deux mois avant le départ, les semaines en Sicile sont «l'objet principal de ses rêveries diurnes», et il commence à compter les jours qui les en séparent. Freud concentre lui aussi tous ses vœux sur ces vacances qui font l'objet «d'amoureux préparatifs». «J'ai un grand désir de causer avec vous[2]», écrit-il à Ferenczi une dizaine de jours avant le départ. Il lui recommande de ne pas oublier l'édition la plus récente du guide Baedeker sur l'Italie du Sud.

Après avoir envisagé une croisière en Méditerranée, les deux hommes décident de voyager en train, ce qui leur laissera plus de temps pour découvrir la Sicile. Le 27 août, après un voyage ininterrompu de trente-trois heures, Sándor rejoint Freud aux Pays-Bas où il passait en famille le début de ses vacances. Paris est la première étape : c'est la première fois que Ferenczi s'y rend et Freud lui a préparé un programme très dense où le Louvre tient une grande place : il vient de publier *Un souvenir d'enfance de Léonard de Vinci* et veut retourner «jeter un coup d'œil à Leonardo». Le 4 septembre, ils arrivent à Florence, dont la beauté omniprésente les enthousiasme. Deux jours plus tard, ils sont à Rome, la ville préférée de Freud, celle où il n'a jamais l'impression d'être un étranger. Selon Sándor, une promenade au milieu des ruines du Forum avec ce guide incomparable justifierait à elle seule le voyage.

Comme Freud l'écrit à sa femme : «Ferenczi est très gai, montre son aptitude au plaisir et il est beaucoup moins paresseux que moi. Comme toujours, c'est un compagnon de voyage très agréable[3].» Deux jours plus tard, il se révèle un peu plus nuancé, mais toujours très positif, qualifiant Ferenczi de parfait, même s'il est peut-être «plus réceptif que stimulant».

De Naples, les deux hommes embarquent pour Palerme. Ils s'installent à l'Hôtel de France, sur la belle Piazza Marina, où ils occupent un appartement entier, trois chambres et une grande salle de bains. La Sicile tient largement ses promesses, raconte Freud dans ses lettres et cartes postales quasi quotidiennes à sa «chère vieille» Martha et à ses enfants, s'excusant de ne pas avoir les moyens de leur faire partager à tous de telles joies. Palerme est «un lieu de délices inouïes… Je n'ai jamais vu encore un tel ensemble : couleurs éclatantes, panoramas, senteurs – et bien-être[4]!» De son côté, «Ferenczi apprécie beaucoup le séjour et il est très gentil… Nous sommes même disposés à travailler un peu. Nous nous rendons compte avec frayeur à quel point les jours passent vite.»

Malgré l'inconfort des trajets, ils traversent la Sicile pour aller découvrir le temple de Minerve à Sélinonte, puis Agrigente, et Syracuse que Freud considère comme le point culminant du voyage, même si la chaleur est devenue difficilement supportable. «Il flotte dans l'air comme une atmosphère paralysante et oppressante, le ciel n'est pas limpide, tout est silencieux, un peu inquiétant.» Ils dorment mal, sont fatigués, mais les trésors du musée archéologique leur font tout oublier. La pression du sirocco et la menace du choléra les conduisent finalement à rejoindre Rome un peu plus tôt que prévu.

Le matin du 24 septembre, alors que les deux voyageurs s'apprêtent à «quitter la Ville éternelle pour retourner vers la patrie», Freud confie à Jung que si ces semaines ont été particulièrement riches en découvertes, ses relations avec Ferenczi n'ont pas été exemptes de frictions. «Mon compagnon de voyage est un homme que j'aime beaucoup mais un peu maladroitement rêveur, et il a une attitude infantile à mon égard. Il m'admire sans discontinuer, ce que je n'aime pas, et me critique sans doute âprement dans l'inconscient si je me laisse aller.» Freud reproche à Ferenczi de s'être comporté de façon trop passive : il a «tout laissé faire pour lui comme une femme, et mon homosexualité ne va quand même pas jusqu'à l'accepter comme tel. La nostalgie d'une vraie femme augmente considérablement dans de tels voyages[5].»

Un soir à l'Hôtel de France de Palerme, sans doute le 10 ou le 11 septembre, s'est produit un incident qui va marquer un tournant dans les relations des deux hommes. C'est dans une lettre beaucoup plus tardive à Georg Groddeck que Ferenczi raconte la scène avec le plus de précision.

Freud et lui avaient projeté de profiter du voyage pour entamer une étude sur les *Mémoires d'un névropathe* publiés en 1903 par Daniel Paul Schreber, connu dans l'histoire de la psychanalyse comme le président Schreber, cas célèbre de paranoïa[6]. Lors de la première soirée de travail, Freud se met à lui dicter ses réflexions, ce qui fait immédiatement bondir Ferenczi : « Je lui expliquai que ce n'était pas un travail commun, de tout simplement me dicter. "Alors, c'est comme ça que vous êtes ? dit-il, étonné. Vous voulez manifestement prendre le tout ?" dit-il, et dès lors travailla seul tous les soirs ; il ne me restait que le travail de correction – l'amertume me serrait la gorge[7]. »

Dans la correspondance entre Ferenczi et Freud, l'incident est cependant évoqué à demi-mot. Quelques jours après être rentré à Budapest, Sándor regrette d'avoir été « un compagnon de voyage qui avait encore tellement besoin d'éducation ». Freud commence par minimiser, assurant qu'il ne gardera de ces semaines « que des souvenirs chaleureux et sympathiques », mais il reconnaît que la déception parfois manifestée par Ferenczi lui a fait de la peine. « Vous espériez certainement baigner dans la stimulation intellectuelle permanente, alors que rien ne me répugne plus que de pontifier... Aussi étais-je probablement, la plupart du temps, un monsieur d'un certain âge tout à fait ordinaire et vous avez mesuré avec étonnement la distance avec votre idéal imaginaire. D'autre part, j'aurais souhaité que vous vous arrachiez à ce rôle infantile, ce que vous n'avez pas réussi à faire[8]. » Freud ne cache pas non plus qu'il aurait aimé que Ferenczi prenne davantage sa part de l'aspect pratique du voyage, « à savoir l'orientation dans l'espace et le temps ».

Sándor répond longuement, dès le lendemain. Toujours disposé à l'autocritique, il admet volontiers ses maladresses et ses inhibitions. Mais il ne pense pas avoir cherché à retrouver sans cesse en Freud le grand savant, exempt de toute faiblesse personnelle. Au contraire, ce qui lui a manqué et l'a quelquefois rendu taciturne, c'est de ne pas avoir atteint « une camaraderie personnelle, gaie et sans contrainte », même au prix de reproches directs. « Si seulement vous m'aviez copieusement engueulé au lieu de garder un silence qui en disait long ! » La franchise qu'il essaie d'atteindre dans ses relations avec Gizella, il espérait la trouver avec Freud : « C'est de l'homme, pas du savant, que je voulais profiter en une amitié confiante. » Les moments qu'il a d'ailleurs préférés sont ceux où Freud lui a livré quelque chose de sa personnalité et de sa vie. Il s'est senti alors, plus que dans les conversations scientifiques, libéré de toute inhibition et capable de réagir « de pair à compagnon », comme il aurait voulu l'être constamment. Sándor a tant fréquenté les œuvres de Freud depuis trois ans qu'il a l'impression d'avoir de lui une connaissance intime et familière. Mais bien sûr, il aurait dû comprendre que cela ne conduirait pas forcément Freud à se défaire d'une forme de réserve. « Même envers des amis – depuis l'affaire *Fliess* », ajoute-t-il en une parenthèse remarquable de clairvoyance[9].

Dans sa réponse du 6 octobre 1910, l'une des lettres les plus commentées de cette immense correspondance, Freud admet d'emblée que Ferenczi a touché juste. « Pourquoi je ne vous ai pas engueulé, ouvrant ainsi la voie à l'entente ? Il est parfaitement exact que c'était de la faiblesse de ma part, aussi bien ne suis-je pas ce surhomme psychanalytique que nous avons construit et je n'ai pas non plus surmonté le contre-transfert. Je ne le pouvais pas, comme je ne le peux pas pour mes trois fils, parce que je les aime et qu'en même temps ils me font de la peine. »

Mais surtout Freud reconnaît sans faux-semblant le lien entre les incidents du voyage en Sicile et la longue amitié qu'il a eue avec Wilhelm Fliess, jusqu'à leur douloureuse rupture. Une relation aussi intense, voire une complicité intellectuelle d'égal à égal, apparaît désormais à Freud comme une affaire dépassée, liée à une période de formation et d'incertitude : « Je n'ai *plus* aucun besoin de cette totale ouverture de la personnalité, vous l'avez non seulement remarqué mais aussi compris, et vous êtes remonté fort justement à la cause traumatique de cet état de choses. Alors pourquoi vous êtes-vous ainsi entêté ? Depuis le cas Fliess, dans le dépassement duquel vous m'avez précisément vu occupé, ce besoin s'est éteint chez moi. Une partie de l'investissement homosexuel a été retirée et utilisée pour l'accroissement de mon moi propre. » La phrase finale est aussi cinglante que mystérieuse : « J'ai réussi là où le paranoïaque échoue[10]. »

Le lien entre Fliess, paranoïa et homosexualité a été ravivé par le travail sur les *Mémoires* du président Schreber. Freud avoue d'ailleurs que tout au long du voyage ses rêves ont tourné autour de « l'histoire Fliess ». Mais il lui aurait été difficile, estime-t-il, de faire partager à Ferenczi les souffrances que cela ravivait*.

---

* Preuve de son caractère fondamental et fondateur, une autre mention de l'affaire Fliess avait eu lieu deux ans et demi plus tôt, mais cette fois avec Jung. Le 17 février 1908, Freud souligne que c'est sa rupture avec Fliess qui lui a permis d'interpréter la paranoïa comme la conséquence d'une projection de la libido homosexuelle refusée : « Mon ami d'alors, Fliess, a développé une belle paranoïa après s'être débarrassé de son penchant pour moi, qui n'était certes pas mince. » Très remarquablement, Jung en profite pour mieux définir le cadre qui lui conviendrait pour leurs relations : « L'évocation de votre relation à Fliess, qui n'est certes pas fortuite, me presse de vous prier de ne pas me laisser goûter votre amitié comme celle d'égaux, mais comme celle du père et du fils. Une telle distance me semble appropriée et naturelle. » Quelques mois auparavant, Jung a raconté à Freud une agression sexuelle infligée dans sa jeunesse par un adulte qu'il vénérait. Depuis, il préfère se tenir dans une forme de distance.

Daniel Paul Schreber (1842-1911).

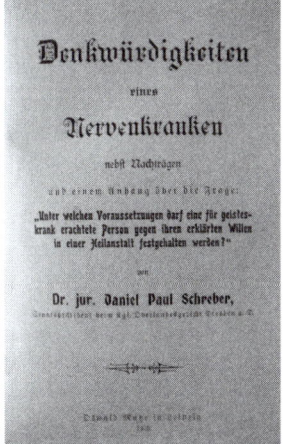
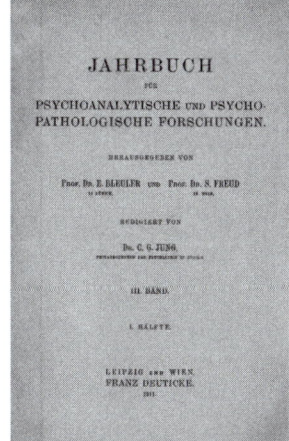

À gauche :
Édition originale des *Mémoires d'un névropathe* (*Denkwürdigkeiten eines Nervenkranken*, Leipzig, 1903).

À droite :
Première revue spécialisée de psychanalyse, dirigée par Bleuler et Freud (*Jahrbuch für Psychoanalytische und Psychopathologische Forschungen*, 1911).

Carte de Freud et Ferenczi à Brill
(14 septembre 1910).

Les ruines du théâtre grec de Taormina.

9

Que pouvait alors savoir Ferenczi de l'amitié de Freud et Fliess, ce rêve de complicité fusionnelle et de fraternité absolue, suivi d'une terrible déception ? Même si Freud n'avait pas l'habitude de se livrer, il avait déjà fait quelques allusions à Fliess, notamment dans une lettre de janvier 1910 où il comparait Ferenczi à son ami de jeunesse.

Répondant à un courrier de Ferenczi malheureusement disparu, Freud écrivait : « À propos de votre rêve, l'explication de vos tendances médicales m'a personnellement beaucoup intéressé. Il me manque, certes, ce besoin d'aider et j'en vois maintenant la raison : n'avoir perdu aucune personne aimée dans mes jeunes années. Cette même motivation personnelle, je l'ai trouvée en son temps, chez Fliess. Ce qu'il y a de fort, comme ce qu'il y a de morbide chez lui, vient de là. La conviction que son père, mort d'érysipèle après de longues années de suppuration nasale, aurait pu être sauvé, a fait de lui un médecin, dirigeant même son attention sur le nez. La mort subite de son unique sœur deux ans plus tard, au deuxième jour d'une pneumonie, dont il ne pouvait rendre les médecins responsables, lui a inspiré la théorie des dates fatalistes de la mort – comme pour se consoler[1]. »

L'affaire Fliess était encore récente – la rupture définitive date de 1904 – et entourée de secret. Mais elle a si lourdement pesé sur les relations de Freud et Ferenczi qu'il est nécessaire de l'évoquer en détail.

Freud et Fliess se sont rencontrés en 1887. L'année précédente, Freud, âgé de trente ans, s'est enfin marié avec Martha Bernays, sa fiancée depuis quatre ans. Il a ouvert un cabinet de neurologue, mais n'a encore que peu de patients. De deux ans plus jeune que lui, Wilhelm Fliess est un médecin berlinois, spécialisé dans les affections de la gorge et du nez. Alors qu'il effectue un court séjour à Vienne pour des recherches médicales, le Dr Josef Breuer lui conseille d'assister aux conférences de neurologie de Freud, qui est alors son protégé. Dès la première conversation, au sortir de l'amphithéâtre, la sympathie entre les deux hommes est évidente. Peu après le retour de Fliess à Berlin, Freud prend l'initiative d'écrire à son « cher confrère et ami », lui avouant combien il aimerait rester en contact avec lui : « Vous avez laissé en moi une profonde impression, qui pourrait facilement m'amener à vous dire sans détour dans quelle catégorie d'hommes je dois vous ranger[2]. »

Si elle raréfie les contacts directs, la distance entre Vienne et Berlin favorise les échanges épistolaires. D'abord irrégulière, la correspondance devient très intense à partir de 1893. Les lettres de Fliess ayant été brûlées, nous ne connaissons que celles de Freud*.

Dans cette période où le futur père de la psychanalyse n'a produit aucune œuvre majeure et se sent très isolé, Fliess est le partenaire essentiel, celui auquel il soumet ses hypothèses, ses travaux et ses doutes. « Je ne peux

---

* L'histoire mouvementée de leur publication est évoquée à la fin de ce chapitre.

guère me passer de l'autre, et c'est toi qui es l'unique autre, l'*alter*[3] », lui écrit Freud. Mais cet autre est aussi un double. Lors d'une de leurs rencontres à Berlin, un de leurs « congrès » comme ils aiment les nommer, Freud et Fliess se font photographier ensemble : ils portent la même barbe, le même type de vêtements et regardent dans la même direction. Le portrait les satisfait tellement qu'ils en font tirer de nombreux exemplaires et les envoient à leurs amis.

Aujourd'hui considéré comme un illuminé, voire comme un charlatan, Wilhelm Fliess bénéficie à l'époque d'une haute réputation. Brillant et cultivé, il défend ses intuitions avec une grande assurance. Dans son livre de 1893, *Nouvelles contributions à la clinique et à la thérapie de la réflexe névrose nasale*, il tente de démontrer les liens étroits entre le nez et les organes génitaux, surtout chez la femme. Il est aussi fasciné par les nombres. Selon lui, les symptômes de la névrose nasale féminine obéissent, comme les menstruations, à un rythme de vingt-huit jours. De façon plus originale mais beaucoup plus aventureuse, Fliess y ajoute une périodicité masculine de vingt-trois jours. Il se sert de ces deux nombres, 28 et 23, et des multiples combinaisons qui peuvent en découler, pour prédire l'apparition des maladies ou les dates probables de naissance et de décès.

Loin de se méfier des hypothèses numérologiques de Fliess, Freud les commente avec admiration et y contribue par des observations quasi quotidiennes sur sa propre vie et sur celle de ses proches. Il espère même pouvoir un jour « fusionner » leurs théories : à l'un le domaine biologique, à l'autre le psychique. Freud écrit ainsi à Fliess, en décembre 1896, qu'il va essayer d'introduire dans ses travaux « l'idée qu'il y a une substance masculine à 23 jours dont la déliaison est ressentie dans les deux sexes comme plaisir, et une substance à 28 jours dont la déliaison est ressentie comme déplaisir[4] ».

Fliess considère le nez comme le lieu privilégié d'un déplacement des problèmes sexuels et des abus subis pendant l'enfance. C'est pour cette raison que « les manifestations neurasthéniques se présentent si fréquemment sous forme de réflexes nasaux ». Ces troubles peuvent être guéris, affirme-t-il, par un traitement chirurgical. Admiratif et enthousiaste, Freud soutient sans réserve cette théorie de son ami, entrevoyant de nouvelles possibilités thérapeutiques. Le 6 octobre 1893, il lui écrit par exemple : « Imagine-toi que quelqu'un qui serait médecin, comme toi par exemple, puisse examiner en même temps les organes génitaux et le nez ; l'énigme devrait trouver sa solution très rapidement[5]. »

L'idée sera mise en pratique dès la fin de l'année suivante, dans la tristement célèbre affaire Emma Eckstein. Cette patiente de Freud, approchant de la trentaine, souffre de nombreux symptômes : difficultés à marcher, douleurs intestinales et utérines. Freud diagnostique un trauma d'ordre sexuel, survenu pendant l'enfance. Il prend la jeune femme en cure, mais ne parvient pas à la soulager de ses maux[6]. En décembre 1894, il demande à Fliess de venir l'examiner. Fliess propose une opération d'autant plus délicate qu'il ne l'a jamais tentée auparavant : l'ablation partielle du cornet nasal gauche. Tout en reconnaissant qu'il n'aurait pas osé inventer un tel traitement, Freud se rallie avec confiance à l'opinion de son ami. Fliess réalise l'opération dans l'appartement de la patiente, le 20 ou le 21 février 1895, et s'empresse de rentrer à Berlin.

Deux semaines plus tard, Freud écrit sobrement qu'on ne peut « pas être satisfait d'Emma Eckstein ». L'état de la jeune femme est en réalité plus que préoccupant : elle souffre de saignements et de suppurations purulentes ; seule la morphine parvient à soulager ses douleurs. Fliess semble s'être défendu avec vigueur, mettant en cause la réaction «anormale» de la patiente et s'agaçant des reproches implicites de Freud. C'est pourquoi ce dernier lui envoie, le 8 mars 1895, un récit des événements aussi détaillé qu'embarrassé. «Heureusement, j'y vois enfin clair et suis tranquillisé au sujet de Mlle Eckstein, et je peux te faire ce compte rendu qui te blessera sans doute autant que moi, mais tu surmonteras cela, je l'espère, tout aussi vite[7].»

Les souffrances d'Emma sont si intenses et les saignements si abondants que Freud a demandé à l'un de ses amis oto-rhino-laryngologiste, Ignaz Rosanes, de venir au chevet de la jeune femme. La scène qu'il décrit est dramatique à souhait. Après avoir nettoyé le pourtour de la plaie, Rosanes a enlevé des caillots de sang, puis a tiré sur quelque chose qui ressemble à un fil. «Avant que l'un de nous deux ait eu le temps de réfléchir, un morceau de gaze long d'un bon demi-mètre était extrait de la cavité. L'instant suivant, il y eut un flot de sang, la malade devint blanche, les yeux exorbités et sans pouls.» Après avoir étendu la jeune femme, Freud lui-même est victime d'un malaise. «Au moment où le corps étranger sortit, où tout devint clair pour moi et où, tout de suite après, j'eus le spectacle de la malade, je me suis senti mal.» Il s'enfuit dans la pièce voisine, boit une bouteille d'eau, puis un petit verre de cognac, avant de retrouver ses esprits. Lorsqu'il revient dans la chambre, un peu chancelant, Emma Eckstein commente ironiquement : «Voilà le sexe fort.»

Dans sa lettre, Freud reconnaît qu'il a été terrassé par un ensemble d'affects. Mais le désir de protéger son ami semble avoir joué un rôle encore plus déterminant que l'état de la jeune femme : « Que ce malheur ait pu t'arriver, comment tu réagirais en l'apprenant, ce que les autres pourraient en faire, combien j'avais eu tort de te pousser à une opération loin de chez toi, là où tu ne peux assurer l'après-traitement, comment mon intention de faire au mieux pour cette pauvre fille avait été insidieusement contrecarrée et comment à la suite de cela sa vie avait été mise en danger, tout cela m'est tombé dessus en même temps[8]. »

Contre toute raison, Freud tente de défendre Fliess et minimise l'erreur qu'il a commise. Il va jusqu'à mettre en cause le Dr Rosanes, qui n'aurait pas dû retirer aussi brusquement la gaze oubliée, puis par assumer lui-même une partie de la responsabilité : « Bien sûr, je n'aurais pas dû te tourmenter avec ça [...]. Tu as fait aussi bien que l'on peut. » Les arguments de Freud s'accumulent sans convaincre : ce qui s'est produit « fait partie des hasards qui arrivent au plus prudent et au plus habile des chirurgiens. [...] Personne, naturellement, ne te fait de reproches, je ne saurais d'ailleurs pas d'où ils viendraient*. » L'incident, conclut-il de manière insolite, l'a en tout cas délivré d'un blocage dans son travail personnel : « J'écris maintenant la thérapie de l'hystérie par feuillets entiers. »

Dans sa lettre suivante, Freud revient sur la question qui le préoccupe le plus : l'innocence de Fliess. « Eckstein va enfin bien, comme cela aurait pu être le cas trois semaines plus tôt, sans ce détour. Le fait qu'elle n'ait pas

---

* Comment ne pas penser au fameux « argument du chaudron », qu'évoquera Freud dans *Le Mot d'esprit et ses rapports avec l'inconscient* : « A a emprunté à B un chaudron de cuivre et après l'avoir rendu, il est mis en accusation par B parce que le chaudron présente désormais un grand trou qui le rend inutilisable. Voici sa défense : "Premièrement je n'ai absolument pas emprunté de chaudron à B ; deuxièmement le chaudron avait déjà un trou lorsque je l'ai reçu de B ; troisièmement je lui ai rendu le chaudron intact." »

changé d'attitude envers aucun de nous deux parle bien sûr en sa faveur, elle honore ta mémoire, sans s'arrêter à ce malencontreux imprévu. » Mais une semaine plus tard, Freud doit informer son ami d'une dégradation de la situation. Emma a été victime d'une nouvelle hémorragie qui a failli être fatale. Et son état ne s'améliore pas : Freud dit avoir presque perdu espoir pour cette jeune femme qui lui était devenue très chère. Pourtant, le destin de Fliess semble lui importer encore plus : « Je ne me console pas de t'avoir mêlé à cela et d'avoir été à l'origine d'affaires aussi pénibles pour toi[9]. »

Finalement, Emma se rétablit, mais elle gardera toute sa vie de graves lésions sur le visage. Freud ne désarme pas dans sa volonté d'exonérer Fliess de toute responsabilité. Un an après cette désastreuse opération, il se dit persuadé que les saignements d'Emma étaient hystériques et qu'ils se sont probablement produits à des dates sexuelles, c'est-à-dire liées aux périodes déterminées par Fliess. Freud regrette seulement de ne pas être encore en mesure de préciser ces dates, à cause des résistances de la « fille ». Le 4 mai 1896, il revient sur le sujet, expliquant qu'Emma est « une saigneuse » depuis son enfance, et qu'elle a fréquemment souffert d'hémorragies nasales. Un mois plus tard, il réaffirme, jusqu'à l'obscène, sa conviction qu'il s'agissait de saignements liés au désir : « Une fois de plus, ton nez a flairé juste. Elle se porte du reste à merveille[10]. »

Il n'est pas nécessaire d'être antifreudien pour se sentir embarrassé. Selon le mot de James Strachey, traducteur et éditeur de la *Standard Edition* des œuvres de Freud, il s'agit d'« un exemple parfait de folie à deux, avec Freud dans le rôle inattendu de partenaire hystérique d'un paranoïaque[11] ».

En lisant l'ensemble des lettres de Freud à Fliess, on est stupéfait de le découvrir dans la position de disciple soumis où se tiendra souvent Ferenczi par rapport à lui. À de nombreuses reprises, Freud adopte une attitude passive et admirative à l'égard de Fliess : «Je ne sais toujours pas par quoi je vous ai conquis», lui écrit-il. Mais le long aveuglement par rapport aux théories de son ami tient en grande partie à la solitude qu'il ressent alors à Vienne. En 1895, peu après la publication des *Études sur l'hystérie*, Freud s'est brouillé avec Josef Breuer, son coauteur, que l'insistance sur les questions sexuelles met très mal à l'aise. Quant à Martha, la femme de Freud, elle adopte un prudent retrait par rapport à ses travaux : il n'est pas question de les lui faire lire, moins encore d'en parler avec elle[*]. Fliess est donc «l'unique public», celui auquel Freud peut communiquer en toute confiance des rudiments et germes inachevés.

En cette période où la psychanalyse est en train de s'inventer, Freud ne cherche pas à masquer ses propres fragilités. Parfois, il lui semble que l'heure de l'œuvre est déjà passée et que «quelque chose venu du tréfonds de [s]a propre névrose[12]» l'empêche de progresser. À d'autres moments, il est presque sûr d'avoir trouvé «la solution de l'énigme de l'hystérie et de la névrose de contrainte[13]». Il éprouve alors «une sorte de joie terne» à l'idée de n'avoir pas vécu tout à fait pour rien jusqu'à quarante ans.

---

[*] Dans une lettre que Freud lui adressait au temps de leurs fiançailles, il avouait pourtant placer l'amitié au-dessus de l'amour : «Tu comprendras que la bien-aimée peut encore s'élever plus haut : devenir une amie.» (Lettre de Freud à Martha Bernays du 25 septembre 1882, Sigmund Freud, *Correspondance, 1873-1939*, Gallimard, 1979, p. 40.) Un tel rêve se réalisera partiellement avec Minna, sa belle-sœur, qui vivra toujours à leurs côtés.

Freud est par rapport à Fliess dans une situation de profonde dépendance. Sans son « cher sorcier », qui lui apporte consolation, compréhension et stimulation, il se sent incapable de poursuivre ses recherches : « Personne ne remplacera pour moi le commerce avec l'ami qu'exige un côté particulier – peut-être féminin[14]. » N'est-ce pas grâce à l'exemple de Fliess qu'il a pris confiance en ses propres jugements ?

Les lettres qu'il lui adresse, souvent accompagnées de manuscrits scientifiques très volumineux, sont le laboratoire où s'élaborent de nombreux concepts, y compris le complexe d'Œdipe. C'est à Fliess et à lui seul que Freud envoie notamment, le 8 octobre 1895, un texte essentiel d'une centaine de pages, *Projet d'une psychologie*, première formalisation de la théorie psychanalytique.

Presque aussi importante – en tout cas en ce qui concerne les relations futures avec Ferenczi – est la communication intitulée « L'étiologie de l'hystérie » que Freud présente à Vienne, le soir du 21 avril 1896, devant ses collègues de la Société de psychiatrie et de neurologie. Il y affirme « qu'à la base de chaque cas d'hystérie, on trouve un ou plusieurs événements d'une expérience sexuelle prématurée, événements qui appartiennent aux toutes premières années de la jeunesse[15] ». Freud balaye les doutes que ses auditeurs pourraient avoir quant à l'authenticité de telles scènes. Selon lui, la douleur ressentie par les malades en revivant ces traumatismes infantiles exclut toute forme de fabulation.

Quelques jours plus tard, Freud ne cache pas à Fliess que sa conférence a reçu « de la part de ces ânes » un accueil glacial. Selon le fameux Richard von Krafft-Ebing, pourtant auteur de la *Psychopathia Sexualis*, il ne s'agirait que d'un « conte de fées scientifique ». Freud n'en reste pas moins persuadé de leur avoir indiqué « la solution d'un problème millénaire». Mais il a l'impression d'être mis au ban de la communauté médicale viennoise. «La consigne a dû être donnée de me lâcher, car autour de moi, tout le monde déserte. Jusqu'à présent, je le supporte avec sérénité. Ce que je trouve plus désagréable, c'est que pour la première fois cette année, mon cabinet est vide, que je n'ai pas vu de nouveau visage depuis des semaines, n'ai pu commencer aucune cure nouvelle[16].»

La « théorie de la séduction», comme on a l'habitude de la nommer en français (même si le mot «séduction» atténue beaucoup la violence du terme original de *Verführung*, qui évoque plutôt le détournement ou le dévoiement[17]), a effectivement de quoi inquiéter la bonne société de son temps. Car Freud soutient non seulement la réalité des abus sexuels subis par les hystériques pendant leur petite enfance, le plus souvent de la part du père, mais aussi l'ampleur du phénomène. Le 8 février 1897, il se dit même persuadé que son propre père, décédé quelques mois plus tôt, a été «l'un de ces pervers», le rendant responsable de l'hystérie de son frère et de plusieurs de ses jeunes sœurs. Trois mois plus tard, une nouvelle patiente lui apporte une confirmation de l'étiologie paternelle : «Ce père, qui passait par ailleurs pour noble et respectable, l'avait régulièrement mise dans son lit entre huit et douze ans[18]…»

C'est le 21 septembre 1897 que Freud fait part à Fliess d'une évolution majeure de sa pensée. Peu à peu, lui avoue-t-il, il a cessé de croire à ses «*neurotica*», c'est-à-dire à la théorie de la séduction comme origine des névroses. Les motifs de ce renoncement sont nombreux. Il y a d'abord «les déceptions continuelles dans les tentatives pour mener une analyse à son véritable terme, la fuite des personnes qui pendant un certain temps avaient été les mieux accrochées» et l'absence de cures tout à fait abouties. Mais il y a aussi la surprise effarée en comprenant que, dans presque tous les cas, il faut incriminer le père comme pervers, y compris le sien, « alors qu'une telle extension de la perversion vis-à-vis des enfants est quand même peu vraisemblable[19] ».

Freud en est donc venu à se persuader que, comme il n'y a « pas de signe de réalité dans l'inconscient », il est impossible de distinguer entre l'effectivité du trauma et les constructions fantasmatiques : les hystériques peuvent avoir halluciné ces scènes d'abus. Cet abandon d'une théorie à laquelle il a cru aussi fortement n'est pas sans le troubler. Mais il se dit qu'il ne s'agit peut-être que d'un épisode dans le chemin qui doit le conduire à une compréhension plus large des phénomènes psychiques. Car tout n'est pas perdu : « Le rêve est là en toute certitude. » Et l'importance qu'il attache à ses recherches sur le sujet ne fait qu'augmenter.

Depuis plusieurs mois, Freud informe Fliess, étape par étape, de ses réflexions sur l'interprétation des rêves. En février 1898, il se dit bien engagé dans l'écriture : le livre prend une belle tournure et le conduit encore plus profondément qu'il ne le pensait dans la voie d'une nouvelle psychologie. Freud espère que Fliess va lui réclamer les morceaux déjà rédigés, feignant de croire que son ami est trop discret pour le demander : « Tu ne dois pas me refuser tes devoirs de premier public et de juge suprême[20]. » Le 3 avril, il se désole qu'ils ne puissent pas se retrouver quelques jours à Pâques pour « une idylle à deux ». Son ton se fait plaintif, sentimental. « J'irai quelque part, l'esprit chagrin, peut-être avec mon beau-frère. » Mais il sait qu'il ne pourra ni entendre ni dire ce qui lui importe. « Après chacun de nos congrès, j'avais des forces nouvelles pour des semaines ; ensuite, les idées se bousculaient, l'envie de faire un travail difficile revenait, et l'espoir vacillant de trouver son chemin à travers les broussailles brûlait pour un temps d'un feu tranquille et éclatant[21]. »

Quelques semaines plus tard, Freud se décide à envoyer à son ami le manuscrit du troisième chapitre de *L'Interprétation des rêves*, dans un état encore très lacunaire. « N'importe quelle incitation vigoureuse me ferait du bien », assure-t-il, mais il attend manifestement bien davantage qu'un simple satisfecit. Le 18 mai, il redit à Fliess que toutes ses remarques seront acceptées avec gratitude : « Sans public aucun, je ne peux pas écrire, mais je peux fort bien admettre que c'est seulement pour toi que j'écris tout cela. » Freud se range la plupart du temps aux avis de Fliess, supprimant par exemple l'analyse d'un long rêve, à cause de ses implications trop intimes. Il lui donne ensuite à relire, au fur et à mesure, les épreuves de l'ouvrage.

La dissymétrie dans les échanges est devenue manifeste en même temps que s'insinuent les doutes de Freud par rapport aux théories de Fliess sur les périodicités masculines et féminines et une bisexualité conçue sur un mode purement biologique. Dès 1897, il admet que la part qu'il prend aux travaux récents de son ami est « malheureusement minime ». Il finit par reconnaître que la bisexualité telle que la conçoit Fliess – il y aurait coexistence dans le corps d'organes ou de restes d'organes génitaux masculins et féminins – n'éveille en lui « qu'un étonnement stérile[22] ». Mais peut-être cela tient-il à sa focalisation actuelle sur le rêve. Lors de leur prochaine rencontre, promet-il, les travaux de Fliess seront au cœur de leurs discussions.

En août 1900, à Achensee au Tyrol, ce congrès plusieurs fois reporté tourne au règlement de comptes. Fliess semble avoir exigé de Freud qu'il approuve sans tergiverser sa tentative d'expliquer les névroses par les processus périodiques, les fameux cycles féminins et masculins de vingt-huit et vingt-trois jours. De son côté, Freud ne supporte plus que son ami accorde à ces hypothèses aventureuses une valeur inconditionnelle tout en méconnaissant l'importance de la psychanalyse. Fliess l'a profondément blessé, en lui lançant que «le liseur de pensées ne fait que lire chez les autres ses propres pensées». «Tu veux nier la valeur de mes découvertes!» se serait exclamé Freud. Le conflit est d'une telle violence que Fliess se persuade bientôt que Freud a voulu l'assassiner au bord de l'Achensee, en tentant de «l'attirer dans un coin désert de la montagne pour le précipiter ensuite dans un abîme ou dans un torrent en contrebas[23]».

Au retour, Fliess laisse la correspondance s'éteindre peu à peu. Devenu très méfiant, il ne veut plus rien révéler de ses recherches. De son côté, Freud écrit la *Psychopathologie de la vie quotidienne* dont beaucoup de détails sont liés à Fliess, montrant à quel point il a compté dans sa vie. Mais ce livre est comme le tombeau de leur amitié. Freud avoue qu'il se sent désormais «entièrement étranger» à ce sur quoi travaille Fliess. Un an après la désastreuse rencontre d'Achensee, il prend acte de leur rupture. L'épouse de Fliess, Ida, n'y est pas pour rien : elle a fini par prendre au sérieux les remarques de Josef Breuer, selon qui l'amitié trop étroite de son mari avec Freud constitue une menace pour leur couple.

En 1904, une sombre affaire de plagiat va porter le dernier coup à leur relation. Fliess découvre avec stupeur plusieurs de ses idées sur la bisexualité dans un ouvrage d'Otto Weininger, *Sexe et caractère*. Il accuse Freud d'avoir été indiscret. Ce dernier commence par protester, puis admet qu'il a rencontré Weininger en 1901, même s'il reste persuadé de ne lui avoir révélé aucun détail précis.

L'affaire s'envenime et déborde bientôt les cercles médicaux. En janvier 1906, un pamphlet accuse Freud d'être le responsable indirect de ce plagiat. Ce dernier réagit à cet « abominable torchon » par des lettres ouvertes à deux directeurs de revues. Cette fois, ses attaques contre Fliess ne s'embarrassent plus de précautions. Selon Freud, l'idée de bisexualité était dans l'air depuis quelques années : le prétendu plagiat n'est donc que « la chimère d'un ambitieux qui, dans son isolement, a perdu toute mesure de ce qui est possible et de ce qui est autorisé ». Si Freud ne veut pas réfuter en détail les arguments de Fliess, c'est parce qu'il lui serait trop pénible « d'avoir à dire publiquement des mots durs à un homme avec qui l'on a entretenu l'amitié la plus intime durant douze années[24] ». Cela ne suffit pas à clore l'affaire. En juin, dans une plaquette intitulée *Pour ma propre cause*, Fliess reproduit deux des lettres que Freud lui a envoyées, pour tenter de prouver qu'il est bel et bien le responsable des fuites.

L'histoire de la publication de la correspondance de Freud et Fliess est mouvementée et hautement romanesque. En décembre 1928, quelques mois après la mort de Wilhelm Fliess, son épouse demande à Freud de récupérer ses lettres. Ce dernier lui répond aussitôt qu'il pense les avoir détruites ; il espère que ses propres lettres sont elles aussi « à l'abri de toute utilisation future ». Mais huit ans plus tard, la princesse Marie Bonaparte informe Freud qu'un libraire berlinois met en vente l'ensemble des lettres et manuscrits adressés à Fliess. Il aurait reçu des offres des États-Unis. La princesse propose aussitôt d'acquérir la totalité des documents pour éviter leur dispersion.

À cette amie proche, Freud ne dissimule pas son inquiétude : « L'affaire de la correspondance avec Fliess m'a affolé. [...] Notre correspondance fut la plus intime que vous puissiez imaginer. Il aurait été des plus pénibles qu'elle soit tombée entre des mains étrangères.» Il ne cache pas son vif désir que l'ensemble soit brûlé : «Je n'aimerais pas que la soi-disant postérité puisse avoir connaissance de quoi que ce soit dans ces lettres[25].» Marie Bonaparte n'est pas prête à suivre Freud sur ce terrain ; elle ne peut pas envisager la destruction de ces documents, quel que puisse être leur contenu. «Vous appartenez à l'histoire de la pensée humaine, comme Platon, disons, ou Goethe. Qu'aurions-nous perdu, nous la pauvre postérité, si les conversations de Goethe avec Eckermann avaient été détruites, ou les dialogues de Platon – ces derniers par piété pour la personne de Socrate – disons pour que la postérité n'apprenne pas que Socrate s'était adonné à la pédérastie avec Phèdre ou Alcibiade?» D'autant, s'empresse-t-elle d'ajouter, que les lettres à Fliess ne contiennent certainement rien de ce genre. Pour rassurer Freud, elle propose de mettre les lettres à l'abri, dans une bibliothèque nationale; elles ne seraient consultables que quatre-vingts ou cent ans après la disparition de Freud : «Qui pourrait alors être blessé – même parmi les membres de votre famille – s'il s'y trouvait quelque chose[26] !» L'attente sera tout de même moins longue, mais la divulgation de ces lettres donnera lieu à des polémiques majeures.

Une première édition paraît en allemand en 1950, en anglais en 1954, et en français en 1956 sous le titre *La Naissance de la psychanalyse*. La mise au point de ce livre a donné lieu à de difficiles tractations entre Marie Bonaparte, Anna Freud et l'historien Ernst Kris. Seules cent cinquante-trois lettres sont reproduites dans le volume, dont onze de façon intégrale. Les très nombreux passages éliminés sont loin de n'obéir qu'aux «raisons de discrétion médicale ou personnelle» qui sont invoquées. «Ce volume, précise l'introduction, ne contient rien qui doive faire sensation et n'est publié qu'à l'intention des lecteurs ayant de l'œuvre de Freud une connaissance solide.» En réalité, à force d'omissions, le livre réécrit en profondeur l'histoire de la relation des deux hommes, éliminant tout ce qui a trait à Emma Eckstein et minimisant la dépendance de Freud par rapport à Fliess.

La seconde édition, *The Complete Letters of Sigmund Freud to Wilhelm Fliess, 1887-1904*, qui permet enfin de lire intégralement les deux cent quatre-vingt-quatre lettres conservées, est publiée en 1985 par Jeffrey Moussaief Masson, après de patientes discussions avec Anna Freud. Cette édition suscite de nouveaux débats et ce n'est qu'en 2006 que les *Lettres à Wilhelm Fliess, 1887-1904* paraissent en français.

Les traces laissées par cette amitié de jeunesse et sa triste conclusion vont peser tout particulièrement sur les relations de Freud et Ferenczi. Mais, même si Freud est persuadé d'avoir «surmonté Fliess», son nom sert de repoussoir dans d'autres occasions, sitôt qu'un de ses disciples s'éloigne de lui. Il déclare ainsi qu'«Adler est un petit Fliess *redivivus*, tout aussi paranoïaque» et que «Stekel, en tant que son pendant, s'appelle au moins Wilhelm[27]».

Sigmund Freud et Wilhelm Fliess (1858-1928) en 1890.

Emma Eckstein (1865-1924).

Wilhelm Fliess, *Les Relations entre le nez et les organes génitaux féminins présentés selon leur signification biologique* (édition originale de 1897).

Emma Eckstein en 1920.

10

Le 3 janvier 1911, Sándor annonce à Freud qu'il viendra bientôt à Vienne avec Gizella. Cette dernière accompagnera sa fille aînée, Elma, qui doit subir une petite intervention chirurgicale. Sándor et Gizella aimeraient en profiter pour solliciter l'avis de Freud sur les affaires de cœur et les projets de mariage de cette jeune fille maintenant âgée de vingt-trois ans. Cela fait un moment qu'elle ne parvient pas à se décider entre les deux jeunes gens qui s'intéressent à elle. Et Ferenczi a l'impression d'être beaucoup trop proche pour « pouvoir juger et agir tout à fait froidement[1] ».

Le 5 février, Freud reçoit les deux femmes dans son cabinet. Il est heureux de retrouver Gizella, dont il apprécie la conversation. Mais Elma, sa fille, lui semble « faite d'un matériau plus rude ». Elle participe peu à la discussion et a, la plupart du temps, « une expression vide sur le visage ». Freud fait l'hypothèse d'une démence précoce, le terme technique alors utilisé pour la schizophrénie. Ce premier diagnostic a sur Ferenczi un effet « un peu déprimant ».

Pendant les mois suivants, il n'est plus guère question de la jeune fille dans la correspondance des deux hommes ; on sait juste qu'Elma continue d'hésiter entre plusieurs prétendants. Mais le 14 juillet, Ferenczi annonce à Freud qu'il vient de la prendre en analyse, tant ses crises devenaient insupportables. « Pour l'instant, l'affaire marche et les effets sont favorables. » Freud se montre d'emblée méfiant : il lui souhaite bien des succès pratiques, mais craint « que cela aille bien jusqu'à un certain point et puis plus du tout. *Ne sacrifiez pas trop* de vos secrets, par trop grande bonté[2]. »

Ferenczi promet de lui rendre compte régulièrement de l'évolution d'Elma. Dans l'immédiat, à cause des vacances, le traitement va subir une longue interruption. Ferenczi passe deux semaines auprès de Freud, dans la petite ville tyrolienne de Klobenstein, à partir du 20 août. On imagine qu'ils ont dû discuter de la situation. Mais alors que l'analyse d'Elma progressait, un triste rebondissement bouleverse tout le 18 octobre : l'un de ses deux fiancés potentiels, « le seul qui valait quelque chose », vient de se suicider par dépit amoureux. Ferenczi se demande comment les choses vont tourner.

Dans les semaines suivantes, Sándor s'attache de plus en plus à la jeune fille. Si elle est en plein transfert amoureux avec lui, il est loin d'être insensible à son charme. Parfois, il a l'impression que sa relation avec Gizella ne repose plus que sur l'habitude, peut-être même sur la pitié. Le 14 novembre, il avoue à Freud des fantasmes récurrents de mariage avec Elma. Il reconnaît aussi avoir pris quelque distance avec Freud, comme s'il lui fallait se libérer de ses deux parents symboliques. Mais ses tentatives d'émancipation lui paraissent vaines, et il sent qu'il n'est prêt ni à rompre avec Gizella ni à renoncer à l'amitié et « l'approbation paternelle » de Freud. Et il ajoute en post-scriptum : « J'ai noté aujourd'hui une longue liste "d'associations" qui me venaient librement ; la plus belle était celle-ci : "Je reste 'fils', j'ai de la religion[3] !" »

« Cher fils, lui répond aussitôt Freud, j'admets volontiers que je préférerais un ami indépendant ; mais si vous faites de telles difficultés, il faut bien que je vous adopte comme fils[4]. » Il l'incite à ne pas vouloir « exterminer ses complexes », mais à se mettre d'accord avec eux. Il ne dit rien de la relation avec Elma, préférant insister sur l'indépendance que Ferenczi est en train d'acquérir sur le terrain scientifique.

Le 3 décembre 1911, Sándor ne peut cacher que la situation avec Elma a beaucoup évolué. Il n'a pu « conserver la froide supériorité de l'analyste » et s'est mis en position de faiblesse. Certes, après le suicide du jeune homme, Elma avait un besoin impérieux de quelqu'un qui la soutienne et l'aide dans sa détresse. Mais il ne l'a fait « que trop bien », explique-t-il pudiquement, et leur rapprochement ne peut plus passer pour « la bienveillance du médecin ou de l'ami paternel ». Même si, depuis, il a imposé « de la réserve à sa tendresse », la brèche est ouverte et elle « envahit son cœur, victorieusement selon toute apparence[5] ». Les liens amoureux et les relations analytiques se sont inextricablement emmêlés.

Elma a raconté l'histoire à sa façon, bien des années plus tard. Avec le recul, elle se décrit comme une jeune fille au tempérament ardent, « psychiquement immature, égoïste, avide d'amour ». « J'étais une méchante séductrice, je ne pensais qu'à moi-même et je ne me souciais pas de mes victimes. Mais peut-être n'étais-je pas du tout méchante, seulement l'esclave de la nature ! »

Elle se souvient qu'après quelques séances, Sándor s'est levé de son siège, est venu s'asseoir près d'elle sur le divan, très ému, avant de l'embrasser passionnément. Il lui a déclaré qu'il l'aimait et lui a demandé si elle l'aimait elle aussi. « Si c'était vrai ou non, je ne peux le dire, mais j'ai répondu "oui" et, j'espère, je le croyais. Nous l'avons dit à maman sans ménagements ; elle était surprise mais, avec sa présence d'esprit habituelle, elle dit que si les deux personnes qu'elle aimait le plus au monde allaient se marier, elle ne pouvait qu'en être contente. Elle était heureuse qu'après tout Sándor puisse avoir des enfants[6]. »

Aussi affectueuse qu'attristée, Gizella se montre avec eux « d'une gentillesse incomparable », mais elle presse Sándor de solliciter l'avis du professeur, en espérant qu'il leur permettra de prendre une décision rapide. Freud répond par retour du courrier. Il demande à Ferenczi d'interrompre immédiatement l'analyse d'Elma, et de venir passer quelques jours à Vienne. Mais son souhait personnel est manifeste dans les dernières lignes de la lettre : « Ne décidez de rien encore et bien des salutations à Mme G.[7] »

Le quatuor est désormais en place. Le 17 décembre, peu après le retour de Ferenczi à Budapest, le professeur envoie une longue lettre à la « très chère » Mme G. : « Ce que je vous écris aujourd'hui reste tout à fait entre nous, est totalement sincère, sans enjolivement aucun, uniquement en accord avec ma grande estime pour vous. Notre ami m'a fait beaucoup de peine et m'a contraint moi-même à des conseils où mes sentiments n'entrent pas en ligne de compte[8]. »

Freud commence par dire à Gizella la grande estime qu'il a pour elle, depuis leur première rencontre. Il apprécie le vif intérêt qu'elle porte à la psychanalyse. Plus secrètement, le fait qu'elle porte le même prénom que la première jeune fille dont il a été amoureux n'est sans doute pas indifférent. Il a toujours eu le sentiment qu'elle était la meilleure épouse possible pour son disciple favori. Mais force est de le reconnaître : Ferenczi s'est peu à peu détaché de Gizella, en tout cas sur le plan érotique, et Freud a compris avec regret que cette évolution ne pouvait pas être arrêtée. « Je comprends la tragédie du vieillissement, puisque c'est aussi la mienne. La dure vérité s'énonce ainsi : l'amour n'est que pour la jeunesse et il faut renoncer, il faut, en tant que femme, être prête à voir ses sacrifices récompensés par l'ingratitude. » Elle n'a aucun reproche à se faire, ajoute Freud, c'est d'une fatalité naturelle qu'il s'agit, « comme dans l'histoire d'Œdipe[9] ». Une comparaison en l'occurrence assez étrange, sauf si l'on pense au caractère para-incestueux de la relation de Sándor avec la fille de sa maîtresse, quand bien même ils n'ont jamais vécu sous le même toit.

Freud ne souhaite pas pour autant voir Gizella se retirer au profit de sa fille, quittant le rôle de la femme blessée pour se réfugier dans celui de la mère épanouie. Car sa confiance en Elma est bien moins grande : « Vous m'avez montré votre fille. Je n'ai pas trouvé qu'elle puisse soutenir la comparaison avec sa mère. » À ses yeux, Elma n'aurait pas dû montrer aussi crûment qu'elle veut, « tout comme dans ses années d'enfance, refouler la mère et qu'elle ne désire rien d'autre que cela ».

Pour que le mariage s'engage sur de bonnes bases, il faudrait, selon Freud, qu'Elma se montre capable de réussir l'épreuve. C'est par sa capacité à attendre Sándor qu'elle doit prouver la sincérité de son amour. « Si tout se passe bien, alors on pourra oser construire sur les vieux fantasmes la nouvelle réalité. Sinon, il vaut mieux renoncer, il vaut mieux s'éloigner tout à fait, chercher quelque part ailleurs le bonheur, si tant est qu'il puisse encore être trouvé... » Cette solution, qui peut paraître dure, ne lui est dictée que par « la pitié et la compassion ».

Ni Sándor ni Gizella ne semblent pourtant se satisfaire du double renoncement proposé par Freud. Et Ferenczi répond par un bulletin de santé quelque peu ironique : « Le patient a passé la journée d'hier dans un certain émoi. Il y a eu une explication émouvante avec Mme G. » Le mariage avec Elma semble pour eux une chose acquise. Une seule chose manque encore : « la bénédiction paternelle », c'est-à-dire l'accord du père de la psychanalyse. Et comme Gizella souffre beaucoup, mieux vaudrait que Freud se rallie rapidement à cette solution.

Le professeur n'a plus qu'à s'incliner, ce qu'il fait le 26 décembre, après une semaine de silence. « Je n'ai plus rien à dire, j'en ai dit peut-être plus qu'il n'était justifié et je ne veux pas me gâcher tout à fait l'avenir avec vous. J'exprimerai mes félicitations de tout mon cœur, quand vous me ferez savoir que le moment en est venu[10]. » Ferenczi lui assure, en lui adressant ses vœux, que la décision du mariage ne se fera plus attendre très longtemps. « La bonté et l'amour incomparables » de Gizella la conduisent en effet, après s'être remise de ce coup dur, à vouloir favoriser le bonheur de sa fille avec Sándor.

L'année 1912 commence par un nouveau coup de théâtre. Le père d'Elma, Géza Pálos, qui a jusqu'alors brillé par son absence, soulève « quelques timides objections » en apprenant le projet de mariage. Il fait allusion aux fiançailles qu'Elma a rompues quelques années plus tôt. Et la jeune fille en est si troublée que Sándor lui-même se met brusquement à douter. Elma lui confie bientôt que chaque fois qu'elle désire intensément quelque chose, une partie d'elle-même commence à s'y opposer. C'est cela d'ailleurs qui la rend depuis longtemps si malheureuse. « La nature transitoire des sentiments a été la plus grande déception de ma vie », redira-t-elle beaucoup plus tard.

Comme Ferenczi l'explique à Freud, la jeune fille s'est ensuite efforcée d'amortir l'effet produit par ses confidences, faisant preuve à son égard d'un « degré d'abandon et de tendresse » dont il ne l'aurait pas crue capable. Cela n'a pas suffi pas à rassurer Sándor : « Mes yeux cependant s'étaient dessillés et, bien que sa présence, même après cette scène, n'eût cessé d'éveiller en moi des sentiments de tendresse, je dus reconnaître qu'il n'était plus question ici de mariage, mais du traitement d'une malade ! » Une malade qu'il ne se sent plus, cette fois, en mesure de soigner lui-même. Après bien des larmes, Elma accepte de partir pour Vienne et d'entreprendre une cure avec le professeur : ni Gizella ni lui ne voudraient la confier à quelqu'un d'autre, déclare Sándor. Tout paraît déjà réglé, y compris la question des honoraires. Si Freud en est d'accord, il viendra la conduire dès la fin de la semaine. « L'issue de cette affaire » ne lui laisse que peu de doutes, ajoute cruellement Sándor, et il a déjà essayé de préparer Elma à la possibilité d'une rupture[11].

Le lendemain, Freud a le triomphe modeste. « Quel sentiment amer d'être, peut-être, plus clairvoyant, de se faire moins d'illusions que d'autres et de devoir, finalement, avoir raison », écrit-il à Ferenczi. Lorsque est arrivée la lettre expresse, il a cru qu'il s'agissait de l'annonce officielle des fiançailles : il était bien décidé à ne pas montrer de susceptibilité, même si Ferenczi risquait de négliger bientôt « le vieil ami grisonnant à cause de la ravissante jeune femme ». Il assure ne pas se réjouir de ce revirement intérieur : « Je sais que je n'y suis pour rien et que j'aurais bien préféré m'être grossièrement trompé[12]. »

Pour ce qui est du traitement analytique, puisque Gizella et Sándor exigent qu'il commence immédiatement, il ne peut que s'incliner. Mais il n'a pour l'instant qu'une seule séance disponible par semaine, ce qui est loin d'être idéal. Leur décision est-elle vraiment définitive ? insiste-t-il. « Pensez à quel point les auspices sous lesquels je dois commencer sont peu favorables. » Elma sait en effet que Freud était le premier opposant à ce mariage. Et Ferenczi ne lui a guère laissé d'espoir sur l'issue de la cure. La « prime » représentée par le mariage semble donc des plus aléatoires. « A-t-on jamais ainsi courtisé une femme ! » continue Freud en paraphrasant Shakespeare[13]. Il craint aussi un refroidissement de ses relations personnelles avec Ferenczi, en cas d'échec du traitement*.

C'est par un « cher ami » tout à fait inhabituel que Sándor ouvre sa réponse. Il remercie Freud de tout cœur, comprenant la difficulté et le désagrément qu'il y a pour lui à prendre Elma en analyse. Mais il est persuadé qu'il n'y a pas d'autre issue. Intérieurement, il semble avoir à peu près renoncé à ce mariage dont la perspective l'exaltait tant quelques semaines plus tôt. Il admet s'être jeté « avec une exubérance juvénile dans cette aventure ». N'était-ce pas l'occasion de réaliser enfin son rêve de

---

* Si incroyable qu'elle puisse paraître, l'affaire Elma n'est pas la seule histoire de ce genre dans laquelle Freud se trouve impliqué ces années-là. Le cas de Jung et sa patiente Sabina Spielrein est désormais bien connu. En 1904, Sabina Spielrein, âgée de dix-neuf ans, est hospitalisée au Burghölzli pour des troubles hystériques. L'analyse – la première que conduit Jung – se transforme bientôt en liaison passionnée. Lorsqu'il apprend les faits, en 1909, Freud réagit avec compréhension, avouant à Jung : « De telles expériences, si elles sont douloureuses, sont aussi nécessaires et difficiles à épargner. Moi-même, je ne me suis, il est vrai, pas fait prendre ainsi, mais j'en ai été plusieurs fois très près et j'ai eu *a narrow escape*. Je crois que ce sont uniquement les farouches nécessités de la vie […] qui m'ont préservé des mêmes aventures. Mais cela ne nuit en rien. Il nous pousse ainsi la peau dure qu'il nous faut, on devient maître du "contre-transfert" dans lequel on est tout de même chaque fois placé. » (Lettre de Freud à Jung du 7 juin 1909.) Freud avait reconnu trois ans plus tôt, dans une autre lettre à Jung, que l'analyse proposait en fait « une guérison par l'amour » : « Être calomniés et roussis au feu de l'amour, ce sont les risques de notre métier. » (Lettre de Freud à Jung du 9 mars 1906.) Pour plus de détails sur cette histoire, qui a notamment inspiré le film de David Cronenberg *A Dangerous Method*, on se reportera au livre *Sabina Spielrein entre Freud et Jung* (Aubier, 2004). Nourri par ces diverses expériences, Freud théorisera cette question en 1915, dans son article « Observations sur l'amour de transfert ».

fonder une famille ? Conscient d'avoir humilié «mortellement» Gizella, désorienté par les revirements d'Elma, il a perdu tous ses repères.

Dès les premiers jours, Freud tient Sándor au courant en détail de l'évolution de l'analyse, espérant ainsi apaiser ses angoisses. Ses impressions sur Elma sont devenues plus positives. Le 13 janvier 1912, il lui semble que rien pour l'heure ne justifie des conclusions pessimistes. «Elle est assez inhibée, veut à l'évidence être une bonne petite, plaire, recevoir de la tendresse, et elle craint de perdre l'amour si elle avoue quelque chose. Consciemment, elle se comporte bien sagement, mais les composantes inconscientes ne se manifestent guère.» On est loin de la démence précoce dont Freud avait fait l'hypothèse après sa première rencontre avec Elma. Le diagnostic est cette fois plus précis et plus subtil :

«Nous en sommes à lever un étayage paternel, depuis longtemps englouti. Elle est de ces enfants qui ont été très gâtés par le père, dans les premières années, et qui ont, depuis, ressenti comme une rétrogradation la diminution inévitable de l'intimité. Il semble que toutes ses dispositions et tous ses désirs proviennent de ce facteur, ainsi l'envie de se montrer nue, la curiosité sexuelle de voir quelque chose de masculin. Le sevrage de l'onanisme des premières années est déjà assuré ; le sentiment de culpabilité se rattache à la connaissance des organes génitaux masculins, acquise de façon illicite. D'où son besoin de dissimuler, de jouer un rôle, etc. Dans quelle mesure son maintien dans le narcissisme et la poussée vers sa propre rivalité sont-ils en rapport avec une fixation au père, je ne peux encore en avoir une vue d'ensemble[14].»

Sándor s'empresse d'avertir Freud que le père d'Elma est «un homme très bizarre, très content de lui». Énervé par certains détails qu'Elma lui a communiqués à propos de son analyse – Géza Pálos assume le coût de la cure, malgré sa grande méfiance –, il aurait l'intention d'écrire au professeur. Selon Ferenczi, il ne veut rien d'autre que manifester sa présence; il s'estimera heureux si Freud lui répond.

Maintenant que Freud porte un regard moins sévère sur Elma, Sándor reprend espoir. Il croit à nouveau à la capacité d'aimer de la jeune femme et se remet à envisager la possibilité d'une issue positive. Car quelles que soient les qualités de Gizella, il ne ressent pas auprès d'elle «cet enthousiasme, cet élan insouciant, joyeux et naturel[15]» qu'Elma a éveillés en lui. De son côté, même si Freud continue à penser que l'amour d'Elma pour Sándor repose essentiellement «sur ses dispositions envers son père et sur la concurrence envers sa mère», il ne voit là rien qui ne puisse «disparaître à la faveur d'une réalité heureuse».

Bouleversé par des fluctuations émotionnelles très fortes, incapable, quoi qu'il en dise, d'attendre patiemment les résultats de l'analyse avant de prendre une décision, Sándor a une position presque impossible dans l'étrange partie à quatre, digne d'un roman d'Henry James, qui est en train de se mettre en place. Tantôt, il continue à se comporter en collègue de Freud, par exemple en lui envoyant l'esquisse de son article «Un petit Homme-coq», tantôt il s'adresse à lui en ami et en amoureux éploré.

L'indiscrétion est devenue la règle. Ferenczi s'empresse ainsi de traduire à Freud ce qu'Elma vient d'écrire à sa mère. Il assure ne le faire que dans l'intérêt de l'analyse, parce qu'elle a «tendance à cacher certaines choses». Mais les confidences dont il fait état le concernent au premier chef: «Dites à Sándor que je pense presque tout le temps à lui. Je désire tellement le voir heureux, et moi avec lui. C'est vrai que j'espère très, très fort que tout finira bien – mais aujourd'hui l'avenir me fait peur. Mon caractère est si peu équilibré, un chaos si épouvantable règne en moi, que ce serait un risque pour n'importe qui que de me prendre pour épouse. Même si l'analyse met la situation au clair, je reste ce que j'étais avant, et les malheurs peuvent recommencer à la moindre occasion. La seule possibilité de vivre qui me soit donnée est d'éviter de telles occasions. Sándor ne peut avoir ni l'envie ni la patience de me tenir la main à chaque pas[16]. »

Dans cette lettre aussi touchante que lucide, Elma dit craindre que son avenir ne soit qu'une succession de difficultés : « Un peu plus ou un peu moins de frustration ne compte pas beaucoup chez moi. » Et elle s'inquiète de ce que sa mère éprouve sans oser le formuler : « Tant que vous vous sentirez profondément atteinte par la perte de Sándor, il ne pourra pas s'arracher de vous intérieurement, et de mon côté, je ne pourrai pas accepter son amour d'un cœur léger. Nous nous rendons bien compte de votre souffrance, même si vous voulez la cacher. »

La brutalité du premier diagnostic de Freud n'a pas résisté au début de l'analyse. Désormais, il reconnaît en elle « les traits humains et féminins si familiers » et n'évoque plus qu'un certain infantilisme. Elma insiste sur la sincérité de son amour pour Sándor, mais Freud maintient qu'il faut mettre ce sentiment à l'épreuve de la cure, et elle y consent. Le professeur ne s'oppose plus frontalement à l'idée de son mariage, écrivant même à Ferenczi : « Petit à petit, je m'habitue à la pensée que vous pourriez entreprendre votre voyage d'été avec elle, au lieu de le faire avec moi, encore que si on en arrivait là, ce ne serait sûrement pas à *moi* que vous le devriez. » Freud continue de souffler le chaud et le froid, ajoutant de manière énigmatique que «les mouvements masochistes débouchent très fréquemment sur un choix conjugal défavorable. Après on l'a son malheur, Dieu vous a puni, et l'on n'a plus besoin de se faire du souci[17].»

Au fil des semaines, les appréciations de Freud sur Elma sont de plus en plus positives. Ses progrès sont incontestables, assure-t-il, et elle a surmonté la plupart de ses blocages. Plus d'une fois, elle a même surpris Freud par la justesse de ses observations.

La séparation semble par contre avoir accentué les doutes de Sándor. Il reste marqué par le diagnostic initial de schizophrénie et a l'impression de voir s'éloigner de lui le roman familial dont il avait rêvé. Le désir de revoir Elma et d'être avec elle ne surgit que rarement. S'il devait renoncer à la jeune femme, ne lui resterait-il pas «son ami» – Freud –, «son amie» – Gizella – et la science? Ne serait-il pas déjà très riche de posséder tout cela? Mais il sent qu'il sera difficile de retrouver avec Gizella un lien réellement amoureux, après la crise qu'ils ont traversée : elle a été blessée dans sa féminité et refuse toute «aumône[18]».

Elma Pálos (1887-1970).

Portrait d'Elma peint
par Olga Székely-Kovács.

11

Après avoir passé trois mois à Vienne, Elma revient à Budapest chez sa mère. À la fin de sa vie, elle confiera à l'historien Paul Roazen que son analyse avec Freud lui a fait beaucoup de bien et qu'elle aurait aimé la prolonger[1].

Ce n'est qu'à la mi-avril, de retour d'une semaine de vacances avec Freud sur l'île d'Arbe, « le petit coin de Dalmatie le plus beau et le plus varié[2] », que Sándor revoit enfin Elma. Il se montre amical et gentil, mais réservé, ce qui attriste la jeune femme. Évoquant l'avenir, il lui explique que ce qui s'est passé avant le séjour à Vienne ne peut pas se poursuivre de la même manière. L'analyse a modifié la donne et la personnalité d'Elma s'est profondément transformée : il convient donc de tout recommencer de zéro.

Ferenczi passe les soirées suivantes dans l'appartement de Gizella, rêvant de « jeter les bases d'une vie commune confortable et harmonieuse » avec la mère et la fille. Elma semble d'abord heureuse de montrer ses progrès récents dans l'art culinaire, tandis que Sándor s'entretient avec Gizella de questions scientifiques. Elma écoute et se montre intéressée, même si elle n'a pas « cette joie enthousiaste pour la découverte » dont sa mère a toujours fait preuve.

Mais la jeune femme avoue bientôt que cette situation pseudo familiale est difficile à supporter pour elle. Elle se dit impatiente de jouir enfin de la vie et n'est pas prête à « mettre ses désirs en suspens » en attendant que Ferenczi se décide. Gizella, toujours disposée à se sacrifier, encourage Sándor à épouser Elma : ce mariage lui apparaît décidément comme la plus belle et la plus harmonieuse des solutions pour l'avenir. Elle assure que cela n'affectera en rien leur propre relation, « tendre et spirituelle[3] ».

Freud, cette fois, se refuse à intervenir. La situation fluctuante dont Sándor, Elma et Gizella lui ont fait le récit dans plusieurs lettres lui interdit désormais de donner un conseil précis. Il ne veut surtout pas lier le destin de son amitié avec Ferenczi à quelque chose d'aussi indéterminable que ce choix amoureux.

Sándor reconnaît que c'est à lui et à lui seul qu'il appartient de sortir de l'indécision. Mais la difficulté à choisir entre Gizella et Elma, qu'il décrit comme une hésitation « entre mère et sœur, entre esprit et matière », est loin d'être résolue. Il voudrait ne renoncer ni à sa relation tendre et complice avec Gizella, ni à son indéniable attirance pour Elma et son vif désir d'avoir des enfants. Mais, lui demande Freud, y a-t-il réellement une place, dans son emploi du temps surchargé, « pour une jeune femme pleine de joie de vivre[4] » et qui n'est pas profondément intéressée par son travail ?

Pour retarder la décision du mariage, Sándor ne trouve rien de mieux que de proposer à Elma de reprendre l'analyse avec lui : il est essentiel, lui dit-il, qu'elle parvienne enfin à lui parler librement et sans inhibition, et à reconnaître ses résistances. De son côté, explique-t-il à Freud, il ne craint pas, cette fois, « que la surestimation sexuelle fasse obstacle à l'analyse[5] ».

Elma n'a pas d'autre choix que d'accepter cette nouvelle épreuve, si cruelle soit-elle. Et c'est désormais Ferenczi qui relate minutieusement à Freud l'évolution de cette troisième tranche d'analyse qu'il prétend mener en médecin, avec tout le recul nécessaire, même s'il ne lui est pas facile de résister « à la pression des passions[6] ». La complicité des deux hommes n'a jamais été aussi grande, mais c'est sur le dos d'Elma qu'elle se renforce. Le tact, dont Ferenczi fera plus tard l'un de ses maîtres-mots, lui semble ici totalement étranger. Chaque phrase d'Elma fait symptôme, chaque réaction permet de l'objectiver un peu plus. Et ses manifestations de tendresse sont considérées comme « de vieilles armes ». La cure se transforme donc en une sorte d'examen qu'elle doit réussir pour avoir une chance de conserver ou regagner l'amour de Sándor. La confusion des rôles est à son comble.

Ces interférences entre amitiés, amours, liens familiaux et relations professionnelles, qui nous apparaissent aujourd'hui comme de grossières transgressions thérapeutiques, n'étaient pas perçues comme telles. Les règles techniques étaient encore en train de s'établir et Freud n'avait écrit que très peu d'articles sur le sujet. En 1918 et 1924, il prendra en analyse sa fille Anna, sans que cela lui semble problématique.

Un soir de juin 1912, après une scène d'adieu passionnée, Sándor « rend sa liberté » à Elma, sans exclure la possibilité de reprendre les relations quelques mois plus tard. Le lendemain, elle lui adresse une lettre déchirante, qu'il s'empresse de traduire à Freud : « Je t'écris aujourd'hui, car je sens que plus jamais je ne serai aussi proche de toi qu'aujourd'hui, et c'est dans cette proximité que je voudrais te dire ce que je ressens. Ce que signifient mes sentiments, je l'ignore. Sans doute le sais-tu mieux que moi, et c'est pour cela que tu as voulu que nous nous séparions. Je sais, avec une totale certitude, que tu ne viendras pas me chercher. Et malgré cela, j'en ai une peur si terrible. Cette solitude, qui sera mon lot maintenant, sera plus forte que moi ; je le ressens presque comme si tout en moi allait se geler[7]. »

Elma essaie de comprendre les raisons de la rupture que Sándor vient de lui imposer. Sans doute n'est-il pas assez sûr d'elle et de lui. Sans doute a-t-il le sentiment qu'on ne peut pas lui faire confiance. À moins qu'il ne lui ait imposé cette séparation parce qu'il aime encore Gizella. « Crois-moi, s'il ne s'agissait que de moi, et non de toi et de ma mère aussi, je ne pourrais le supporter. Je t'ai bien dit comme j'étais terriblement impatiente et comme je brûlais de désir. Il m'est très, très bon d'être avec toi ; je ne crois pas qu'il puisse exister quelque chose de meilleur. […] Je t'aime comme jamais je n'ai aimé quelqu'un de proche. Je me sens aussi un peu comme ton enfant, tellement je souhaite que tu me guides. Ce n'est que lorsque nous aurions notre enfant que je pourrais me sentir ta femme. J'appelle ce temps de mes vœux, mais je ne crois pas qu'il vienne jamais. […] Je ne peux rien de plus que de t'offrir d'être à toi, corps et âme. »

Elle termine sa lettre par ces lignes aussi désolées que lucides : « Pourquoi m'exposer au danger d'une épreuve au-dessus de mes forces. Est-ce cela que tu souhaites ? Ou bien en as-tu peur, toi aussi ? Pour une fois, parle aussi de toi, jusqu'à présent tu n'as toujours parlé que de moi ! » Elle le supplie de lui écrire avec franchise, comme à une adulte, en lui disant ce qu'il ressent vraiment. Sándor avoue à Freud qu'il a répondu avec tendresse, mais sans revenir sur sa décision. Il s'est même efforcé d'expliquer à Elma ce qu'est le contre-transfert. Ses propres sentiments sont si confus qu'il a besoin de davantage de temps pour savoir si son amour pour la jeune femme « sortira victorieux ».

Plus désemparé que jamais, Sándor est pour l'instant incapable de s'occuper d'autre chose que de ses affaires personnelles. Sa volonté affichée de conserver « la position médicale correcte » dans l'analyse imposée à Elma n'a fait qu'embrouiller davantage la situation. Avec tristesse et sans vraiment savoir pourquoi, il est sur le point de renoncer à l'épouser. Mais d'un autre côté, il sent qu'un éventuel retour vers Gizella serait forcément affecté par les conséquences de son infidélité et la prise de conscience « du relâchement de ses sentiments[8] ». Certains jours, il a l'impression d'agir comme un somnambule. Quant à Elma, désespérée, lasse de cette analyse qui a perdu tout sens pour elle, elle souhaite s'éloigner pendant quelques mois. Au début du mois d'août 1912, la rupture paraît consommée.

En cet été caniculaire, Ferenczi se morfond à Budapest, sans parvenir à travailler. En septembre, il passe quelques semaines auprès de Freud, d'abord à San Cristoforo, dans le Trentin, puis à Rome où ils vont chaque jour revoir le *Moïse* de Michel-Ange. Mais ce voyage ne suffit pas à l'apaiser. Physiquement, Sándor n'a pas du tout retrouvé la forme. Peu après son retour à Budapest, il a les ganglions gonflés et de nombreuses crises d'angoisse. Son hypocondrie lui fait même craindre la syphilis – il lui est arrivé de fréquenter des prostituées –, avant que ses médecins ne le rassurent. Et Gizella, décidément peu rancunière, s'occupe de lui avec affection. Sándor le note avec lucidité : « Je vois clairement *maintenant* que mon inconscient, qui n'a toujours pas été dédommagé pour le renoncement définitif au désir d'une famille, veut régresser à des scènes infantiles de maladies, où ma mère me manifestait beaucoup d'amour, elle par ailleurs si dure[9]. » Les semaines suivantes, les symptômes alarmants se multiplient : amaigrissement, troubles cardiaques, faiblesse musculaire, abcès de la prostate et état dépressif.

« Il y a un trait hypocondriaque indéniable dans l'histoire de votre maladie, écrit Freud. Je suis assez égoïste pour vous souhaiter, précisément maintenant, une prompte guérison[10]. » Mais le 26 décembre 1912, dans une très longue lettre, Sándor se présente explicitement comme « un cas à traiter ». S'il pratique l'analyse depuis plusieurs années, lui-même n'a jamais été analysé, pas plus d'ailleurs que ses collègues : cette règle technique ne s'imposera que pendant la décennie suivante. Mais Sándor ressent le besoin de se faire aider. Il voudrait commencer une cure avec Freud dès que possible, si ce dernier peut lui réserver une ou plusieurs séances quotidiennes pendant deux ou trois semaines. Sans attendre, il évoque en détail plusieurs de ses rêves des derniers jours, avant de s'excuser auprès de Freud de lui avoir ainsi « extorqué » une analyse gratuite. En réalité, cette analyse épistolaire a débuté depuis longtemps et n'est pas près de s'interrompre. Freud répond à ce courrier fleuve de Ferenczi de manière habilement décalée : « Le croirez-vous ou en serez-vous fâché : j'ai certes lu votre lettre auto-analytique, mais je ne l'ai pas encore étudiée comme j'aurais dû. Ainsi, j'ai à moitié déjoué vos intentions névrotiques. Extorquez-moi donc quelque chose[11] ! »

Pour l'instant, le deuil ne parvient à se faire ni du côté d'Elma, ni de celui de Sándor. Il est convaincu que son état maladif, depuis plus de six mois, est la réaction physique à l'échec du projet de mariage. « Le corps a joué "à mourir" dès lors qu'il a constaté sa déception par rapport à la satisfaction attendue[12]. » Ferenczi en profite pour théoriser : dans le prolongement de son propre cas, il se dit qu'une analyse biologique de la neurasthénie et de la névrose d'angoisse pourrait conduire à des découvertes aussi importantes sur le fonctionnement de l'organisme que celles de la psychanalyse sur la vie psychique. Dans l'immédiat, il envoie un article sur «Le développement du sens de réalité et ses stades» que Freud considère comme son meilleur texte à ce jour. Selon lui, Ferenczi écrit de mieux en mieux et a des idées plus stimulantes que jamais.

En attendant, sa santé ne s'améliore pas. Une nouvelle fois prête à se sacrifier, Gizella tente de persuader Sándor d'épouser Elma : elle continue à penser que c'est la seule solution possible à ses problèmes. La jeune femme, qui se comporte «de manière sage et raisonnable», regrette toujours Sándor, mais préfère désormais se tenir à distance. Et lui-même se garde de faire le moindre pas dans sa direction.

Quelques semaines au soleil à Corfou, avec son vieil ami Miksa Schächter, revigorent un peu Sándor, mais il regrette de ne pas avoir plutôt passé ce temps à Vienne, «afin d'y suivre un traitement combiné, psychique et somatique». Il n'a d'ailleurs pas renoncé à l'idée de se faire soigner par Freud. Peut-être pourrait-il prendre ses vacances en juin pour commencer une analyse : même s'il reçoit lui-même de nombreux patients, dont quelques cas très intéressants, Sándor reste mécontent de lui et voit l'avenir sous un jour sombre.

De son côté, Freud ne cache pas son manque d'enthousiasme : non seulement quelques semaines lui paraissent bien insuffisantes, mais cela ferait peser un trop grand risque sur leurs relations personnelles et scientifiques. Pour être conduite sérieusement, une analyse impose d'agir sans retenue ni scrupules, de «s'exposer, se livrer en pâture, se trahir[13]», toutes choses qui ne sont pas sans danger. Pour sa part, Ferenczi est au contraire persuadé qu'une cure avec Freud ne pourrait que resserrer leurs liens. « J'ai déjà surmonté cette période où vous aviez Elma en analyse et, après, je n'ai pas pu l'épouser ; j'ai surmonté cela, sans m'éloigner de vous, ou de l'analyse[14]. »

Il n'est pas certain qu'il soit tout à fait sincère.

Le *Moïse* de Michel-Ange. Carte de Freud à Ferenczi (Rome, 1913).

Congrès psychanalytique de Weimar en 1911.

12

Tandis que Sándor se débat dans cet imbroglio sentimental, le mouvement psychanalytique connaît bien des turbulences.

À la fin de l'année 1910, l'entente entre Freud et Jung semble encore parfaite. Plus que jamais, Freud se dit convaincu que le Zurichois est l'homme de l'avenir. Sans attaquer frontalement celui qui est toujours président de l'Association psychanalytique internationale, Ferenczi commence à faire état de ses réserves : « Jung tombe facilement dans des spéculations théologiques et il a tendance, aussi, à travailler beaucoup trop tôt par démarches de pensée métaphysiques, avant même d'avoir épuisé ce qui est accessible par déduction. » En outre, « ce pur-sang a manifestement beaucoup à lutter contre son tempérament, mais surtout contre sa soif de pouvoir et son ambition[1]. »

Un an plus tard, les relations des deux hommes ont connu des turbulences, mais rien ne semble irrémédiable. Jung ne répond pas aux lettres de Freud, tire la couverture à lui, et fait preuve d'un intérêt toujours plus marqué pour l'occultisme. S'il se garde bien de le dire, Sándor n'est pas mécontent de voir quelque peu disqualifié le prince héritier d'hier. Il estime que Freud devrait avoir avec Jung « une explication franche (en toute sincérité psychanalytique) », faute de pouvoir le prendre en analyse.

Mais si une forme de prudence s'impose désormais, Jung ne mérite pas pour autant «le transfert de la méfiance due à l'affaire Fliess[2]».

Une chose semble sûre à Ferenczi : tant que Freud vivra, il devra diriger lui-même le mouvement psychanalytique international : «Votre successeur n'est encore venu.» Aucun de ceux qui entourent le professeur n'est capable de travailler pour la cause «avec une totale maîtrise de ses faiblesses personnelles». Aucun ne dispose des dons et de l'assurance nécessaires. Dans ce contexte difficile, Freud espère plus que jamais que Ferenczi ne le décevra pas. Ce dernier lui confirme sa loyauté, même s'il ne se voit pas, en tout cas pour l'instant, dans le rôle du «successeur pleinement valable[3]».

Pendant l'été 1912, la crise avec Jung prend des proportions dramatiques. Alors que Freud répond aux nombreuses lettres de ses proches avec une remarquable rapidité, Jung laisse passer cinq semaines sans réagir à l'un de ses courriers. Puis il se dit indigné par ce qu'il nomme «le geste de Kreuzlingen», estimant que Freud ne l'a pas prévenu à temps de sa visite à Ludwig Binswanger, non loin de Zurich : il aurait ainsi volontairement évité de le rencontrer. Ces incidents à répétition, ainsi que des divergences théoriques de plus en plus manifestes, notamment sur l'importance de la sexualité, ne peuvent que conduire à un conflit ouvert : «Jung doit être, en ce moment, en état de névrose floride», explique Freud à Ferenczi. «Quelle que soit l'issue de tout cela, mon intention de fondre ensemble Juifs et goyims au service de la psychanalyse me semble un échec. Ils se séparent comme l'huile et l'eau[4].»

Ferenczi saisit la remarque au bond : le comportement de Jung l'attriste, mais ne le surprend pas. Il est heureux que Freud prenne acte de son éloignement sans trop le dramatiser. Quant aux autres analystes suisses, très soumis à Jung, Ferenczi les considère comme des antisémites. Il recommande aussi à Freud de garder un œil vigilant sur Ernest Jones, goy lui aussi, récemment revenu en Grande-Bretagne après avoir passé plusieurs années à Toronto.

Le plus important toutefois, aux yeux de Freud et Ferenczi, c'est de ne pas laisser le conflit avec Jung fragiliser le mouvement psychanalytique. Freud élabore un véritable plan de guerre pour les prochaines publications : «Comme Jung va se servir sans vergogne du *Jahrbuch* pour se faire entendre, j'ai l'intention de prendre le *Zentralblatt* comme tribune», explique-t-il. Si Freud compte «inspirer» les comptes rendus des articles et ouvrages des dissidents, il ne veut pas les écrire lui-même. Plusieurs auteurs seront sollicités, mais il compte sur Ferenczi pour être «l'état-major dans cette offensive interne[5]». C'est lui qui doit se charger de la contribution majeure, la critique de *Métamorphoses et symboles de la libido*, le plus récent ouvrage de Jung. Ferenczi n'a pas à se forcer, tant le livre lui paraît affligeant : «À chaque instant il sort des rails de l'observation scientifique et se transforme en fondateur de religion. Son souci principal n'est pas la *théorie de la libido*, mais le salut de la communauté chrétienne. Il identifie la confession à la psychanalyse[6].» Jung lui-même a senti en écrivant que ce livre, où il dilue le concept de libido et réinterprète le complexe d'Œdipe, risquait de lui coûter l'amitié de l'auteur des *Trois Essais sur la théorie sexuelle*. Lors d'un récent voyage aux États-Unis, Jung n'a d'ailleurs pas caché que ses conceptions s'écartaient sur plus d'un point des théories psychanalytiques officielles.

Le 26 décembre 1912, Ferenczi envoie à Freud une véritable lettre d'allégeance, à la tonalité emphatique. Il y affirme comme jamais la supériorité de l'auteur de

L'Interprétation des rêves par rapport à tous les autres analystes, à commencer par Jung. Si Freud est le seul qui maîtrise suffisamment ses symptômes pour se passer d'analyste, c'est aussi parce qu'il y a été contraint : « Les vérités que notre pratique confirme tous les jours, c'est bien *vous* qui les avez trouvées pour la plupart – et ce dans votre auto-analyse. Si vous avez eu la force de surmonter chez vous-même, sans guide (*pour la première fois dans l'histoire de l'humanité*), les résistances que l'ensemble du genre humain oppose aux résultats psychanalytiques, nous devons attendre de vous la force nécessaire pour venir à bout aussi de vos plus petits symptômes. Mais ce qui vaut pour *vous* ne vaut pas pour les autres. Jung n'est pas parvenu à la maîtrise de soi, comme vous[7]. »

Freud se refuse pourtant à précipiter la rupture avec Jung. En janvier 1913, il lui propose seulement de mettre fin à leurs relations privées : « Je n'y perds rien, car dans mon âme je ne suis plus lié à vous que par le fil ténu de l'effet prolongé de déceptions antérieures, et vous ne pouvez qu'y gagner, puisque vous avez récemment déclaré à Munich qu'une relation intime avec un homme agissait de façon inhibitrice sur votre activité scientifique[8]. » Freud promet à Jung qu'il n'aura pas à se plaindre d'un manque de correction de sa part, « là où il s'agit de communauté de travail et de la poursuite de buts scientifiques ». Il espère pouvoir attendre la même chose de son ancien dauphin. « Le reste est silence », lui répond Jung trois jours plus tard, en reprenant les derniers mots d'Hamlet. Mais ce silence, de part et d'autre, n'est qu'une pétition de principe.

Dans ses lettres, Freud décrit le comportement de celui qui est encore officiellement président de l'Association psychanalytique internationale comme celui d'un « gredin névrotique ». Et il avertit Ferenczi qu'il faut s'attendre à des choses terribles du côté de Jung. Un affrontement ouvert lors du congrès qui doit se tenir en septembre est devenu inévitable. « Notre destin en sera considérablement modifié, celui de la science absolument pas[9]. » Dans les rudes combats qui se préparent, Freud compte beaucoup sur Ferenczi. « Vous y prendrez une plus grande part que moi, car la polémique ce n'est pas mon fort », assure-t-il contre toute évidence.

En réalité, Freud préfère prendre de la hauteur et traiter la question de façon métaphorique en se lançant dans l'écriture de *Totem et Tabou*. Depuis *L'Interprétation des rêves*, il n'a jamais travaillé à un texte avec autant d'assurance et d'exaltation. En dépit de son caractère anthropologique, l'ouvrage est directement lié à la situation qu'il est en train de vivre avec Jung et plusieurs disciples de la première heure. Dans *Totem et Tabou*, Freud raconte comment « le père de la horde primitive » a été assassiné et dévoré par ses fils, « lui qui avait été leur ennemi, mais aussi leur idéal » ; et comment les fils rebelles se montrèrent ensuite incapables « de recueillir sa succession, l'un barrant pour cela le chemin à l'autre[10] ».

Quelques mois auparavant, dans une conversation avec Ernest Jones, Ferenczi a évoqué l'idée d'une sorte de vieille garde autour de Freud. Le projet a enthousiasmé Jones, persuadé que l'existence et l'action de ce Comité devront rester absolument secrètes. « Je pensais aux précédents des paladins de Charlemagne, histoire que je connaissais depuis mon enfance, et je me rappelais aussi les nombreuses sociétés secrètes citées dans la littérature[11]. »

Freud est aussitôt séduit par le projet d'un petit groupe composé « des meilleurs et des plus méritants » de ses disciples. « J'ose dire qu'il me serait plus facile de vivre et de mourir si je savais qu'il existait une telle association pour veiller à ma création[12]. » Le 25 mai 1913, Freud offre à Ferenczi, en même temps qu'à Karl Abraham, Otto Rank, Ernest Jones et Hanns Sachs, une intaille grecque, choisie dans sa collection d'antiquités, que ses disciples font monter sur un anneau d'or.

Pour sortir Ferenczi de sa morosité, Freud l'incite vivement à rencontrer Lou Andreas-Salomé. C'est la première femme qu'il a acceptée dans le cercle étroit des disciples, impressionné par son intelligence et sa forte personnalité. Elle passe quelques jours à Budapest, au début du mois d'avril 1913. Entre Sándor et l'ancienne égérie de Nietzsche, la sympathie est immédiate. Il s'empresse de raconter à Freud combien la visite de « Madame Lou » a été stimulante. « Elle m'a forcé à déballer mes projets de travail enterrés dans mes papiers et elle a tout compris au premier mot. À cette occasion, j'ai remarqué qu'enfin je suis sur le point de m'extraire de ces états neurasthéniques qui m'ont rendu impossible tout plaisir au travail[13]. »

Du côté de Lou, l'enthousiasme n'est pas moins grand : les intuitions de Ferenczi et sa manière de réfléchir la passionnent. Comme elle le racontera à Freud quelques années plus tard : « Il s'avéra que nos conceptions opposées concordaient tout à fait quand on intervertissait les mots mort et vie, sur quoi nous avons beaucoup ri[14]. » Mais ce qui la frappe le plus, c'est que Ferenczi, qu'elle considère comme le plus philosophique des proches de Freud en même temps que son disciple le plus loyal, « n'a jamais osé se laisser aller à l'impulsion qui le poussait vers "le sens profond" ». Par conséquent, il n'a pas encore écrit les choses très importantes qu'il porte en lui. Lou espère qu'il parviendra bientôt à vaincre ses inhibitions. En dépit du caractère parfois « fantastique » des conceptions de Ferenczi, elle aimerait qu'il puisse exercer une influence sur Freud lui-même. Mais Sándor osera-t-il affronter le maître ? Pour le moment, il n'évoque que timidement les idées auxquelles il tient le plus. Elle le devine en voyant avec quelles précautions il lui en fait part, évoquant ses « bêtises », sa « curiosité pathologique » et son « brûlant désir de tout savoir[15] ».

À travers ses conversations avec Sándor, Lou Andreas-Salomé se rend compte que « quand on aime Freud, il faut souhaiter pour l'instant la politique la plus tolérante en ce qui concerne les dissensions, parce que c'est celle qui est la plus propice à sa tranquillité, à son travail et à sa cause ». En revanche, note-t-elle lucidement, pour ceux qui viendront après lui, cette attitude pourrait se révéler très dangereuse. S'il est un peu trop tôt pour mettre en pleine lumière les travaux de Ferenczi, ils constituent à ses yeux un complément essentiel de ceux de Freud. « Et pour cette raison le temps de Ferenczi doit venir[16]. »

En mai 1913, Ferenczi crée le groupe hongrois de psychanalyse, qui s'affilie à l'Association internationale. Il en est naturellement élu président ; István Hollos, médecin-chef à l'asile connu sous le nom de « Maison jaune », est vice-président ; Sándor Radó, très engagé à gauche, est le secrétaire du groupe, et Lajos Lévy, médecin personnel de Ferenczi, son trésorier. Hugo Ignotus est le seul membre sans fonction, mais dans l'importante revue *Nyugat* il s'empresse de publier un article de Freud, « L'intérêt de la psychanalyse ».

Le rôle de formateur de Ferenczi est particulièrement important. C'est ainsi qu'il prend en analyse une jeune femme qui deviendra une figure majeure de la psychanalyse : Melanie Klein. Elle est venue le trouver pour soigner la dépression dont elle souffre depuis son mariage.

Mais il perçoit bientôt l'intérêt profond qu'elle porte aux enfants et le don qu'elle a pour comprendre leur vie émotionnelle. Même si elle n'est pas médecin, il l'encourage dans son idée de se consacrer à l'analyse ; un peu plus tard, il la pousse à écrire son premier article : « Remarques sur le développement d'un petit enfant[17] ».

Au mois de juin 1913, Ernest Jones – dont la compagne Loe Kann est en cure avec Freud – vient s'installer à Budapest pour entreprendre une analyse avec Ferenczi, à raison de deux séances par jour. Dans les lettres que les deux hommes échangent avec Freud, ils l'informent l'un et l'autre de l'évolution de cette analyse, que l'on peut considérer comme l'une des premières analyses didactiques. Jones se dit très satisfait des premières séances : « Il m'a déjà fait découvrir quantité de choses nouvelles sur moi-même. Il est très délicat et bon, et je suis sûr que nous allons faire du bon travail : je le souhaite autant que j'en ai besoin[18]. » Freud se réjouit que cette analyse démarre bien et lui assure que Ferenczi est solide et fiable : « Vous pouvez le gagner pour la vie. » Dans le même temps, il recommande à Ferenczi de se montrer à la fois sévère et tendre avec Jones : « C'est un homme très bon. Nourrissez la larve afin qu'elle puisse devenir une reine[19]. »

S'il craint que Ferenczi n'informe Freud de ce qu'il découvre au cours de son analyse, Jones lui-même ne se prive pas de tenir le professeur au courant : « Ferenczi découvre en moi de très fortes tendances agressives auxquelles j'ai réagi par un refoulement et une soumission excessifs et qui se vengent par diverses tendances impulsives[20]. » Il n'empêche : tout se passe pour le mieux. Les deux hommes ont de longues discussions théoriques en dehors des heures d'analyse, notamment sur la question du symbolisme. « Jones est mon meilleur et plus cher patient, il est capable, intelligent, docile et, avec cela, vraiment un ami de confiance ; je crois que nous allons pouvoir bâtir sur lui », écrit Sándor à Freud le 23 juin.

Le 5 août, quelques jours après le départ de Jones, l'enthousiasme de Ferenczi est plus vif encore : « Il me manque *beaucoup*. Nous sommes devenus des amis intimes, j'ai appris à l'aimer et à l'apprécier : c'était une satisfaction d'avoir un élève aussi intelligent, fin et distingué. L'analyse a eu sur lui un effet très favorable. » Mais l'éloge s'achève par une phrase prémonitoire : « Il est à espérer qu'il parviendra désormais à maîtriser ses penchants névrotiques – mais à cet égard, je n'ose pas avancer de pronostic *certain*[21]. » Jones lui-même reconnaît qu'il subsiste « quelques zones d'ombre » qu'il ne pourrait élucider seul. Pendant l'été 1914, il songera à reprendre à Londres cette analyse trop tôt interrompue, mais le déclenchement de la guerre empêchera le projet de se concrétiser. Dans l'immédiat, il lui faut se remettre de la séparation avec Loe Kann, qui l'a quitté après son analyse avec Freud.

Un accès de neurasthénie s'est emparé de Ferenczi le 7 juillet 1913, jour de son quarantième anniversaire. Même s'il affirmait un peu plus tôt se réjouir de voir l'histoire d'Elma se régler sans lui, il reconnaît avoir été « *infiniment* attristé » en apprenant qu'elle a été demandée en mariage par un journaliste américain d'origine norvégienne du nom de John Laurvik, auquel elle a servi de guide et d'interprète pendant un colloque sur le vote des femmes. Mais l'Américain est reparti pour de longs mois sans qu'Elma se soit réellement engagée. Sándor le reconnaît : « Une fois de plus, la voie était donc libre pour moi, tous les vieux scrupules me sont revenus et une peur intérieure de l'avenir me retient de tout rapprochement[22]. » Gizella continue de plaider la cause d'Elma, lui assurant que la jeune femme l'aime toujours. Sándor a l'impression que cette trop longue lutte intérieure le mine et l'empêche de travailler comme il le voudrait. Il se sent à peine majeur, bien loin «de la pondération et du calme d'un quadragénaire».

Freud est d'autant plus touché par cette lettre mélancolique qu'elle lui rappelle sa propre quarantaine. Il se dépeint sous un jour très sombre : «J'étais à l'époque (1896) au comble de l'abandon, j'avais perdu tous mes vieux amis et je ne m'en étais pas encore fait de nouveaux; personne ne se souciait de moi, et seul un peu de défi et le début de *L'Interprétation des rêves* me tenaient debout.» Ferenczi lui semble beaucoup plus avancé dans son parcours et à bien des égards plus heureux : «Vous êtes là, sûr de la direction à prendre, la voie libre devant vous, hautement apprécié par un cercle d'amis choisis, exceptionnels, dont vous êtes certainement destiné à devenir le guide spirituel.» Selon Freud, il ne reste à Sándor que la question du mariage à résoudre, mais bien sûr «ce qui manque le plus cruellement et qu'on apprécie le plus, c'est ce qu'on n'a pu atteindre». Il ajoute, de manière plutôt énigmatique : «Pour chacun de nous, le destin prend la forme d'une (ou de plusieurs) femmes, et votre destin a quelques traits précieux bien rares[23].»

Freud se réjouit en tout cas de retrouver Sándor pour quelques semaines de vacances au Tyrol, avant de se rendre avec lui au congrès de Munich qui s'annonce très difficile. Peu après, lorsque les projets de mariage d'Elma avec John Laurvik se confirment, Sándor a l'impression qu'une «sorte de rajeunissement lui est tombé dessus». Il se sent «joyeux, libre et ardent au travail», tandis que ses rapports avec Gizella redeviennent «plus naturels et sans inhibition[24]». Mais son humeur et sa santé continuent de varier, pendant les semaines et les mois suivants.

Intérieurement, rien n'est vraiment réglé : «Dans l'état amoureux, note-t-il avec finesse, le monde ne va pas à sa perte, mais l'objet d'amour représente pour l'amoureux le *monde entier*[25].»

De son côté, au lendemain de la rupture officielle avec Jung, Freud se lance dans l'écriture de l'*Histoire du mouvement psychanalytique* qui est l'occasion de régler ses comptes avec ses anciens disciples, tout en prenant de la hauteur*. Il y rend à Ferenczi un hommage appuyé : «La Hongrie, qui, au point de vue géographique, est si proche de l'Autriche, et qui, au point de vue scientifique, en est cependant si éloignée, n'a encore fourni à la psychanalyse qu'un seul collaborateur; mais ce collaborateur s'appelle S. Ferenczi et vaut à lui seul toute une société[26].»

---

* La rupture a mis plus d'un an à s'officialiser. Ce n'est que le 20 avril 1914 que Jung écrit à Freud que ses conceptions sont en opposition si abrupte avec celle de la majorité de l'Association qu'il ne peut plus se considérer «comme une personnalité apte à la présidence». Mais le cynisme n'est pas de mise : cette rupture affecte Jung en profondeur. Comme il le racontera dans *Ma vie*, il connaît plusieurs mois de désorientation totale.

Les membres du Comité secret, de gauche à droite : Otto Rank, Karl Abraham, Max Eitingon et Ernest Jones (second rang) ; Sigmund Freud, Sándor Ferenczi et Hans Sachs (premier rang).

Photographie de Ferenczi dédicacée à Melanie Klein.

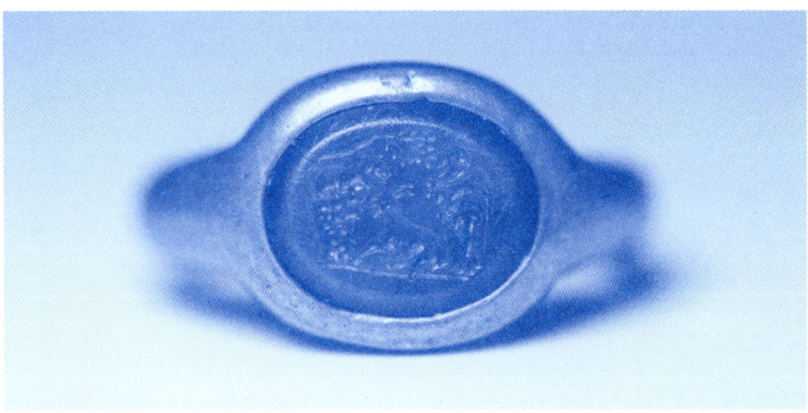

L'une des intailles grecques offertes par Freud aux membres du Comité secret.

Melanie Klein vers 1910.

Lou Andreas-Salomé en 1913.

13

Le 28 juin 1914, Freud se dit « sous le coup de l'assassinat surprenant de Sarajevo, dont les conséquences sont tout à fait imprévisibles[1] ». L'archiduc François-Ferdinand, héritier du trône des Habsbourg, a été abattu avec sa femme par Gavrilo Princip, un nationaliste bosniaque. Le 23 juillet, l'Autriche-Hongrie lance un ultimatum à la Serbie. En quelques semaines, toute l'Europe va se trouver plongée dans la guerre.

Encore inconscient de la gravité de la situation, Sándor est surtout déçu de ne pas passer une partie de ses vacances avec Freud. Ce dernier veut profiter de l'été pour écrire, et avoue qu'il lui est difficile de travailler si Ferenczi est à ses côtés : « Vous attaquez les choses différemment, et c'est pourquoi vous êtes souvent éprouvant pour moi[2]. » Cela n'empêche pas Sándor de l'assurer que jamais il ne s'éloignera « de la terre ferme de la psychanalyse, ne serait-ce que d'un pas ». Et pourtant, il ne peut ni ne veut interdire à son imagination de suivre ses propres chemins. Mais il est conscient de son inhibition à écrire, que Lou Andreas-Salomé l'a déjà encouragé à surmonter. Il ne le cache pas à Freud : « Si j'avais le courage de rédiger simplement mes idées et mes expériences – sans me préoccuper de vos méthodes et de la direction de votre travail –, je serais un écrivain fécond et, finalement, d'innombrables points de rencontre apparaîtraient quand même entre mes résultats et les vôtres[3]. » N'a-t-il pas retrouvé dans les travaux du professeur certaines de ses propres idées, ordonnées plus judicieusement, il est vrai ?

À la fin du mois d'août, John Laurvik revient à Budapest après une longue absence. Cette fois, l'Américain est décidé à épouser Elma au plus vite. Cela ravive à nouveau les sentiments de Ferenczi. Il sait que son inconscient reste attaché à la jeune femme, tout en espérant que le fait accompli réduira ces fantasmes au silence. Peu après le mariage, qui a lieu le 16 septembre 1914, le couple part s'installer aux États-Unis.

Dans l'immédiat, même s'il s'attend à être mobilisé, Sándor fait part à Freud de son désir d'entreprendre avec lui une analyse « dans les règles[4] ». Il a mis de côté l'argent nécessaire et espère pouvoir rester à Vienne au moins un mois. Le 1er octobre, il entame une analyse intensive avec Freud. Et tout semble se passer pour le mieux. Mais après un peu plus de trois semaines et une cinquantaine de séances, il est contraint de rejoindre son affectation comme médecin militaire auprès des hussards hongrois. La ville de garnison, heureusement située loin du front, s'appelle Pápa, ce que Ferenczi ne manquera pas de relever, dans une lettre plus tardive à Georg Groddeck : « J'étais donc là, pendant tout le temps, en sécurité dans le ventre paternel[5]. »

Sándor apprend à monter à cheval, ce qui lui permet bientôt d'entamer « la première analyse équestre dans l'histoire mondiale » : son commandant, blessé à la tête quelques mois auparavant, souffre de ce que Ferenczi décrira bientôt comme une névrose de guerre. Pendant les nombreuses heures de liberté qui lui restent, il tente de prolonger sa propre analyse, brutalement interrompue « au moment où elle était la plus intéressante et la plus productive», par une autoanalyse écrite. Freud ne cache pas son scepticisme : il est convaincu que «l'autoanalyse et l'analyse avec un étranger ne peuvent pas s'additionner[6]». Sándor se range aussitôt à son avis. Mais il a bien du mal à reprendre la correspondance avec Freud sur le mode habituel : hésitant entre des lettres normales et des lettres à caractère analytique, il lui arrive de ne rien écrire du tout. Et les occasions de se voir se font rares tant les trajets sont devenus compliqués. Ferenczi vient tout de même passer deux jours à Vienne à la fin du mois de décembre 1914, et Freud lui rendra visite à Pápa en septembre 1915.

Intellectuellement, la période est très féconde pour le père de la psychanalyse. C'est à ce moment qu'il écrit l'histoire de «L'homme aux loups», tout en travaillant, pour tromper l'ennui dit-il, aux textes théoriques très denses qu'il rassemblera sous le titre *Métapsychologie*. Cela n'empêche pas Freud de s'inquiéter beaucoup pour ses trois fils Martin, Oliver et Ernst qui sont mobilisés, tout comme son gendre Max Halberstadt. Il se désole aussi que la guerre lui ait ôté presque tous ses patients, à une époque où il doit plus que jamais soutenir financièrement sa famille.

De son côté, Ferenczi traduit scrupuleusement en hongrois les *Trois Essais sur la théorie sexuelle*, ce qui réveille ses intuitions personnelles sur le sujet. Dans le prolongement des réflexions de Freud, mais aussi de Jean-Baptiste Lamarck, précurseur de la théorie de l'évolution dont l'œuvre le passionne depuis sa jeunesse, il prend des notes pour ce qui deviendra, des années plus tard, son texte le plus célèbre, *Thalassa*, «une "grandiose" théorie du développement génital en tant que réaction des animaux au danger d'assèchement, au moment de l'adaptation à la vie terrestre[7]». Parfois, Sándor a l'impression d'avoir découvert «la solution au problème du coït et de l'excitation sexuelle». À d'autres moments, ses intuitions lui apparaissent comme un tissu d'absurdités. C'est d'ailleurs ainsi que les considère son ami Ignotus, quand il lui en présente les grandes lignes lors d'une permission à Budapest. Ferenczi est donc impatient de connaître l'opinion de Freud, lorsqu'il pourra lui exposer de vive voix sa théorie «bio-analytique». En attendant, il se plonge dans de nombreuses publications en embryologie, zoologie et physiologie comparée.

Les échanges intellectuels entre les deux hommes sont redevenus très intenses. Freud envoie ainsi à Ferenczi une ébauche d'un article majeur, «Deuil et mélancolie»: «À présent, vous êtes vraiment le seul à travailler encore à mes côtés[8]», lui écrit-il le 31 juillet 1915. Ce que confirme une lettre à Lou Andreas-Salomé: «Je suis presque seul et ne vois de mes collaborateurs que Ferenczi pour résister à l'influence militaire et demeurer attaché à la communauté. Comme il est, lui aussi, exilé dans sa garnison de Pápa, je me sens souvent exilé, aussi isolé que pendant les dix premières années, alors que le désert régnait autour de moi; mais j'étais plus jeune et encore armé d'une énergie et d'une endurance infinies[9].»

La guerre a réduit à presque rien les contacts avec Ernest Jones, qui habite à Londres. Cela n'empêche pas Freud de se plaindre de ses mauvaises manières. En décembre 1915, Jones fait paraître dans la revue zurichoise *Internationale Rundschau* un article intitulé «Guerre et sublimation». Dans une note, il mentionne les «Considérations actuelles sur la guerre et la mort» récemment publiées par Freud, mais selon ce dernier, tout le texte de Jones n'en est qu'une paraphrase. Ferenczi n'est pas surpris: «La tendance de Jones au plagiat m'est connue: il s'est approprié jadis, de la même manière, mon article sur la suggestion. Son originalité est inhibée (comme je le sais par l'analyse), ce pourquoi il doit satisfaire son ambition de cette façon[10]. » Pour le reste, conclut-il avec quelque imprudence, Jones est un « bon garçon ».

Sándor revient à Budapest en janvier 1916. Grâce aux efforts de son ami Anton von Freund, un riche brasseur hongrois qui s'est pris de passion pour la psychanalyse, on lui confie la responsabilité d'un département destiné à soigner des invalides de guerre atteints de troubles nerveux. C'est Ferenczi qui introduit le concept de névrose de guerre, dès 1916[11]. Alors que de nombreux soldats, souffrant de symptômes importants en l'absence de toute lésion organique, étaient soupçonnés d'être des simulateurs et traités de la manière la plus brutale, Ferenczi s'attache à démontrer qu'il s'agit d'hystéries d'angoisse ou de conversion : après un traumatisme, la peur devient parfois psychiquement incontrôlable, même chez les soldats les plus courageux ou les plus intrépides. Les troubles de la marche et le tremblement généralisé sont les manifestations les plus fréquentes. De nombreux médecins, qui jusqu'alors ignoraient ou méprisaient la psychanalyse, commencent à s'y intéresser.

De manière plus générale, les modifications de comportement induites par la guerre sont au cœur des réflexions de Ferenczi. Il est frappé par la rapidité avec laquelle sont tombés bien des masques, révélant l'homme dans sa sauvagerie. Dans son article « L'ère glaciaire des périls », il écrit : « Le naturel avec lequel nous partons pour tuer ou éventuellement nous faire tuer ne diffère en rien des manifestations instinctuelles des peuples primitifs. » Mais loin de succomber à ces accès de barbarie, il faut tout faire pour les contenir : « En temps de guerre, ne renions pas lâchement les valeurs culturelles supérieures de la vie, et n'acceptons d'en sacrifier que le strict nécessaire[12]. »

Dès son retour à Budapest, Sándor s'est installé au Grand Hôtel Royal. La séparation forcée avec Gizella n'a fait aucun bien à un couple toujours fragile. Il avoue de brèves infidélités avec des prostituées et même avec Sarolta, l'une des sœurs de Gizella, ce qui le plonge dans la culpabilité et la mélancolie. Mais avec elle, le désir n'est que rarement au rendez-vous. Souvent, il est frappé par «les signes indéniables de l'âge» sur son visage et son corps. Malgré son infinie patience, Gizella ne parvient pas à dissimuler son amertume, ce que Sándor comprend très bien : «Je la plains infiniment et je vois tout le tragique de son destin; je rends hommage aussi à toutes ses vertus – mais mon inconscient reste froid[13].» Ils n'envisagent pourtant ni l'un ni l'autre de se séparer. Sándor reconnaît que le double lien avec Gizella et Elma n'est toujours pas résolu, en tout cas sur le plan fantasmatique. Et il ne peut s'empêcher de rapporter à Freud qu'une tireuse de cartes lui a dit qu'il aurait dû se marier récemment s'il n'avait pas repoussé sa fiancée, mais qu'une autre femme, mariée, l'adorait[14].

Le projet de mariage avec Gizella reste de part et d'autre très incertain. Freud incite Sándor à résoudre son «champ de bataille intérieur», en prenant enfin une décision concrète, sans se perdre dans l'interprétation de ses rêves : «L'analyse doit intervenir avant ou après l'action et ne doit pas gêner celle-ci[15].» Après d'interminables discussions avec Gizella, Sándor se sent «brisé et comme en deuil». Et les symptômes hypocondriaques se multiplient à nouveau. En mars 1916, il se plaint de difficultés respiratoires chroniques depuis une opération manquée de la cloison nasale; il envisage de se rendre à Berlin – la ville où habite Fliess – pour consulter un oto-rhino. Freud ne dissimule pas son agacement à l'égard de ce qu'il considère comme une nouvelle résistance à ce mariage trop longtemps repoussé. «Qu'on aime une femme ou non, on doit pouvoir en décider même les narines bouchées. Je sais, naturellement, combien il est difficile de distinguer entre ce qui est psychique et ce qui est somatique, sur sa propre personne[16]. »

De son côté, Sándor est persuadé qu'il ne sortira pas de ses difficultés sans une aide extérieure. Il renonce au voyage à Berlin, préférant consacrer la permission qu'il vient d'obtenir à une nouvelle période d'analyse, du 14 juin au 5 juillet 1916, à raison de deux séances quotidiennes. Freud espère passer beaucoup de temps avec lui, en dehors de l'analyse. Il viendra régulièrement déjeuner ou dîner à la table familiale. « La technique exigera cependant qu'en dehors des séances rien de personnel ne soit abordé », ajoute-t-il avec une touchante ingénuité.

Quelques jours après son retour à Budapest, Sándor assure à Freud que ces trois semaines ont été les plus décisives de sa vie, tant elles ont bouleversé son regard sur les êtres qui l'entourent. Mais son attitude reste très ambivalente : « Aujourd'hui, j'ai dit à Gizella que j'étais devenu un autre homme, moins intéressant mais plus normal. Je lui ai avoué, aussi, que quelque chose en moi regrette l'homme d'avant, un peu instable mais tellement capable de grands enthousiasmes[17]. »

Il profite aussi de l'expérience analytique qu'il vient de vivre pour réfléchir en termes plus théoriques, notamment sur le transfert. Si le patient en analyse ne peut pas se montrer reconnaissant envers le médecin, c'est parce qu'en le rendant à la santé et aux exigences du réel, ce dernier lui a « enlevé la *jouissance* qui, dans l'inconscient, accompagnait tous ses symptômes, aussi désagréables ou même mortels qu'ils aient été[18] ».

En attendant, malgré ces semaines d'analyse, Sándor ne parvient pas à résoudre « le problème du mariage ». Le dilemme se pose de façon d'autant plus aiguë qu'Elma et son mari doivent bientôt revenir en Europe, pour des raisons professionnelles. Le couple n'a pas tardé à révéler son extrême fragilité. «Le seul homme que j'ai pu aimer, confiera Elma sur le tard, c'était mon mari, mais c'était une sorte de Peer Gynt et notre vie s'est défaite[19].»

L'attitude de Gizella n'arrange rien. Incapable de fixer une limite, toujours prête à faire passer le bonheur de sa fille avant le sien, elle demande à Freud s'il ne vaudrait pas mieux attendre le retour d'Elma pour prendre une décision. Freud la met en garde contre ce nouveau délai : «Pensez-vous donc attendre six ou neuf mois de plus après avoir déjà attendu tant d'années, et attendre quoi ? Cette même fille qui s'est déjà interposée une fois entre vous deux, et qui le refera immédiatement, autant par sa propre volonté que par votre consentement à tous deux[20].» Pour la première fois, Freud s'avoue désorienté par ces atermoiements à répétition. Peut-être aurait-il mieux valu qu'il ne donne aucun conseil. N'est-il pas trop impliqué pour juger objectivement de ce qui serait le mieux ? Ce qui est clair, c'est que «le destin a noué là, avec Elma, un nœud qu'une personne extérieure aura du mal à dénouer».

Confronté au désarroi de Sándor, Freud approuve sa demande de reprendre l'analyse pendant les deux nouvelles semaines de permission qu'il a obtenues. Ils se voient du 29 septembre au 13 octobre 1916, à raison de deux et parfois trois séances quotidiennes. Au retour, Ferenczi envoie à Freud de longues lettres, assemblages de fragments d'un journal auto-analytique. Mais il reconnaît qu'une nouvelle fois il a du mal à trouver le ton juste : «Apparemment, le passage de l'enfant qui se confesse à l'ami qui écrit des lettres a été trop rapide[21].»

Le 24 octobre, Freud a cette formule énigmatique, qui prendra tout son sens longtemps plus tard : «Si j'ai dit que la cure était finie, je ne pensais pas qu'elle était terminée[22]. » Elle a juste été interrompue par des circonstances défavorables. Ce que Freud craint plus que tout, c'est que Ferenczi mette cette interruption « au service de l'intention névrotique de s'esquiver ». L'état moral et physique de Sándor n'est pas brillant. Comme il l'explique le 13 novembre : « Au début, c'était purement psychique ; mais depuis quelque temps les affects ont de nouveau trouvé le chemin des manifestations corporelles[23]. »

Trois jours plus tard, Freud déclare que ces hésitations continuelles sont pour lui la preuve qu'il ne sortira rien de toute l'histoire. Mais « avec la méfiance de tous les analysés », Sándor interprète ce soudain scepticisme comme une astuce de Freud pour le libérer de l'influence exercée sur lui depuis tant d'années. Il s'agirait de le pousser dans ses retranchements pour qu'il réussisse enfin à prendre une décision personnelle. « Il me semble que vous vous servez maintenant de l'analyse pour embrouiller vos affaires[24] », lui répond Freud.

Le feuilleton se poursuit laborieusement. Dans l'espoir d'y voir plus clair, Sándor et Gizella décident de se séparer quelques semaines, ce qui les rend plus malheureux encore. Et Ferenczi, qui souffre depuis peu de la maladie de Basedow – une affection auto-immune de la thyroïde – et de sérieux troubles respiratoires, est contraint de quitter Budapest où l'hiver est très rude et les privations nombreuses. Il part se soigner au centre de cure du Semmering, non loin de Vienne.

Le 23 janvier 1917, Freud dévoile son jeu dans une incroyable lettre à Gizella : « Depuis que je vous connais et que je suis au courant de vos relations, j'ai ardemment souhaité de vous savoir unis. » Il assure avoir œuvré à la réalisation de ce souhait « par les moyens les plus variés, directement et indirectement, dans la relation amicale et par l'analyse ». Il a tenté d'agir avec prudence, afin que ses exhortations ne suscitent pas l'opposition de Sándor, mais sans se priver d'insister lourdement pour faire valoir son influence[25].

Freud ne peut pourtant que constater l'échec de sa stratégie. Et la maladie dont souffre Ferenczi, même si elle est cette fois indiscutablement organique, lui permet à nouveau de se libérer des «pièges» grâce auxquels il espérait l'attraper. Cette lettre, précise-t-il quelques semaines plus tard, n'est destinée qu'à Gizella : il la considère comme « trop sincère » pour être communiquée à Sándor. Mais elle la lui a déjà fait lire, fidèle à leur désir de faire prévaloir entre eux une absolue franchise.

Le 24 mars 1917, Ferenczi, toujours en cure au Semmering, prend enfin sa décision. Et c'est à Freud, «la seule autorité en cette affaire», qu'il demande de transmettre à Gizella sa demande en mariage. Dans sa réponse, Freud ne dissimule pas son ironie : «Que votre volonté soit faite!» Mais son intervention ne suffit pas à résoudre le problème : comme Sándor l'avait anticipé, Gizella veut attendre le retour d'Elma avant de prendre une décision; elle reste prête à s'effacer devant sa fille adorée. Et dans l'immédiat, c'est à son tour de tomber sérieusement malade, ce qui suspend pour des mois tout projet de mariage.

Il reste de toute façon un autre préalable : officialiser la séparation avec son mari, Géza Pálos. En août 1917, ce dernier fait savoir qu'il consent au divorce. Gizella et Sándor semblent cette fois décidés, ce dont Freud est le premier à se réjouir. «À présent, rejetez toutes les hésitations, écrit-il à Gizella. Arrangez pour vous et pour lui une vie définitivement heureuse. Je suis terriblement content de ce dénouement facile[26].» Le mot «facile» est mal choisi : les formalités vont se prolonger plus que prévu et le divorce ne sera officiellement prononcé que dix-huit mois plus tard, en février 1919.

Carte de Ferenczi à Freud, avec son portrait en médecin militaire (1915).

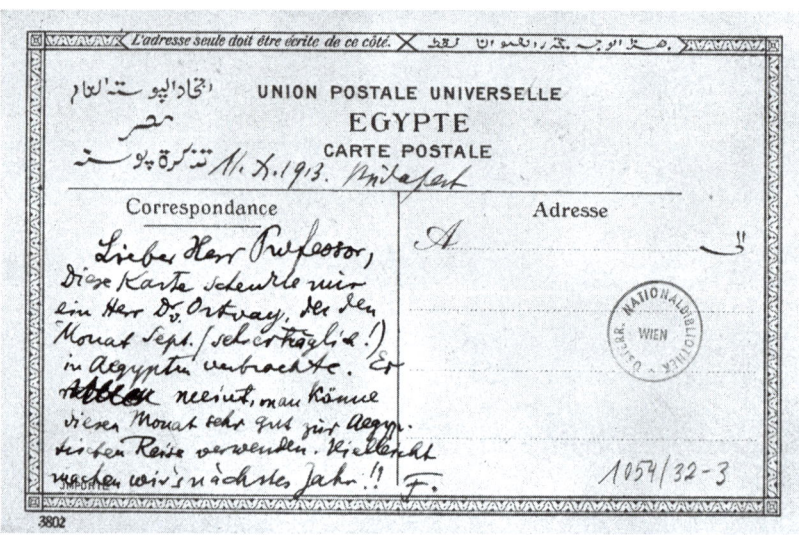

Carte de Ferenczi à Freud du 11 octobre 1913.
« Cette carte m'a été offerte par un certain Dr von Ortvay qui a passé le mois de septembre (très supportable !) en Égypte. [...] Peut-être le ferons-nous l'année prochaine !! »

Elma et son époux
John Laurvik en 1915.

14

L'entrée en guerre des États-Unis et la révolution russe ont fait basculer le conflit. À Budapest, l'année 1918 commence par une grève générale. Les prisonniers de l'armée austro-hongroise libérés par les bolcheviques réclament la paix immédiate, le suffrage universel et un meilleur ravitaillement. Les plus radicaux appellent aux mutineries et à la désertion, s'efforçant d'organiser des conseils de type soviétique dans les usines.

En dépit des troubles qui agitent le pays, le cinquième congrès international de psychanalyse – le premier depuis 1913, puisque la guerre a rendu impossible ces rencontres – se tient à Budapest les 28 et 29 septembre 1918, dans le cadre prestigieux de l'Académie hongroise des sciences. Malgré le cancer dont il souffre, Anton von Freund, qui compte désormais parmi les proches de Freud et Ferenczi, a soutenu l'organisation du congrès de façon efficace et généreuse. Des représentants des gouvernements hongrois, autrichien et allemand assistent à la cérémonie inaugurale, et les participants sont officiellement salués par le maire et les édiles de la ville. Les invités de marque sont logés au luxueux hôtel Gellért, au bord du Danube, et se rendent aux séances en bateau.

Cet intérêt officiel pour la psychanalyse tient surtout à la question brûlante des névroses de guerre. Plusieurs communications leur sont consacrées, dont celle de Ferenczi. De son côté, dans son intervention sur «Les voies de la thérapie psychanalytique», Freud évoque la création de cliniques qui pourraient rendre l'analyse accessible aux moins fortunés. Selon lui, «la conscience sociale s'éveillera et rappellera à la collectivité que les pauvres ont les mêmes droits à un secours psychique qu'à l'aide chirurgicale [...]. La société reconnaîtra aussi que la santé publique n'est pas moins menacée par les névroses que par la tuberculose[1]».

À l'issue du congrès, Ferenczi est élu président de l'Association psychanalytique internationale. Mais cette élection ne sera jamais enregistrée officiellement, à cause des bouleversements politiques qui vont se multiplier pendant les mois suivants.

Dès son retour à Vienne, le 30 septembre, Freud félicite Ferenczi pour le succès du congrès, le remerciant de «Toutes les preuves d'amitié cordiale» qu'il lui a données pendant ces belles journées. Il imagine aussi que Budapest pourrait devenir la capitale mondiale de la psychanalyse. Le ton se fait quelque peu élégiaque : «Rappelez-vous les paroles prophétiques que je vous ai dites avant le premier congrès de Salzbourg, à savoir que nous avions de grands desseins en ce qui vous concerne. Je nage dans la satisfaction, j'ai le cœur léger, car je sais que l'enfant-de-tous-mes-soucis, l'œuvre de ma vie, sera protégé par l'intérêt que vous et d'autres y prenez, et ainsi protégé pour l'avenir. Je verrai advenir des temps meilleurs, ne fût-ce que de loin[2].»

La situation historique va bientôt contredire l'optimisme de Freud. Depuis l'été 1918, la crise économique, politique et militaire est à son comble. Des grèves éclatent partout dans le pays, tandis que l'armée austro-hongroise est repoussée sur tous les fronts. Le 17 octobre, Charles Ier, le jeune empereur d'Autriche et roi de Hongrie qui a succédé à François-Joseph, propose de transformer l'Empire en une fédération. Mais cette proposition ne fait que précipiter l'explosion de la mosaïque de nationalités. Le 28 octobre, les Tchèques annexent les Slovaques et proclament leur indépendance. Le 29, c'est au tour des Slovènes, des Croates et des Serbes d'annoncer leur sécession et leur union au sein de la Yougoslavie. Le 30, la révolution éclate à Budapest. Le 11 novembre, au château de Schönbrunn, Charles Ier ne peut que signer le manifeste qu'on lui tend, renonçant à conduire les affaires de l'État.

L'effondrement de la Hongrie affecte douloureusement Ferenczi. Certes, « il est bon d'avoir, à côté de son moi hongrois, un moi juif et psychanalytique aussi, que ces événements n'atteignent pas[3] ». Mais il lui paraît tout de même très difficile de faire ses adieux à la Hongrie d'autrefois, cette partie du pays à laquelle il s'était identifié. Freud renchérit en lui recommandant de retirer sa libido de la patrie et de la mettre à l'abri dans la psychanalyse.

Associé aux sociaux-démocrates, le comte Mihály Károlyi prend la tête du gouvernement hongrois le 30 octobre 1918, avant d'être proclamé président de la République le 11 janvier 1919. Malgré le projet radical de réforme agraire qu'il défend, l'influence du Parti communiste s'accroît. Et les pressions exercées par les Alliés rendent la tâche de Károlyi de plus en plus difficile.

C'est dans ce contexte pour le moins troublé qu'est célébré le mariage de Sándor et Gizella, le 1er mars 1919. Elle a cinquante-deux ans ; il en a quarante-cinq. Cruelle coïncidence, si c'en est vraiment une : ils apprennent que Géza Pálos, l'ex-mari de Gizella, vient de mourir d'une crise cardiaque, à moins qu'il ne s'agisse d'un suicide, alors qu'ils se dirigent vers la mairie. Cela n'empêche pas Freud de les féliciter avec chaleur de ce mariage qu'il attend et espère depuis si longtemps : « Votre union s'est accomplie, une cérémonie officielle a couronné un mariage d'une demi-vie, qui s'est révélé indissoluble malgré les tiraillements et les pressions ! Je sais ce que chacun de vous a subi entre-temps, et à quoi vous avez renoncé, mais ma conviction, forgée au cours d'une décennie, reste ferme : tout le bonheur que vous êtes en droit d'attendre tous les deux ne pouvait être assuré que de cette façon et il en sortira, malgré le temps que vous avez laissé passer, quelque chose de beau et d'unique. Comme vous m'avez fait l'honneur de souhaiter que je sois le témoin de votre union, il m'est permis de parler de ma personne et de vous avouer que, souvent, lorsque je devais songer à mettre de l'ordre dans mes affaires et à prendre congé, j'étais tourmenté par le souci de ce qu'il adviendrait de vous deux qui m'êtes devenus si chers – souci à présent apaisé[4]. »

Sándor rejoint Gizella dans un appartement petit et sombre, au 3 de la rue Nagydiófa, au cœur du quartier juif. C'est la première fois qu'ils vivent ensemble, mais la cohabitation n'est pas facile, car ils sont « passablement entassés », avec d'autres membres de la famille.

Les événements politiques se précipitent. Le 21 mars 1919 voit la proclamation de la « république des Conseils » dirigée par Béla Kun, un proche de Lénine. Le pays, ruiné par la guerre, connaît une vraie pénurie alimentaire. Ferenczi est d'autant plus appauvri que la plupart de ses patients n'ont plus les moyens de le payer. Et de toute façon, le nouveau gouvernement communiste veut collectiviser toute la pratique médicale.

Une éclaircie au milieu de ces difficultés : après deux pétitions des étudiants de médecine en sa faveur, Ferenczi est nommé professeur de psychanalyse le 25 avril. Il est le premier au monde à exercer cette fonction. Mais il ne va pouvoir dispenser son cours de « psychologie psychanalytique pour les médecins » que de façon très éphémère.

À la fin du mois de juillet 1919, tandis que les Roumains marchent sur Budapest, les communistes cèdent le pouvoir aux sociaux-démocrates et tentent de prendre la fuite. La république des Conseils n'a duré que cent trente-trois jours. L'amiral Miklós Horthy, un ancien aide de camp de l'empereur François-Joseph, devient le chef d'une «armée nationale» qui procède à une répression sanglante : arrestations et exécutions se multiplient dans tout le pays. Les Juifs sont particulièrement visés, sous le prétexte que nombre d'entre eux ont soutenu les communistes. Comme l'écrit Ferenczi : «Après l'insupportable terreur rouge, qui pesait sur notre humeur comme un cauchemar, nous avons maintenant la blanche. Pendant quelque temps, il semblait qu'on parviendrait à modérer les partis et à les amener à un juste compromis, mais, finalement, c'est l'esprit clérical-antisémite sans scrupule qui semble avoir remporté la victoire.» Il s'attend à une nouvelle montée de l'antisémitisme : «On va nous guérir dans les meilleurs délais de l'illusion dans laquelle nous avons été élevés, à savoir que nous étions des "Hongrois de confession juive"[5].»

Si l'on trouve un peu plus à manger à Budapest, la viande reste très rare et les prix sont exorbitants. En raison du couvre-feu, sortir le soir est impossible. Les correspondances sont surveillées et tout voyage à l'étranger est interdit.

Pour la première fois depuis 1908, une année entière s'est écoulée sans que Freud et Ferenczi aient la possibilité de se rencontrer. Lorsqu'ils se revoient enfin à Vienne, en octobre 1919, Freud demande à Ferenczi de transmettre à Ernest Jones la présidence de l'Association psychanalytique internationale, puisque l'isolement de la Hongrie lui interdit de l'exercer concrètement.

Cette présidence tant désirée, Ferenczi ne la retrouvera jamais.

Freud en 1918.

Anton von Freund
(1880-1920).

Congrès
international de
psychanalyse de
Budapest en 1918.

Freud et sa fille Anna au congrès de La Haye en 1920.

Freud et Otto Rank au congrès de La Haye en 1920.

Freud, Otto Rank et Ernest Jones en Autriche en 1919.

Freud et Ernest Jones
en Autriche en 1919.

15

L'année 1920 commence de manière tragique. Le 20 janvier, Anton von Freund succombe à une récidive de son cancer. Freud lui a rendu visite à de nombreuses reprises pendant son agonie. « Vous savez ce que nous avons perdu en le perdant[1] », écrit-il à Sándor qui depuis une dizaine d'années était l'ami du « bon Toni ». En dépit des bouleversements politiques et économiques, Ferenczi et Freud vont tenter de sauver le fonds considérable qu'il a légué pour permettre la création d'une société d'édition indépendante, l'Internationaler Psychoanalytischer Verlag. Le Verlag, comme on le nomme couramment, va jouer un rôle essentiel en publiant sans délai les œuvres de Freud et d'autres théoriciens, ainsi que plusieurs revues de recherches psychanalytiques.

Un deuil beaucoup plus proche survient quelques jours plus tard. Le 25 janvier 1920, la terrible épidémie de grippe espagnole qui sévit à travers toute l'Europe, emporte la fille de Freud, « sa chère, éblouissante Sophie », âgée de vingt-six ans, mère de deux enfants et enceinte d'un troisième. Comme souvent, Freud réagit avec stoïcisme : « Emportée dans un souffle ! Rien à dire. » Il recommande à Ferenczi de ne pas trop s'inquiéter pour lui : « La survenue de la mort, si douloureuse soit-elle, ne vient pas chez moi bouleverser mon attitude envers la vie. Des années durant, j'étais préparé à la perte de mes fils, et voilà que survient celle de ma fille. Comme je suis profondément incroyant, je ne peux incriminer personne et je sais qu'il n'existe aucun lieu où l'on puisse déposer une plainte.» Il n'empêche : tout au fond de lui, il a le sentiment «d'une atteinte narcissique profonde et insurmontable[2]».

À Budapest, la situation politique est toujours aussi difficile. Le 1er mars 1920, Miklós Horthy est élu régent du «royaume sans roi» de Hongrie. Dans ce pays que le traité de Trianon va bientôt amputer officiellement des deux tiers de son territoire, un régime autoritaire se met en place pour longtemps. Les persécutions antisémites ne cessent de s'accentuer. Le pays promulgue même la première législation antijuifs de l'Europe d'après-guerre, en adoptant un numerus clausus dans l'enseignement supérieur. Quant à la situation matérielle, elle est presque insupportable. «Jusqu'ici, écrit Sándor, j'ai tenu bon dans la course avec la montée des prix, mais les forces commencent à me manquer[3].» Même en travaillant neuf à dix heures par jour, il ne parvient qu'à peine à subvenir à ses besoins.

De plus en plus fréquemment, il songe à émigrer. Mais seule l'Amérique lui apparaît comme une possibilité concrète. Sans doute Gizella et lui en ont-ils discuté avec Elma : elle vit à leurs côtés depuis plusieurs mois, mais s'apprête à repartir aux États-Unis pour essayer de reprendre la vie commune avec son mari. Ferenczi assure que le passé de ses relations avec la jeune femme est tout à fait enterré et qu'ils ont retrouvé l'un envers l'autre «le ton naturel de l'amitié d'autrefois». Pourtant, même si Gizella «se surpasse en amour et dévouement fidèle», la passion fait défaut du côté de Sándor. Il reconnaît que la première année de leur mariage a été peu satisfaisante, notamment sur le plan sexuel. Sans doute les circonstances tragiques qui ont entouré leur mariage ont-elles pesé davantage qu'ils ne l'ont d'abord cru.

Pour tout arranger, une procédure relevant de la loi martiale est engagée contre Ferenczi. Le 28 mai 1920, comme vingt et un de ses confrères, il est exclu de l'Association des médecins hongrois, accusé de s'être compromis avec la république des Conseils en acceptant une chaire de professeur.

Cette accumulation de problèmes n'empêche pas Freud de marquer son hostilité aux projets d'émigration de son plus cher disciple. Il multiplie les arguments. L'anglais de Ferenczi est médiocre, alors que mener à bien une cure dans une langue étrangère est très délicat. La psychanalyse ne tarderait pas à s'effondrer en Hongrie s'il devait s'en aller. Quant à leurs relations personnelles, elles seraient bientôt réduites à néant. Il est vrai que, par la force des choses, elles sont déjà devenues intermittentes.

Sándor se range à l'avis de Freud, mais continue à se plaindre de la rigueur du destin. Il regrette que la dureté des temps empêche les rencontres et les vraies conversations avec Freud. «Notre correspondance, qui devrait suppléer à la discussion personnelle, se tarit de plus en plus. À la fin, on en aurait tellement à se dire qu'on ne commence même pas – d'autant que l'essentiel ne pourrait bien évidemment être communiqué qu'oralement[4].» Il se sent coupé du mouvement psychanalytique, isolé sur le plan moral et intellectuel, et repense avec nostalgie à la période où il venait à Vienne presque chaque mois et passait avec Freud une partie de ses vacances.

Les privations se ressentent de manière aussi vive à Vienne qu'à Budapest. Chez les Freud comme chez les

Ferenczi, on souffre du froid et du manque de nourriture, malgré les colis qu'envoient régulièrement des parents et des amis étrangers. Quant aux patients hongrois et autrichiens, ils n'ont plus de quoi payer leur analyse.

Freud estime avoir perdu les trois quarts de ses économies d'avant-guerre. Il n'est devenu millionnaire qu'à cause d'une forte dévaluation de la couronne. Comme il le note malicieusement : « Ce n'est pas moi qui suis arrivé au million, c'est lui qui est descendu jusqu'à moi. [...] Il arrive que je travaille dur pendant toute une semaine, pour être plus pauvre après qu'avant, car entre-temps une baisse des valeurs étrangères est intervenue[5]. » Pour faire vivre sa maisonnée, il dépend des patients américains, mais les cinq heures quotidiennes d'analyse en anglais, « avec des moyens toujours insuffisants pour entendre et pour parler[6] », lui pèsent énormément.

Le 21 juillet 1921, la mère de Sándor meurt à l'âge de quatre-vingt-un ans. S'il ne l'a revue qu'une seule fois pendant les dernières années, il se tient à son chevet pendant « une agonie indescriptible ». Ce deuil, qui est aussi celui d'une relation manquée, aggrave immédiatement ses propres problèmes de santé. « Cœur, aorte, reins et poumons ne sont pas en bonne santé[7] », et il a de violentes crises de tachycardie. Il trouve que son médecin, Lajos Lévy, a tendance à exagérer la part psychique : cet ancien analysant tient manifestement à lui rendre la monnaie de sa pièce. Sándor a donc l'intention de se rendre à Vienne pour consulter le Dr Deutsch, le médecin personnel de Freud.

Ce dernier, qui vient d'avoir soixante-cinq ans et est obsédé par l'idée de sa mort prochaine, réagit avec agacement. Persuadé que les troubles de santé incessants de Ferenczi ne correspondent à rien de sérieux, il interprète ses symptômes comme une « concurrence déloyale » avec ses propres maux : « Parce que dans chaque lettre je vous parle de la perspective de la mort – de manière singulière, à vous seulement ; je ne sais même pas pourquoi je le fais – vous vous en saisissez et pensez que vous devez m'égaler ou me surpasser[8]. » Puis il admet que cette remarque pourrait correspondre à « quelque cruauté tout à fait obscure » de sa part.

Malgré ses soucis de santé, Sándor continue à recevoir des patients du matin au soir. Même si ces séances trop nombreuses l'épuisent et l'empêchent d'écrire, le travail thérapeutique le passionne plus que jamais. Il se soucie moins d'innover à tout prix que d'obtenir de meilleurs résultats en perfectionnant son approche.

Dès cette époque, réussir en profondeur une analyse est la priorité absolue de Ferenczi, quitte à remettre en cause un certain nombre d'habitudes. Il se méfie notamment des interprétations trop rapides et des analyses trop tôt interrompues. « Ma spécialité, explique-t-il à Freud, ce sont des cures très longues avec un résultat final qui s'étend jusqu'à un bouleversement fondamental du caractère des patients. Des succès pratiques, même avec des améliorations symptomatiques substantielles, ne semblent pas me satisfaire[9]. » C'est ce qui le conduit à se pencher sur des phénomènes encore peu étudiés comme les silences, les résistances ou les accès de somnolence, chez le patient comme chez l'analyste.

La situation politique hongroise s'apaise quelque peu après la nomination d'un nouveau Premier ministre. Les voyages à l'étranger reprennent. Ferenczi est impatient de partager avec Freud ses réflexions et recherches récentes. Et les quelques jours qu'il passe à Vienne, au début du mois de janvier 1922, contribuent à l'apaiser, physiquement, moralement et intellectuellement. À l'invitation de Freud, il donne deux conférences sur les principes de la psychanalyse à des médecins américains.

Dès le retour à Budapest, la plupart des symptômes de Sándor disparaissent. Il travaille à plein régime, y compris le soir, ce dont il ne se sentait plus capable depuis deux ou trois ans. « Toutes sortes d'accès de libido juvénile trahissent une sorte de triomphe maniaque sur la "bile noire" qui m'a si longtemps torturé[10]. » À l'évidence, les conversations avec Freud ont eu « des effets libérateurs », de même que sa récente amitié avec un singulier personnage : Georg Groddeck.

Georg Groddeck (1866-1934).

16

Le 3 juin 1917, Freud a fait part à Ferenczi de l'arrivée d'une lettre, la plus intéressante qu'il ait jamais reçue d'un médecin allemand. Son auteur, Georg Groddeck, est né en 1866 ; en 1900, il a ouvert avec sa sœur et son épouse un sanatorium de quinze lits à Baden-Baden.

Groddeck a commencé sa lettre en présentant des excuses à Freud : longtemps, il a jugé la psychanalyse de façon cavalière, en ne la connaissant que par ouï-dire. Depuis plusieurs années, il s'intéressait pourtant aux processus inconscients à l'œuvre dans les maladies organiques les plus graves, persuadé d'être un pionnier. Mais en 1916, en se plongeant dans les ouvrages de Freud, il s'est rendu compte qu'il ne pouvait pas revendiquer la paternité de plusieurs idées mises en pratique dans son sanatorium. Groddeck insiste en même temps sur la spécificité de sa démarche. A-t-il même le droit de se dire psychanalyste, lui qui soigne avant tout des affections physiologiques chroniques, persuadé de leur caractère psychosomatique ?

Freud lui répond de manière plus que chaleureuse. « Je revendique mes droits sur vous et suis obligé d'admettre que vous êtes un analyste de premier ordre qui a, une fois pour toutes, saisi l'essence de la chose. Quiconque a reconnu que le transfert et la résistance constituent le pivot du traitement appartient sans retour à notre horde sauvage[1]. » Peu lui importe, à ce stade, que Groddeck, reprenant un terme de Nietzsche, désigne comme le « Ça » cet ensemble de forces inconnues et impossibles à maîtriser que lui-même appelle l'inconscient.

En 1923, Groddeck publiera *Le Livre du Ça* et Freud *Le Moi et le Ça*, où il définit sa « seconde topique » composée du Ça, du Moi et du Surmoi. Dans une lettre à Groddeck du 18 juin 1925, Freud tentera, en termes un peu sibyllins, de préciser la différence entre leurs deux manières d'approcher cette notion : « Dans votre Ça, je ne reconnais naturellement pas mon Ça civilisé, bourgeois, dépossédé de la mystique. Cependant, vous le savez, le mien se déduit du vôtre[2]. »

Même si l'intrication de l'organique et du psychique semble avoir tout pour le séduire, Ferenczi se montre d'abord plus circonspect que Freud. Il craint que Groddeck, malgré la qualité de ses intuitions, n'ait qu'une approche superficielle de la psychanalyse, fondée sur des malentendus. Freud regrette cette tendance qu'a parfois Ferenczi à « laisser l'étranger à la porte ». De son côté, en dépit des objections que l'on peut adresser à certaines hypothèses de Groddeck, il est persuadé qu'il y a tout intérêt à l'intégrer dans le cercle des proches.

Quelques semaines plus tard, Freud demande à Ferenczi de consacrer un compte rendu « détaillé et bienveillant » à une brochure que vient de publier Groddeck. Mettant en sourdine ses réticences, Ferenczi salue « le premier à s'être lancé dans la courageuse tentative d'appliquer à la médecine organique les résultats des théories de Freud ». Il affirme qu'il n'y a aucune raison de rejeter a priori les expérimentations de Groddeck, même dans ce qu'elles peuvent avoir de surprenant. Ce qui importe, c'est de confirmer scientifiquement ses hypothèses. Ferenczi redoute toutefois que de nombreux lecteurs soient rebutés « par la démarche extrêmement originale mais souvent fantaisiste de l'auteur[3] ».

En 1919, à l'instigation de Freud, Groddeck rejoint l'Association psychanalytique de Berlin. Il n'en continue pas moins à se présenter comme un « analyste sauvage ». Deux ans plus tard, c'est à l'enseigne du très officiel Internationaler Psychoanalytischer Verlag que Groddeck publie *Le Chercheur d'âme*. Freud s'est savoureusement diverti à la lecture de ce roman, même s'il devine qu'il ne sera pas du goût de tout le monde. Jones et Pfister désapprouvent cette publication « scabreuse ». À mi-chemin entre un récit de voyage et un roman picaresque, *Le Chercheur d'âme* développe sur un mode léger les thèses de Groddeck sur « la maladie et la vie, les hommes et les institutions ». Une nouvelle fois, c'est Ferenczi qui est chargé d'en rendre compte. S'il ne se sent pas en mesure de se prononcer sur la valeur esthétique de l'ouvrage, Ferenczi affirme qu'un livre « qui réussit à captiver le lecteur d'un bout à l'autre, à présenter de graves problèmes biologiques et psychologiques sous une forme spirituelle [...] et qui parvient à voiler d'un humour tendre des scènes crues, grotesques ou profondément tragiques [...], ne saurait être mauvais[4] ».

En août 1921, Ferenczi écrit pour la première fois à Groddeck, demandant à son « cher collègue » de bien vouloir lui réserver une chambre dans son sanatorium. Ce séjour lui donnera l'occasion d'étudier sa façon d'appliquer la psychanalyse aux maladies organiques, une question qui l'intéresse au plus haut point.

Sándor et Gizella arrivent à Baden-Baden le 8 septembre et y restent deux semaines. Ils essaient les traitements parfois insolites pratiqués par Georg Groddeck : bains chauds, massages, piétinements du ventre. Et ils sympathisent vivement avec lui et sa compagne, Emmy

Van Voigt, une ancienne patiente que Georg épousera en 1923. Pleinement convaincu, Ferenczi peut rassurer Freud : Groddeck œuvre avec beaucoup de circonspection et de prudence, se montrant fidèle aux principes essentiels de la psychanalyse. Ferenczi espère donc que les malentendus qui l'ont fait considérer par certains comme un dissident finiront par être levés.

La confiance est telle que le jour de Noël 1921, Ferenczi adresse à son «cher ami» Groddeck une lettre de dix pages qui tient de la confession. «Je me déclare vaincu par votre naturel, votre gentillesse et votre amabilité naturelle.» Cela fait très longtemps, avoue Sándor, qu'il se complaît «dans une fière réserve» et dissimule ses sentiments, souvent même à ses proches. Il évoque immédiatement son enfance et sa mère dont il a reçu trop peu d'amour et trop de sévérité. Jamais il ne s'est exprimé avec autant de franchise avec un homme, pas même avec Freud, malgré les vacances qu'ils ont passées ensemble et les courtes périodes d'analyse avec lui. «Je ne pouvais pas m'ouvrir tout à fait à lui ; il avait trop de ce "respect pudique", il était trop grand pour moi, il avait trop d'un père.» C'est dans cette lettre que Sándor évoque l'incident survenu à Palerme, pendant leurs vacances de 1910. «Ce que je voulais, c'était être aimé de Freud[5]», conclut-il.

Depuis quelques semaines, Sándor est une nouvelle fois en mauvaise santé. Et il décrit en détail ses symptômes, puisqu'il n'ose plus les partager avec Freud : une accumulation de mauvaises nuits au cours desquelles il se réveille «presque sans souffle, la peau tout à fait glacée, avec des douleurs cardiaques, presque sans pouls». Il avoue que sa relation avec Gizella est loin de le combler, puis il évoque la blessure jamais refermée de son amour pour Elma. Elle aurait dû être sa fiancée, continue-t-il à penser. «Elle l'a d'ailleurs été, jusqu'à ce qu'une remarque quelque peu désapprobatrice de Freud m'ait amené à lutter avec acharnement contre cet amour, à repousser carrément la jeune fille. » Le renoncement n'a somme toute été que superficiel. Sándor dit continuer à vouloir quelque chose de réel : « Une jeune femme, un enfant ! » Mais alors qu'il n'a que quarante-huit ans, il se sent prématurément vieilli, avec son crâne largement dégarni et ses cheveux grisonnants. Il a l'impression qu'il en est venu à s'aligner sur l'âge de son épouse.

Ferenczi évoque aussi ses inhibitions dans le travail intellectuel. C'est, pense-t-il soudain, comme s'il ne pouvait s'autoriser à surpasser le père. Voilà huit ans qu'il a jeté les bases de ce qui deviendra *Thalassa*, mais jamais il ne s'est résolu à rédiger ce texte. « Les données correspondantes sommeillent, dans le plus grand désordre, au fond des tiroirs de mon bureau[6]. » Sándor a exposé à Freud les grandes lignes du projet, avant d'en parler à Rank, Jones et Abraham, mais, dès qu'il se met à écrire, il est pris de vives douleurs dans le dos et le poignet. D'autres intuitions, plus philosophiques, n'ont pas davantage été menées à leur terme, malgré les vifs encouragements de Lou Andreas-Salomé. Il dit ne parvenir à rédiger que des textes de circonstances, plutôt que ces travaux essentiels, comme si le monde ne lui donnait pas assez de satisfactions pour mériter de sa part de tels « cadeaux ».

Sándor et Gizella reviennent à Baden-Baden l'été suivant. Cette fois, Ferenczi tient à suivre une cure comme patient régulier et à la payer « conformément à une des règles de la psychanalyse[7] ». Mais pendant ces quelques semaines, si Ferenczi se fait soigner les reins et ses affections respiratoires, il entame aussi une analyse de Groddeck. Tout cela dans une atmosphère « agréablement enfantine », avec un goût partagé du rire. Désormais, les deux hommes se tutoient. C'est une relation égalitaire comme Sándor n'a jamais pu en connaître avec Freud. Mais bien qu'ils s'entendent à merveille, ils n'ont pas la même façon d'appréhender le monde et les processus thérapeutiques. Comme l'explique Groddeck : « Je crois que la différence principale entre nous deux est que, toi, tu es contraint à vouloir comprendre les choses et que, moi, je suis contraint à ne pas vouloir comprendre[8]. »

Peu après son retour, Sándor insiste pour que Groddeck vienne passer quelque temps à Budapest afin de continuer l'analyse interrompue. « Si, et dans quelle mesure, cela s'accorde avec l'analyse simultanée de ma personne, nous le verrons bien[9]. » C'est l'une des premières mentions de l'idée d'analyse mutuelle, dont l'invention semble revenir à Groddeck même si c'est Ferenczi qui la développera plus tard.

Tandis que Sándor se rapproche de Groddeck, ses échanges avec Freud se font moins nombreux. Dans une lettre émouvante, il s'étonne lui-même de ne pas céder plus souvent à l'impulsion de lui écrire. Il se rend compte qu'il a sans doute surinvesti la relation avec Freud, y apportant des sentiments « hypertendres et hypersensibles » qui ne sont de mise qu'avec un véritable père. Le voici désormais, avec retard, capable de supporter une forme de sevrage. La rareté des rencontres avec Freud, depuis la fin de la guerre, a conduit peu à peu Sándor à davantage d'indépendance intellectuelle. « Avant, je me réjouissais d'une idée la plupart du temps seulement pour vous plaire. J'avais peine à attendre le moment de vous offrir la découverte. Peu à peu, j'ai appris à renoncer à ce plaisir et à m'occuper de la science pour elle-même, c'est-à-dire plus objectivement. » Il reconnaît cependant garder quelque nostalgie de l'époque où il était « tellement plus impétueux, tellement plus heureux ou malheureux[10] ».

Georg Groddeck.

Sándor et Gizella à Baden-Baden.

Ferenczi chez Georg Groddeck.

Au premier rang, Ferenczi, Groddeck et son épouse Emmy.

Georg Groddeck, *Le Chercheur d'âme. Un roman psychanalytique*, 1921.

SANATORIUM DR. GRODDECK
BADEN-BADEN
WERDERSTR. 14   TELEFON No. 39

17

En septembre 1922, pendant le congrès de Berlin, Freud propose aux psychanalystes un concours sur le thème : « Rapport de la technique avec la théorie analytique ». Il s'agit d'examiner dans quelle mesure la manière concrète de conduire une analyse a influencé la réflexion théorique et jusqu'à quel point l'une et l'autre se favorisent ou se gênent mutuellement. Le concours est doté d'un prix de vingt mille marks, une somme très conséquente ; et c'est à Freud qu'il appartiendra de choisir le vainqueur.

« Incorrigible thérapeute », comme il lui arrive de se définir, Ferenczi se passionne depuis longtemps pour les questions de technique analytique : le concours le concerne donc au premier chef. En décembre 1918, à Budapest, il a donné une importante conférence sur le sujet devant un public de médecins. Ferenczi est notamment le premier après Freud à s'être penché sur la délicate question du contre-transfert : il est vrai que l'analyse d'Elma leur a donné à l'un et l'autre l'occasion d'y réfléchir. La réussite d'une cure impose selon Ferenczi une double vigilance à l'analyste : il lui faut d'une part « observer le patient, examiner ses dires, construire son inconscient à partir de ses propos et de son comportement », mais il doit d'autre part « constamment contrôler sa propre attitude à l'égard du malade et, si nécessaire, la rectifier[1] ». Sándor en est convaincu : loin d'être un danger à écarter, le contre-transfert peut devenir un outil précieux si on parvient à le maîtriser.

Le texte plaît beaucoup à Freud : c'est « de l'or pur analytique que seul le praticien pourra pleinement apprécier[2] ».

Dans un autre article, « Difficultés techniques d'une analyse d'hystérie », Ferenczi fait état de nouvelles expériences pour répondre aux blocages survenus pendant la cure, quand le jeu des associations libres devient répétitif et stérile. Il évoque par exemple une patiente qui pratiquait une forme d'onanisme larvé, en gardant les jambes croisées pendant toute la séance, tandis que ses propos ne portaient que sur les performances artistiques et humaines les plus élevées « qu'elle avait accomplies ou voulait accomplir[3] ». Lorsque Ferenczi lui demande de renoncer à cette position, elle commence par se révolter. Mais bientôt, elle baisse le ton et son propos se modifie, atteignant des couches de son passé jusqu'alors inaccessibles. Si cette « Technique active », comme Ferenczi la nomme à la suite de Freud, est pratiquée depuis les débuts de la psychanalyse, elle n'a jamais été réellement théorisée.

Pendant l'été 1922, dans le beau village de Seefeld au Tyrol, Ferenczi a eu de longues discussions sur ces matières avec Otto Rank, son cadet de onze ans, déjà auteur de plusieurs ouvrages comme *Le Mythe de la naissance du héros* et *Don Juan et le double*. Leur bonne entente, d'abord au sein du Comité secret, s'est transformée en véritable amitié. Freud se réjouit de ces liens resserrés. « Le développement de votre intimité avec Rank m'a fait très plaisir, cela promet beaucoup pour l'avenir[4]. » C'est donc de façon toute naturelle que Ferenczi et Rank décident de répondre ensemble au concours proposé par

Freud, le premier se chargeant d'un état des lieux critique, le second rédigeant une série de propositions positives, dans un petit livre qui pourrait s'intituler *Perspectives de la psychanalyse*. Mais ils ne veulent se lancer dans le travail concret qu'après s'être assurés de l'approbation de Freud. Ce dernier se montre on ne peut plus favorable : « La récente initiative de votre projet commun donne une impression réjouissante. J'ai toujours eu peur de me sentir poussé à empêcher ceux qui me sont les plus proches de prendre une position indépendante, et je suis content quand je vois des preuves du contraire[5]. »

À la même époque, les relations des uns et des autres avec Ernest Jones se sont par contre détériorées, non seulement parce que la rumeur court qu'il n'est pas à la hauteur comme analyste, mais aussi parce qu'il se comporte de manière agressive à l'intérieur du Comité secret. Les tensions se multiplient entre Rank, responsable depuis de longues années des publications en langue allemande, et Jones, désormais en charge des publications en langue anglaise. Dès novembre 1922, dans une lettre circulaire, Jones est explicitement mis en cause par Freud. Pour tenter de résoudre ses « vrais défauts de caractère et de comportement », il serait bon qu'il complète la brève analyse qu'il a autrefois entreprise avec Ferenczi[6]. Quelques semaines plus tard, Freud souligne qu'à bien des égards, Jones n'est pas « une personnalité apte à diriger[7] ».

L'affaire va s'envenimer l'été suivant. Le 26 août 1923, une vive discussion oppose Jones et Rank lors d'une rencontre dans le village de San Cristoforo. Selon Brill, Jones, qui est le seul goy du Comité secret, traite Rank d'« escroc juif ». Comme il refuse de se rétracter, Rank demande son exclusion du Comité, ce à quoi s'oppose Abraham. Même si le conflit semble se calmer pendant les semaines suivantes, l'incident aura des conséquences durables.

Un événement beaucoup plus grave est survenu entretemps. Au printemps 1923, Freud a détecté lui-même une «leucoplasie», une excroissance sur le côté droit de son palais. Ce genre de tumeur, fréquent chez les gros fumeurs, est généralement bénin, mais personne ne peut en garantir l'évolution. Freud laisse entendre à son médecin, le Dr Deutsch, que, si la maladie est maligne, il devra réfléchir à la façon de disparaître d'une façon digne.

Le 20 avril, l'excision de la tumeur, conduite par l'oto-rhino-laryngologiste Markus Hajek avec une rare désinvolture, est suivie d'une grave hémorragie. Peu après l'intervention, la femme de Freud et sa fille Anna le trouvent «assis sur une chaise de cuisine, dans la policlinique, du sang plein les vêtements[8]». C'est comme un sinistre écho de l'opération d'Emma Eckstein par Fliess. Effrayée par la situation, Anna reste toute la nuit au chevet de son père qui souffre énormément.

La tumeur prélevée se révèle bientôt cancéreuse. Les docteurs Deutsch et Hajek décident de cacher la vérité à Freud, ce qu'il ne leur pardonnera pas. Dans les lettres qu'il adresse à Ferenczi et à la plupart de ses proches, Freud minimise l'ampleur de l'opération et du traitement. «J'ai retrouvé la parole depuis un bon bout de temps, je peux déglutir presque correctement et mordre, et je retravaille à pleine capacité. [...] Dans les prochains jours on va me faire du radium sur les bords de la plaie. J'ai la liberté de fumer, mais en quantité restreinte[9].» En réalité, lui qui est obsédé par la mort depuis si longtemps ne se fait guère d'illusions sur les chances d'une véritable guérison.

La période est décidément tragique. Le petit-fils préféré de Freud, Heinele, un enfant de quatre ans «d'une intelligence supérieure et d'une grâce indicible», tombe gravement malade. Le 19 juin, il meurt de la tuberculose, trois ans après sa mère Sophie. Cette perte affecte Freud plus que n'importe quelle autre. Il a le sentiment de n'avoir jamais vécu quelque chose d'aussi difficile. « Peut-être le choc est-il plus durement ressenti du fait de ma propre maladie. Je travaille contraint et forcé ; dans le fond, tout m'est devenu indifférent[10]. »

Le 7 juillet 1923, le cinquantième anniversaire de Ferenczi se marque par un enchaînement de faux pas. C'est le début d'une décennie terrible où les malentendus ne vont cesser de s'amplifier. Après quelques jours, Sándor s'étonne de ne pas avoir reçu de lettre du père de la psychanalyse : la semaine précédente, écrit-il, son anniversaire lui a valu une avalanche de félicitations, mais un seul mot de Freud aurait eu plus de poids que tous les autres messages. Il ajoute que « le grand cadeau prodigieux » que le professeur vient de lui faire – l'*Encyclopaedia Britannica* dont il rêvait depuis longtemps –, il ne peut « l'accepter sans scrupule *qu'en partie* ». Avec une indélicatesse qui laisse songeur, il propose donc à Freud de lui en rembourser *au moins la moitié*. Il finit tout de même par le remercier de l'empressement avec lequel il a accepté d'écrire un texte en son honneur[11].

Freud répond par retour du courrier : « Pourquoi ne vous ai-je pas félicité pour votre 50ᵉ anniversaire ? Je ne crois pas que c'étaient des représailles, c'est bien plutôt en rapport avec mon actuel déplaisir à vivre. Je n'ai encore jamais eu de dépression, mais maintenant cela doit en être une. » Envers quelqu'un de moins proche, il n'aurait pas « négligé cette politesse ». Quant à partager les frais de l'*Encyclopaedia Britannica*, il n'en est bien sûr pas question : « Il était entendu que vous deviez recevoir un jour cet ouvrage, depuis que vous en avez exprimé le désir[12]. » Un désir que Sándor avait d'ailleurs récemment reformulé.

L'hommage de Freud, publié peu après dans un numéro spécial de l'*Internationale Zeitschrift für Psychoanalyse*, a de quoi combler Ferenczi, même si c'est le malentendu initial qui est d'abord évoqué. «Peu d'années après sa parution (1900), la *Traumdeutung* [*L'Interprétation des rêves*] parvint entre les mains d'un jeune médecin de Budapest. Déjà neurologue, psychiatre et expert, il envisageait pourtant avec ardeur de nouvelles acquisitions dans son domaine. Il ne poursuivit pas sa lecture. Par ennui, par répulsion, nous l'ignorons, il rejeta le livre. Peu de temps après, la réputation de nouvelles possibilités de travail et d'investigation le conduisit à Zurich, puis à Vienne, pour s'entretenir avec l'auteur du livre jadis dédaigneusement écarté. Cette première visite fut le début d'une longue amitié, amitié intime et jusqu'à ce jour inaltérée, dont témoigne notre voyage en Amérique en 1909 [...]. Ce furent là les débuts de Ferenczi ; depuis il est devenu un maître[13].»

Freud souligne ensuite combien Ferenczi a marqué le destin extérieur de la psychanalyse, en prônant dès 1910 la création d'une association psychanalytique internationale et en dirigeant le groupe hongrois. «Ferenczi, enfant médian d'une grande fratrie, avait eu à lutter avec un complexe fraternel marqué ; grâce à la psychanalyse il devint un frère aîné irréprochable, un éducateur bienveillant et il suscita de jeunes talents.» Le groupe hongrois a survécu à toutes les tempêtes. Grâce à Ferenczi, il est devenu le lieu d'un travail intense et fécond unique en Europe.

Le fait est qu'en 1923, il est redevenu possible de parler de psychanalyse en Hongrie, y compris en public. La Société hongroise de psychanalyse rassemble de nombreuses personnalités remarquables, comme Géza

Róheim, le fondateur de l'anthropologie psychanalytique, et des analystes de premier ordre comme Vilma Kovács, Alice et Michael Balint, Imre Hermann et István Hollos.

Freud fait aussi l'éloge des écrits de Ferenczi, dont certains constituent la meilleure introduction à la psychanalyse. Si ses contributions scientifiques sont déjà impressionnantes par leur lucidité et leur diversité, « ses amis savent que Ferenczi a en réserve davantage qu'il n'a décidé de nous communiquer. Pour son cinquantième anniversaire, ils s'unissent dans le vœu que l'humeur, la force et le loisir lui permettront de muer ses projets scientifiques en nouveaux accomplissements. » Freud pense surtout à *Thalassa*, dont il sait que l'achèvement est proche.

Anniversaire de Ferenczi avec la Société hongroise de psychanalyse (1929).

Vilma Kovács (1883-1940), née Prosnitz. Analysée par Ferenczi, elle devient une figure importante de l'Association hongroise. Avec son mari, l'architecte Frédéric Kovács, elle soutient l'essor de la psychanalyse à Budapest, notamment en finançant la policlinique psychanalytique.

Entrée de l'appartement des Balint au 12 de la rue Meszáros, où sera installée la policlinique en 1931.

Alice Balint (1898-1939), née Székely-Kovács, et son époux Michael Balint (1896-1970). Elle a fait une analyse didactique avec Ferenczi et est devenue membre de l'Association psychanalytique hongroise en 1925. Elle a notamment publié *Psychologie de la chambre d'enfants*.

Vilma Kovács vers 1919, au moment de son analyse avec Ferenczi.

18

Commencé en 1914, dans la petite ville de garnison de Pápa, *Thalassa, essai sur la théorie de la génitalité* a tardé près de dix ans à voir le jour, en raison du travail acharné des années d'après-guerre, mais aussi du caractère aventureux des hypothèses qui y sont développées. Le texte est rédigé pendant l'été 1923, à Klobenstein, une petite ville des Dolomites où Sándor passe ses vacances en même temps qu'Otto Rank. Les deux hommes se stimulent l'un l'autre, Ferenczi travaillant à *Thalassa*, tandis que Rank met la dernière main au *Traumatisme de la naissance*. Ferenczi aimerait que son ouvrage ne paraisse pas après celui de Rank, puisqu'il a été entamé bien avant. Certaines intuitions leur sont en effet communes.

« J'admets que *tout* savant travaille en fait avec l'imagination, c'est-à-dire avec la logique inconsciente, qu'il est à l'origine poète ou artiste[1] » : ce fragment d'une lettre à Groddeck s'applique à merveille à ce texte étrange. Même si ses références scientifiques sont datées, *Thalassa* reste l'ouvrage auquel le nom de Ferenczi est le plus fréquemment associé, celui que Freud considérait comme « l'application la plus hardie de la psychanalyse qui ait jamais été tentée[2] ».

Persuadé que l'introduction en psychologie de notions empruntées au domaine de la biologie et de notions de psychologie dans les sciences naturelles peut se révéler féconde, Ferenczi propose dans ces pages souvent lyriques une sorte de biologie des profondeurs. *Thalassa* prolonge les *Trois essais sur la théorie sexuelle* de Freud, mais plus encore les travaux du naturaliste français Jean-Baptiste Lamarck et du médecin allemand Ernst Haeckel, qui avait émis l'hypothèse que la genèse de l'individu récapitulait sur une courte période toute l'histoire de l'espèce[3].

Selon Ferenczi, la naissance d'un enfant, expulsion violente hors du milieu liquide originel, rejouerait sur un mode individuel la «catastrophe» qu'ont connue les mammifères lors de l'assèchement des océans. Tout au long de sa vie, pendant le sommeil et les rêves, l'être humain serait dominé par une tendance régressive «visant au rétablissement de la situation intra-utérine». Et les étapes du développement de la sexualité infantile seraient comme une série de tentatives, d'abord tâtonnantes et maladroites, de réaliser ce fantasme. Mais seule la sexualité génitale – et spécifiquement le coït – permettrait «un retour hallucinatoire et symbolique dans le sein maternel, abandonné bien à contrecœur au moment de la naissance[4]».

Ferenczi passe ensuite de l'histoire du développement de l'individu aux mystères de la genèse de l'espèce. Un inconscient biologique existerait chez l'être humain, cherchant à «rétablir l'ancienne situation de quiétude» dans chaque nouveau milieu qu'il rencontre. Il s'agirait de surmonter les bouleversements survenus entre l'apparition de la vie organique et l'ère glaciaire. C'est comme si « toute l'existence intra-utérine des mammifères supérieurs n'était qu'une répétition de la forme d'existence aquatique d'autrefois[5]».

Dans le prolongement de ces hypothèses, Ferenczi accorde à la mère – substitut de l'océan originaire – un rôle bien plus important que ne le faisait Freud. Ce qu'il appelle la «régression thalassale» devient à ses yeux un élément fondamental, l'accouplement étant l'une de ses manifestations majeures.

Pendant ces vacances décidément fructueuses, Rank et Ferenczi revoient ensemble le texte de *Perspectives de la psychanalyse*. À la réflexion, ils considèrent qu'il ne correspond pas suffisamment aux exigences du prix pour être soumis. Il s'agit à leurs yeux d'un simple travail préliminaire. Cela ne les empêche pas d'être impatients d'en discuter avec Freud.

Ce bref ouvrage, composé de six chapitres, a un caractère un peu étrange. Même si l'ensemble est cosigné, le premier, le troisième et le cinquième chapitre portent fortement la marque de Ferenczi, et les trois autres celle de Rank. Chacun des auteurs a rédigé les siens de manière quasi indépendante et, malgré la révision finale, les différences de style sont manifestes.

Si la théorie psychanalytique a connu des développements rapides et importants, annoncent d'emblée Rank et Ferenczi, le facteur technique et thérapeutique a été trop négligé. On pourrait en retirer l'impression que la technique n'a guère évolué, d'autant que Freud n'a publié que peu de textes sur ces questions. Cela pourrait expliquer que beaucoup d'analystes, surtout parmi ceux qui n'ont pas été analysés, «se soient cramponnés avec beaucoup trop de rigidité à ces règles techniques, incapables de les articuler avec les progrès accomplis entre-temps[6]». C'est pour cette raison que Rank et Ferenczi veulent dresser un état des lieux, pour comprendre les difficultés qui surgissent un peu partout et tenter d'y remédier.

Le troisième chapitre peut se lire en filigrane comme une critique sévère des pratiques de Karl Abraham et de ses collègues berlinois, même s'ils ne sont pas cités explicitement. Rank et Ferenczi y mettent en garde contre une série de méthodes erronées, car elles reposent sur une simple collecte d'associations libres ainsi que sur «le fanatisme de l'interprétation». C'est à leurs yeux un contresens majeur que de se concentrer sur les explications à donner à l'analysant, comme si c'était sur le terrain du savoir, et non dans l'expérience du transfert, que la réussite de l'analyse pouvait se jouer. Une simple reconstruction du passé n'est pas en mesure de produire des réactions affectives et a toutes chances de rester sans effet sur les patients. Une cure ne peut réussir que s'il se produit réellement quelque chose dans la situation analytique, c'est-à-dire «dans le *présent*[7]».

Dans le dernier chapitre, Rank et Ferenczi s'en prennent aux analyses dont font l'objet les analystes eux-mêmes. Sans remettre en cause ce principe, qui est en train de s'établir, ils considèrent ces analyses comme presque toujours trop superficielles et trop axées sur la transmission d'un contenu théorique. Pour atteindre son but, une analyse didactique ne devrait se distinguer en rien d'une analyse thérapeutique. D'autant que la cure doit être assez approfondie pour montrer si l'intention d'exercer le métier de psychanalyste est solide.

C'est aussi dans ces dernières pages, celles qui vont le plus prêter à polémique, que les auteurs reviennent en partie sur une décision que Freud avait présentée comme cruciale : écarter totalement l'hypnose de la technique psychanalytique. Freud lui-même n'a-t-il pas admis, dans sa conférence de 1918 au congrès de Budapest, qu'il est parfois nécessaire de «mêler à l'or pur de l'analyse une quantité considérable du cuivre de la suggestion directe»? Une telle évolution, soigneusement maîtrisée, n'aiderait-elle pas les analystes futurs à remplacer dans leur pratique «les processus intellectuels par des facteurs vécus affectivement[8]»?

La période n'est guère propice pour soumettre à Freud le manuscrit de *Perspectives de la psychanalyse*. Le 1ᵉʳ août 1923, malgré ses douleurs, il rejoint sa famille à Lavarone, un de ses lieux de villégiature préférés. En lui rendant visite, le Dr Deutsch comprend immédiatement l'aggravation du cancer et la nécessité d'une seconde opération. Il dévoile la vérité à Ferenczi, Rank, Abraham, Jones, Sachs et Eitingon qui sont réunis sur place, mais continue à la dissimuler au principal intéressé. Accablés par cette révélation, les six membres du Comité secret décident d'encourager Freud à partir en Italie avec Anna, comme il l'a prévu quelques mois plus tôt. Mais dans le train qui les conduit de Vérone à Rome, sa bouche se met soudain à saigner abondamment [9].

À la fin du mois de septembre, lorsque Freud rentre à Vienne, Deutsch se décide enfin à l'informer de la gravité de la situation. Il réagit avec beaucoup de sang-froid. Trois interventions chirurgicales de grande ampleur sont réalisées le 4 et le 11 octobre, puis le 12 novembre, toujours sous anesthésie locale, mais cette fois par un excellent spécialiste, le Dr Pichler. Pour rattraper les erreurs de la première opération, une large partie de la mâchoire doit lui être enlevée. Commencent ensuite les pénibles essais de la prothèse. Régulièrement transformée, elle sera surnommée « le monstre ». S'alimenter est désormais une souffrance et parler devient une épreuve.

C'est dans ce contexte difficile que le 2 janvier 1924, Ferenczi vient présenter *Perspectives de la psychanalyse* devant l'Association de Vienne. Freud est présent, mais s'éclipse rapidement. Sándor a l'impression, « peut-être hypocondriaque », qu'il n'est pas d'accord avec tout. Il lui demande de le rassurer ou de l'éclairer.

Freud admet avoir quelques réserves sur le texte, même s'il en apprécie beaucoup de choses. Il a déjà discuté de certains points avec Rank, en même temps que du *Traumatisme de la naissance*, mais dans l'ensemble il préfère se tenir dans une forme de réserve pour ne pas interférer dans leurs travaux. « C'est de cette manière que je veux rendre moins nuisible ma présence encore à cet âge. » Même la signature est inhabituelle : « Votre Freud, inchangé par la maladie et la vieillesse[10]. »

Cette lettre bouleverse Ferenczi. « C'est la première fois depuis notre rencontre, que vous avez bientôt élevée au rang d'amitié, que j'entends de votre part des paroles de mécontentement[11]. » Il a du mal à comprendre ce qui se passe. Freud n'a-t-il pas suivi toute l'élaboration de *Perspectives de la psychanalyse*, en multipliant les signes d'approbation ? Ne lui ont-ils pas donné lecture, lors du congrès de Berlin, de la première version du manuscrit ? N'ont-ils pas incorporé aussitôt les quelques remarques qu'il leur a faites ? N'est-ce pas Freud qui leur a suggéré de présenter ce travail au concours, affirmant qu'il méritait d'obtenir le prix ? Quant à la prise de distance de Freud, « fût-ce sous la forme la plus courtoise », Sándor n'en veut en aucun cas. Il serait inconcevable de ne plus discuter avec lui des questions analytiques comme ils l'ont fait depuis quinze ans.

Désolé que Ferenczi se tourmente à ce point, Freud avoue ne plus se souvenir avec précision des mots qu'il a employés dans sa lettre, mais il admet que *Perspectives de la psychanalyse* ne lui plaît plus autant qu'après la première lecture. Freud reconnaît sa propre ambivalence : s'il est sensible à la volonté de Ferenczi d'être en plein accord avec lui, ce but ne lui apparaît « ni nécessaire ni facile à atteindre ». Lui-même a d'ailleurs bien du mal à prendre réellement en compte les idées d'autrui ; il lui faut toujours un certain temps avant de se forger un jugement définitif. Mais il ne voudrait pas que ses réserves dissuadent ses plus proches disciples d'explorer des voies nouvelles. « Si vous vous êtes égaré en cours de route, vous finirez par vous en apercevoir vous-même, ou bien je prendrai la liberté de vous le dire dès que j'en aurai la certitude moi-même[12]. »

La situation, continue Freud de façon un peu perverse, est d'ailleurs plus difficile avec Rank qu'avec lui. Car contrairement à Ferenczi, Rank n'a pas « le don de présenter les choses en insinuant la conviction » : il se montre au contraire « cassant et pas très habile » dans ce qu'il écrit. Freud admet que la théorie développée dans *Le Traumatisme de la naissance* l'a d'abord laissé perplexe ; et si l'idée l'a impressionné dans un second temps, le voici devenu à nouveau plus méfiant. L'insistance de Rank sur la perte éprouvée par le nouveau-né en se détachant de sa mère, qui est selon lui le mobile originaire de la névrose, n'est-elle pas une manière de minimiser l'importance du complexe d'Œdipe ?

Tout se passe comme si Freud cherchait à ouvrir une brèche entre les deux auteurs. Comme si la relation égalitaire qu'ils ont entretenue en écrivant ce livre constituait pour lui une forme de menace. En se rapprochant l'un de l'autre, les deux hommes ne vont-ils pas inévitablement s'éloigner de lui[13] ?

Au sein du Comité, la situation est devenue explosive. Max Eitingon écrit à Freud que les nouveaux livres de Rank et Ferenczi ont suscité « une très grande émotion[14] ». Si la manière dont *Perspectives de la psychanalyse* aborde la thérapie analytique mérite d'être discutée avec attention, il juge par contre totalement injustifiée la prétention qu'exprime *Le Traumatisme de la naissance*. Eitingon ajoute qu'Abraham a été très agacé par le fait que le Comité n'a pas été informé au préalable du contenu de ces publications.

Dans une lettre circulaire, Freud s'efforce d'apaiser une querelle qui a pris des proportions inquiétantes. Il s'étonne des réactions désagréables d'Abraham et du groupe berlinois et considère comme très excessive l'exigence que les textes des uns et des autres soient soumis au préalable à tout le Comité. Personnellement, il accorde beaucoup de valeur aux deux livres controversés. À l'ouvrage commun de Rank et Ferenczi, il reconnaît le mérite d'intervenir «d'une manière rafraîchissante et corrosive» par rapport aux habitudes analytiques, même s'il a le défaut de ne pas développer jusqu'au bout les modifications techniques suggérées. «On verra bien ce qu'il en sortira. En tout cas, nous devons nous garder de condamner d'emblée comme hérétique une entreprise de ce genre.» En ce qui concerne *Le Traumatisme de la naissance*, Freud émet une série de critiques avant de conclure : «Mais il n'y a là aucun bouleversement, aucune révolution, rien qui contredise nos certitudes; il s'agit au contraire d'un complément intéressant, dont la valeur devrait être reconnue par tous, chez nous et à l'extérieur[15].»

Cette longue lettre de Freud ne suffit pas à résoudre la crise. Abraham est de plus en plus inquiet : s'il a relu les ouvrages récents de Rank et Ferenczi en essayant de réviser sa position, il ne peut s'empêcher de voir dans *Perspectives de la psychanalyse* et *Le Traumatisme de la naissance* «les présages d'une évolution funeste, qui est pour la psychanalyse une question de vie ou de mort[16]».

Le cancer de Freud accentue son pessimisme. Il se sent fatigué, a beaucoup de mal à parler et supporte difficilement les six heures d'analyse quotidiennes. Si Rank confirme son intention de partir au moins six mois en Amérique, Freud craint de ne jamais le revoir : «Ce qui est perdu est perdu. J'ai survécu au comité qui devait me succéder, peut-être survivrai-je même à l'Association internationale. Espérons que la psychanalyse me survivra. Mais cela, comme le reste, me vaut une fin de vie troublée[17]. »

Freud assure pourtant à Ferenczi que ses sentiments personnels à son égard et à celui de Rank sont inchangés. « Je suis fâché sans doute des faiblesses qui apparaissent chez vous deux, mais ce n'est pas une raison pour oublier quinze années de collaboration au service de l'amitié[18]. » La formule est pour le moins curieuse. Mais pour Sándor, ce n'est pas le moment de le faire remarquer. En ce moment difficile, il tient par-dessus tout à préserver sa relation avec Freud.

Ferenczi et Otto Rank, *Perspectives de la psychanalyse* (1924).

Bibliographie de Ferenczi en 1923.

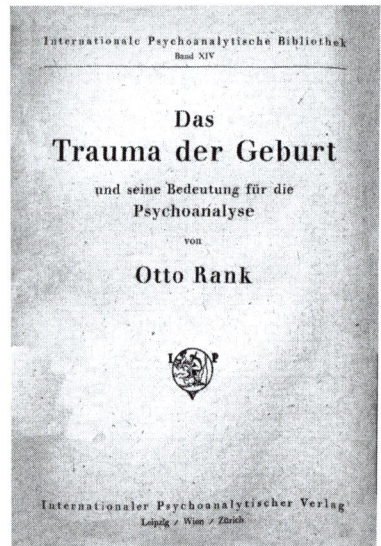

Otto Rank, *Le Traumatisme de la naissance* (1924).

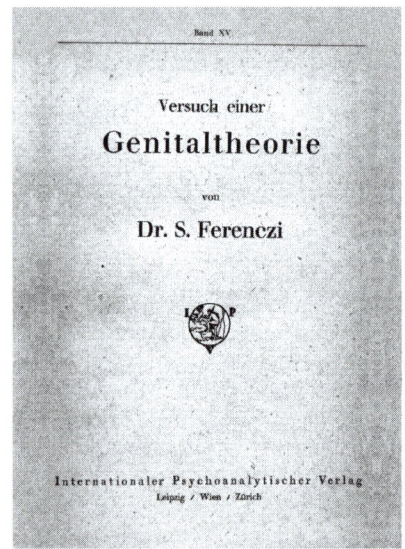

Ferenczi, *Essai sur la théorie de la génitalité* (*Thalassa*, 1924).

Otto Rank.

19

La polémique est loin d'être apaisée lorsque Otto Rank embarque pour les États-Unis, à la fin du mois d'avril 1924. Et les premiers échos de son séjour aggravent la situation. Chaleureusement accueilli par le public new-yorkais, l'auteur du *Traumatisme de la naissance* multiplie les remises en question de la théorie freudienne, comme l'avait fait Jung quelques années plus tôt dans les mêmes circonstances.

« Les lettres qu'il m'adresse sont rares, brèves et de mauvaise humeur », écrit Freud à Ferenczi au début du mois d'août[1]. Trois semaines plus tard, c'est le conflit ouvert. Freud ayant assuré à Rank qu'il se comporterait différemment s'il avait été analysé, ce dernier lui rétorque : « Après tous les résultats que j'ai vus chez les analystes analysés, je ne peux appeler ce fait qu'une chance[2]. » Cette phrase plus qu'insolente conduit Freud à se préparer à l'issue la plus défavorable, même si cela l'attriste beaucoup. Si la rupture se confirme, il demande à Ferenczi de reprendre la direction des périodiques en langue allemande : « Je n'ai personne d'autre, lui écrit-il, et certainement personne qui me soit plus cher[3]. »

Si choqué qu'il soit par l'attitude de Rank, Ferenczi s'efforce encore d'éviter l'irréparable. Sans ménager ses critiques, Freud devrait peut-être reconnaître de manière plus explicite tout ce qu'il y a de juste dans *Le Traumatisme de la naissance* : « Il ne serait pas impossible que par cette voie la collaboration inestimable de Rank à la cause puisse être sauvée[4]. »

Freud se montre plus pessimiste. Il craint le raidissement de Rank dans son amertume, maintenant qu'il est dominé par « sa paranoïa de découvreur » : d'après son expérience, « une fois que le diable est lâché, il va son chemin jusqu'au bout[5] ». Et Ferenczi craint lui aussi qu'il ne soit trop tard, même s'il lui est très pénible de tourner le dos à son compagnon de travail. À vrai dire, il n'a guère le choix : rester solidaire d'un Rank de plus en plus agressif, ce serait risquer d'être écarté en même temps que lui. Sans qu'ils aient eu une vraie explication sur le sujet, Freud a eu plusieurs fois le sentiment d'une « sincérité incomplète » dans ses récentes conversations avec Sándor. Freud a l'impression que Ferenczi s'était engagé très loin avec Rank, bien qu'il ait récemment pris ses distances avec lui.

À la fin du mois d'octobre, peu après son retour des États-Unis, Rank fait amende honorable devant Freud sans le convaincre tout à fait. De son côté, après avoir eu des échos des théories que Rank a professées aux États-Unis – abandon de l'interprétation des rêves, remise en question de l'importance du complexe d'Œdipe, minimisation du rôle de la sexualité au profit du traumatisme de la naissance –, Ferenczi est persuadé qu'il est devenu une vraie menace pour la cause analytique. Selon Karl Abraham, le premier avantage de la rupture avec Rank sera de rétablir de bonnes relations avec Ferenczi. Comme il l'écrit à Freud : « Nous avons perdu l'un de nos meilleurs éléments, mais ce n'était tout de même que l'un d'entre nous. Dans le même temps, nous étions menacés d'une autre perte, mais nous en avons été heureusement préservés[6]. »

Il y aura encore quelques tentatives de réconciliation avec Rank avant la rupture définitive en 1926, au lendemain de la publication d'un recueil d'articles sur la technique de la psychanalyse. Chargé de rendre compte de l'ouvrage, Ferenczi le fait de façon très sévère. «Malheureusement, la lecture de ce livre ne m'a causé, ainsi que probablement à nombre de mes collègues, pratiquement que des déceptions. Tout d'abord, le titre est trompeur : il ne s'agit pas de la technique psychanalytique mais d'une modification de celle-ci, qui se distingue tellement de la technique pratiquée jusqu'ici qu'il aurait été plus honnête de l'appeler la "Technique de Rank" ou encore la "Technique de la naissance" dans le traitement des névroses[7].»

Si déplaisant que cela puisse être, Ferenczi est contraint de rompre avec Rank : la «communauté fraternelle» qui a été la leur pendant près de deux ans l'oblige à clarifier publiquement sa position. Selon lui, le livre de Rank fait preuve d'une «violence encore jamais vue dans le domaine de l'interprétation[8]», dont la partialité lui semble dépasser ce qu'ont pu faire Jung et Adler*.

Comme celui de Salzbourg l'année précédente, le congrès de Bad Homburg s'est tenu en l'absence de Freud, du 3 au 5 septembre 1925. Karl Abraham est tombé sérieusement malade pendant l'été, au retour d'une tournée de conférences aux Pays-Bas. On parle d'abord d'une blessure du pharynx causée par une arête de poisson. Puis on diagnostique une broncho-pneumonie, et un abcès du poumon qui dégénère en septicémie. Le 1er décembre, son

---

* La dernière rencontre de Freud avec Rank a lieu en avril 1926. Pendant les années suivantes, Rank partage son temps entre Paris et New York. En mai 1930, il est exclu de l'Association psychanalytique américaine. En 1933, il devient l'analyste d'Anaïs Nin et bientôt son amant. Il meurt à New York le 31 octobre 1939, un mois après Freud.

état s'est aggravé à un point tel que Freud, qui se relève péniblement d'une nouvelle opération de la mâchoire, ne cache pas son inquiétude. L'absence de diagnostic fiable lui fait craindre le pire : « Je crains que cela n'ait une mauvaise issue, avant que l'on n'apprenne ce dont il s'agit[9]. »

Abraham meurt le 25 décembre 1925, à l'âge de quarante-huit ans. Ferenczi se rend à Berlin pour son enterrement. Aussitôt commencent les tractations pour la présidence de l'Association, que revendique Max Eitingon malgré son manque de charisme et le nombre très limité de ses publications. Le Comité secret s'est réduit comme une peau de chagrin, et les relations entre les derniers membres sont tout sauf amicales. La jalousie de Jones à l'égard de Ferenczi est manifeste, mais Freud n'a d'autre choix que de défendre un personnage devenu incontournable, particulièrement en Grande-Bretagne. Comme il l'écrit à Sándor : « Jones fait largement usage du droit des humains d'avoir des défauts, mais nous connaissons trop bien sa valeur pour ne pas être indulgents envers eux[10]. »

Les conflits vont bientôt se cristalliser autour de la question de l'analyse profane, c'est-à-dire de la possibilité pour des non-médecins de devenir analystes. Le problème, effleuré au congrès de Bad Hombourg, prend un caractère brûlant depuis que Theodor Reik, membre de la Société psychanalytique de Vienne, fait l'objet d'un procès pour exercice illégal de la médecine. Selon Freud, défendre Reik est essentiel : c'est même tout l'avenir de la psychanalyse qui est en jeu dans le droit accordé à des non-médecins de pratiquer l'analyse. Ferenczi est entièrement de son côté – il avait autrefois encouragé Melanie Klein à devenir analyste alors qu'elle n'envisageait pas de formation médicale –, tandis que Jones, Eitingon et surtout Brill défendent une position opposée.

En plus de son cancer, Freud souffre de troubles cardiaques pendant l'hiver 1926. Persuadé que le cœur doit être soutenu «non seulement médicalement, mais aussi psychiquement», Ferenczi lui fait une offre singulière : «Je trouve proprement tragique que vous qui avez fait don de la psychanalyse au monde entier ne soyez guère – voire pas du tout – en position de vous confier à quiconque [11].» Il lui propose donc de venir passer quelques mois à Vienne et de se mettre à sa disposition comme analyste. Mais Freud s'empresse de décliner cette «proposition touchante». S'il admet que «la racine psychique pourrait bien exister», il convient de ne pas minimiser l'aspect purement physique de ces maux; et il n'est pas persuadé qu'ils puissent être résolus par l'analyse. À presque soixante-dix ans, Freud pense avoir «droit au repos, sous toutes ses formes [12]». Malgré sa grande estime pour les talents de clinicien de Ferenczi, un tel renversement de leurs rapports doit lui paraître impensable.

Bien qu'il n'ait lui-même que cinquante-deux ans, Sándor ressent régulièrement le poids de l'âge. Cela ne l'empêche pas d'être blessé qu'on le désigne parfois comme «le vieux maître», fût-ce de manière affectueuse. «Il y a peu, j'étais "le disciple", le "jeune attaquant", etc., tout d'un coup je deviens : "le vieux maître; dans les deux cas, je suis "marginalisé" pour des raisons d'âge, soit insuffisant, soit excessif.» C'est comme si on lui refusait la maturité : «Sans s'en apercevoir on se sent ainsi poussé de l'âge de l'adolescence à celui du vieillard [13].»

Et pourtant, la maturité est bien là. L'écriture et la pensée de Ferenczi sont plus libres et plus fluides à la fois. Faisant preuve d'une rare capacité d'autocritique, il revient sur le concept de technique active, qu'il a lui-même développé, en insistant cette fois sur ses contre-indications. Pour de jeunes praticiens, cette manière de procéder peut en effet se révéler plus dangereuse qu'autre chose. « J'ai parfois provoqué une autre série de difficultés en concevant de façon trop rigide certaines injonctions et prohibitions. Si bien que j'ai fini par me persuader que ces consignes elles-mêmes représentent un danger : elles amènent le médecin à imposer sa force de volonté au patient dans une répétition par trop fidèle de la situation parents-enfant ou à se permettre des allures parfaitement sadiques de maître d'école. J'ai finalement renoncé à enjoindre ou à interdire certaines choses aux patients et j'essaye plutôt d'obtenir leur accord intellectuel pour les mesures projetées et les laisser ensuite seulement mettre celles-ci à exécution[14]. »

Ferenczi continue à se sentir très proche de cet autre esprit inventif et indépendant qu'est Georg Groddeck. Dans la lettre qu'il lui adresse pour son soixantième anniversaire, le 13 octobre 1926, il lui rappelle que leur relation a débuté sur un terrain purement scientifique, mais qu'il a peu à peu appris à le connaître, comme médecin et comme homme. Depuis 1921, Sándor a passé chaque année « quelques semaines de repos, de détente et de conversations intimes[15] » dans la chaleureuse maison de Baden-Baden. Sur le plan théorique, ils se sont mutuellement influencés. Ferenczi est désormais persuadé que « l'avenir verra se répandre le traitement psychanalytique des maladies organiques, parfaitement compatible avec le traitement médical classique toujours nécessaire[16] ».

Sándor et Gizella espèrent aussi que les traitements de Groddeck pourront venir en aide à Elma qui est en profonde dépression. Revenue de San Francisco, elle ne souhaite pas y retourner, tant son mariage la rend malheureuse. John Laurvik est instable et violent ; ses aspirations sont aux antipodes des siennes. Le couple ne cohabitera plus, sans divorcer pour autant. Comme l'a raconté Elma : « Il promettait de changer et de faire en sorte que nous recommencions une nouvelle vie ensemble. Il n'a jamais tenu ses promesses, aussi je ne suis jamais retournée auprès de lui [17]. »

Elma se réinstalle donc à Budapest et commence à travailler à la légation américaine où elle sera employée jusqu'au début de la guerre. Et Gizella envisage parfois de divorcer de Sándor pour qu'il puisse enfin épouser sa fille [18]. Pour tous les trois, le gâchis est décidément irrémédiable.

20

Après la mort de Karl Abraham, Freud a exprimé le désir que Ferenczi émigre à Berlin, ce qui ne le tente pas du tout ; puis il lui a proposé, sans plus de succès, de venir s'installer à Vienne et d'y prendre la présidence de l'Association psychanalytique autrichienne. Sándor a d'autres envies : il voudrait se rendre quelques mois aux États-Unis, essentiellement pour des raisons financières. Ce voyage devrait lui permettre de mettre de côté une somme suffisante pour travailler de manière moins intense, tout en se constituant une clientèle étrangère fortunée.

Le projet se concrétise au printemps 1926, lorsque Alvin Johnson, directeur de la prestigieuse New School for Social Research de New York, invite Ferenczi à donner une série de conférences sur les principaux concepts psychanalytiques. Échaudé par l'affaire Rank, Freud ne dissimule pas son hostilité à la « maudite Amérique » : « Je peux seulement espérer que ce voyage ne représentera pas la déception que certains prédisent[1]. » Ferenczi assure que cette crainte est sans objet, car ses attentes sont loin d'être démesurées. Les demandes d'analyse sont déjà nombreuses, et le programme des dix-huit conférences a été précisément établi.

Avant son départ, Sándor tient à passer quelques jours avec Freud qui a loué une villa au Semmering, dans les pré-Alpes autrichiennes. Cela fait grand plaisir à Freud, tant l'avenir lui paraît incertain. Il se réjouit de discuter avec Ferenczi de manière approfondie, même s'il le prévient que parler lui est devenu pénible : «la lutte permanente avec la prothèse[2]» le fatigue considérablement. La rencontre se passe pour le mieux. Après quelques jours de vacances à Munich, Sándor et Gizella emmènent Lou Andreas-Salomé à Baden-Baden pour lui faire découvrir le sanatorium de Groddeck. Puis c'est Paris, et finalement Cherbourg où ils embarquent sur l'*Andania*, un navire de la Cunard.

La traversée ravive les souvenirs du voyage vers New York de 1909, en compagnie de Freud et Jung : «Des images merveilleuses surgissent devant moi – les jours ensoleillés à bord, les discussions intéressantes avec vous, l'attente de quelque chose d'inconnu – en même temps que des réminiscences de moments profondément tristes (que j'ai dissimulés à l'époque), où j'avais à lutter contre ma jalousie – infantile (à cause de Jung).» Tant de choses se sont passées depuis. Combien de disciples de Freud n'ont-ils pas vu leur position s'élever avant de s'effondrer? «Aussi, continue Sándor, est-ce une grande joie de sentir que ce long temps est passé sur nous deux sans que jamais un quelconque trouble grave ne survienne dans nos relations personnelles et scientifiques. Alors on peut tout de même dire qu'il en sera toujours ainsi entre nous[3].»

Ces dernières lignes laissent perplexe. Sándor essaie-t-il de se convaincre lui-même? Cherche-t-il à rassurer Freud? Espère-t-il seulement retarder un affrontement devenu inévitable? C'est comme si aucune des tensions récentes ne lui avait fait comprendre qu'après Jung, Rank et quelques autres, c'est à son tour d'être soupçonné de dissidence.

Le matin du 3 octobre 1926, après une nuit à Ellis Island et d'interminables contrôles, Sándor et Gizella peuvent enfin fouler le sol américain. Alvin Johnson, directeur de la New School for Social Research, ainsi que d'anciens patients et de futurs élèves sont venus les accueillir à la descente du bateau. Le couple s'installe à l'hôtel St. Andrew, à l'angle de Broadway et de la 72e Rue.

Les premiers temps, Sándor envoie de longues lettres à Freud, évoquant ses activités et ses rencontres de manière très précise. Son emploi du temps est d'une extraordinaire densité : les jours de semaine, il a huit heures d'analyse, pour la plupart didactiques, et cinq autres le samedi. Mais il donne aussi tous les mardis soir une conférence sur un point théorique : trois cents auditeurs se pressent pour l'écouter, malgré un anglais qu'il qualifie lui-même de « très défectueux ». Le mercredi, il anime un séminaire avec le groupe des analystes profanes, tandis que la plupart des soirées et bon nombre de déjeuners sont occupés par des invitations.

Le séjour est d'autant plus épuisant que Ferenczi intervient également dans de nombreuses associations de psychiatres et de psychanalystes, à New York, Philadelphie et Washington. Un an après le congrès de Bad Homburg, la question de l'analyse profane continue à susciter de vives tensions avec les représentants officiels de la psychanalyse américaine. Dans une lettre à son amie Vilma Kovács, Sándor explique que s'il n'est pas encore parvenu à convaincre ses collègues, il continue à se montrer ferme avec eux : « À certaines occasions je leur ai simplement opposé le savoir – ils sont moins forts que moi dans ce domaine. Le résultat, c'est qu'ils ont dans leur majeure partie, ou en tout cas une partie significative, cessé les hostilités à mon égard[4]. »

Les relations avec Abraham Brill, président de l'American Psychoanalytic Association, ont beaucoup souffert de leur désaccord sur la question de l'analyse profane. De façon globale, Brill semble très mécontent de la présence de Ferenczi et se comporte de manière inamicale. On lui a rapporté plusieurs remarques de Freud sur l'incompétence des analystes américains et il en a été profondément blessé. Il considère d'ailleurs comme un affront le simple fait que Ferenczi soit venu d'Europe pour assurer des formations. Ainsi que Sándor l'explique à Freud, Brill pensait être «en possession d'un monopole[5]», en raison de son travail de pionnier aux États-Unis.

Malgré ce contexte difficile et son emploi du temps exténuant, Ferenczi continue à se lancer dans de nouvelles expériences thérapeutiques. Il commence ainsi l'analyse d'une certaine « F. H. ». Comme pendant les premières séances, elle reste immobile et absolument muette dans le bureau new-yorkais où il la reçoit, il lui propose de poursuivre l'analyse dans les rues, à la lumière du jour. Et la situation se débloque enfin : «Pendant plusieurs jours, les choses terrifiantes affluaient en masse, tandis que nous nous faufilions parmi la foule de Broadway[6] !»

Les premiers temps, Freud s'est réjoui de pouvoir suivre en détail le séjour de Ferenczi : «J'espère, écrivait-il, que l'Amérique ne va rien changer ultérieurement à cette tendance qui est la vôtre[7].» Mais bientôt les lettres se font moins nombreuses. «Depuis des semaines, je m'essouffle dans une activité exténuante. [...] Si ma santé tient encore le coup, cela aura été un épisode intéressant – je ne peux parler de plaisir[8]», reconnaît Sándor. Son humeur est souvent maussade, ce dont Gizella est la première victime.

Freud est impressionné par l'ampleur du travail accompli par Ferenczi. Cela ne l'empêche pas de laisser libre cours à son antiaméricanisme, regrettant que tant d'énergie ait été dépensée pour des gens « qui ne savent rien apprécier et qui n'en gardent aucune impression ». Il compte fermement sur une longue visite de Ferenczi, dès son retour de chez les « sauvages de là-bas[9] ». Il va devoir l'attendre un peu.

Le 2 juin 1927, après un séjour de huit mois aux États-Unis, Sándor et Gizella embarquent pour Southampton, tandis que le *New York Times* lui consacre un article très élogieux. Ferenczi y plaide une nouvelle fois pour l'analyse profane : les besoins sont bien trop importants pour que les médecins suffisent à y répondre. À Londres, où Ernest Jones l'accueille aimablement, il prononce une conférence très appréciée. Il mesure au passage l'ascendant que Melanie Klein a pris sur les psychanalystes anglais, y compris Jones : ce sera bientôt la source de conflits majeurs au sein du mouvement.

Quelques jours plus tard, tout en assurant être dans les meilleurs termes possible avec Ferenczi, Jones rend compte à Freud de sa visite dans une lettre assez perfide. Il devient clair, selon lui, que la valeur de Ferenczi tient davantage à « l'inspiration de sa personnalité » qu'à ses jugements intellectuels, « parfois trop influencés par son imagination[10] ». Mais Freud décode immédiatement cette critique, répondant que Ferenczi a regretté, pour sa part, de ne pas avoir atteint un plus large accord de vue sur la question de l'analyse profane : « Vous savez qu'il partage entièrement mon point de vue ; je sais que ce n'est pas votre cas[11]. »

Sándor se rend ensuite au sanatorium de Groddeck à Baden-Baden pour se reposer, sans faire le détour par Vienne. Freud en est d'autant plus blessé par ce nouveau retard que Groddeck commence à l'agacer : depuis quelque temps, « il commet beaucoup trop de farces et d'absurdités ; le Ça lui est monté à la tête[12] ».

Selon Jones, qui joue de plus en plus les Iago, Ferenczi n'est plus le même depuis son séjour américain. Il est vrai que ces huit mois aux États-Unis, et les succès qu'il y a remportés, ont accru son indépendance. Le ton de ses derniers textes est plus personnel, l'emploi du «je» plus fréquent, les apports personnels plus clairement revendiqués. Sándor évoque les concepts qu'il a introduits, le rôle qu'il a joué dans la création de l'Association psychanalytique internationale, les nouvelles approches techniques qu'il développe.

Ce début d'émancipation est considéré par Freud comme une quasi-trahison, ou comme une sorte d'abandon, ce qui à ses yeux est presque la même chose. Freud étant la psychanalyse en personne, s'écarter un tant soit peu de lui, c'est s'éloigner de la cause. «Je vous trouve plus réservé qu'avant l'Amérique. Maudit pays[13]!» lui écrit-il. Si Ferenczi nie toute prise de distance, assurant que son intérêt pour la psychanalyse est plus vif que jamais, Freud lui en veut de ne toujours pas lui avoir rendu visite, près de deux mois après son retour de «Dollarie».

Sur le plan financier en tout cas, les résultats du voyage sont supérieurs aux attentes. En l'espace de huit mois, Sándor a pu mettre de côté une somme trois fois supérieure à ce qu'il avait économisé les années précédentes. Il espère que cet argent va lui permettre de recevoir moins de patients et de consacrer davantage de temps au travail scientifique. Il n'est pas non plus insensible aux honneurs dont on l'a gratifié, surtout à Washington et Philadelphie, et pense avoir rendu de nombreux services à la cause psychanalytique. Mais malgré le séjour à Baden-Baden, il continue à payer ce voyage américain par une extrême fatigue.

Lors du congrès qui doit se tenir à Innsbruck au début du mois de septembre 1927, les antagonismes n'ont pas disparu. Pour l'élection à la présidence de l'Association psychanalytique internationale, Jones veut à tout prix éviter Ferenczi « qui ne saurait produire l'harmonie[14] » dont l'Association a besoin. De son côté, Freud se méfie explicitement de Jones, mais s'inquiète aussi de Ferenczi. Pour éviter un affrontement direct, il soutient l'élection d'Eitingon, en dépit de son manque de consistance intellectuelle et de ses prises de position hostiles à l'analyse profane.

Juste après le congrès, Sándor vient enfin rendre visite à Freud au Semmering. Passé un premier moment difficile, ce sont de vraies retrouvailles qui leur rappellent les temps anciens où ils discutaient ensemble des « problèmes encore vierges de la psychanalyse ». Freud trouve Sándor « accessible, aimable, enthousiaste et plus compréhensif que jamais[15] ». Dans une lettre à Max Eitingon, Anna précise que Sándor était « gai, naturel, cordial, l'oreille fine et la réplique facile, déployant plus d'esprit que jamais dans la conversation[16] ». Freud et sa fille en ont conclu qu'au bout de compte l'Amérique lui avait remarquablement réussi et l'avait même rajeuni.

Depuis que le cancer de Freud a été diagnostiqué, le rôle d'Anna est devenu central. Elle veille sur son père avec autant d'efficacité que de patience, tout en prenant sa place dans les institutions psychanalytiques. Freud, qui évite désormais de se déplacer en raison de ses douleurs et de ses difficultés d'élocution, demande à Anna de le représenter dans les manifestations officielles. L'autorité de la jeune femme s'en voit rapidement renforcée, tandis que ses travaux personnels sur la psychanalyse des enfants lui permettent de faire entendre sa propre voix. Sans se forcer le moins du monde, elle incarne dès ce moment l'orthodoxie, notamment lorsqu'elle s'oppose à Melanie Klein.

Freud n'est pourtant pas dénué d'inquiétude à propos de sa fille. Dans une lettre à Ferenczi, il se demande, avec un peu d'inquiétude, «si sa disposition virginale va toujours bien supporter la réalité souvent choquante des autres analystes[17].» Il a été particulièrement heurté par l'attaque frontale de Jones, affirmant qu'elle n'a pas été assez analysée : Jones sous-entend à l'évidence qu'une analyse par son propre père ne pouvait pas résoudre les conflits intérieurs de la jeune femme. «Je peux vous assurer, lui a répondu vertement Freud, qu'Anna par exemple a été plus longuement et plus profondément analysée que vous-même[18].»

Pendant l'automne, la correspondance entre Ferenczi et Freud se relâche à nouveau, cette fois pour des raisons médicales. Sándor s'en voudrait d'importuner le professeur avec de «fastidieux "bulletins de santé"», mais le fait est qu'il ne se sent pas bien. Le 20 décembre 1927, il renonce à venir à Vienne pour Noël : il souffre de troubles respiratoires et de violents maux de tête. Pour tout arranger, son ami le Dr Lévy a «le talent certain de vous rendre hypocondriaque[19]».

Heureusement, Sándor rencontre des succès grandissants sur le terrain thérapeutique. Cela nourrit un article majeur, «Élasticité de la technique psychanalytique», qu'il envoie à Freud, en guise de vœux, le 1er janvier 1928. «Comme un ruban élastique», explique Ferenczi, l'analyste doit être capable de parfois céder aux tendances du patient, et à d'autres moments de reprendre la direction de la cure. «Il convient de concevoir l'analyse comme un processus évolutif qui se déroule sous nos yeux, plutôt que comme le travail d'un architecte qui cherche à réaliser un plan préconçu. Qu'on ne se laisse entraîner, en aucune circonstance, à promettre à l'analysant plus que ceci : s'il se soumet au processus analytique, il finira par en savoir beaucoup plus long sur lui-même, et s'il persévère jusqu'au bout, il pourra mieux s'adapter aux difficultés inévitables de la vie, et avec une répartition d'énergie plus juste. À la rigueur, nous pouvons aussi lui dire que nous ne connaissons pas de traitement des troubles psychonévrotiques qui soit meilleur et, à coup sûr, plus radical[20]. »

Ferenczi valorise de plus en plus le tact, qui est pour lui un autre nom de l'empathie. « Toutes nos interprétations doivent avoir le caractère d'une proposition plutôt que d'une assertion certaine, et ceci non seulement pour ne pas irriter le patient, mais parce que nous pouvons effectivement nous tromper[21]. » La modestie de l'analyste n'est pas une simple stratégie : elle doit correspondre à une réelle acceptation des limites de son savoir. C'est un argument supplémentaire en faveur de ce qu'il considère comme l'une des règles les plus fondamentales de la psychanalyse : celui qui veut analyser les autres doit d'abord être analysé lui-même. Mais cette analyse ne gagne rien à se dissimuler derrière la formule trop commode d'analyse didactique, souvent synonyme de superficialité.

Freud apprécie beaucoup l'article, y voyant le signe de cette « maturité réfléchie », acquise par Ferenczi au cours des dernières années, et qu'aucun autre de ses disciples n'approche. Freud le reconnaît : les rares textes qu'il a lui-même consacrés aux questions techniques avaient un caractère essentiellement négatif : il trouvait important de mettre en évidence les dangers qui guettent l'analyste. Pour les conseils positifs, il renvoie volontiers aux recherches de Ferenczi et à son concept de « tact ». Il lui semble toutefois essentiel de dépouiller cette notion de « son caractère mystique[22] », pour ne pas induire en erreur les analystes débutants. Sándor s'efforce de le rassurer : le tact tel qu'il le conçoit n'est pas une concession au bon plaisir personnel de l'analyste.

Ce qui importe, c'est d'avoir une approche empathique, de se mettre à la place du patient pour mieux « entrer dans ce qu'il ressent[23] ».

Au printemps 1928, Ferenczi donne un cycle de six conférences dans la grande salle de l'Académie de musique de Budapest, devant un public de plus d'un millier de personnes. C'est la première fois depuis près de dix ans qu'une manifestation psychanalytique a un tel écho en Hongrie, tant les marques d'hostilité se sont accumulées entre-temps. L'une de ces conférences, reprise à Vienne, plaît beaucoup à Freud. Et les conversations qui la suivent marquent un regain de confiance. Sur la question de l'analyse profane, si fondamentale à ses yeux, Freud sait que seul Sándor partage sans réserve son point de vue ; il a d'ailleurs été très touché par la belle introduction que Ferenczi a écrite pour l'édition américaine de son essai sur le sujet, décrivant ce court traité comme « une esquisse complète, succincte et lucide tout à la fois, de la psychanalyse telle qu'elle se présente à ce jour », un texte permettant « de saisir dans son essence même, ce qu'est la psychanalyse[24] ».

Au mois d'octobre, Sándor part en Espagne avec Gizella, pour un voyage où se mêlent le tourisme et le travail. À Madrid, la presse le désigne comme « le plus important des disciples de Freud », et sa conférence sur l'apprentissage de la psychanalyse et la transformation psychanalytique du caractère est très applaudie. Puis c'est la découverte éblouie de Séville et Grenade. Mais Sándor est victime de plusieurs malaises, ce qui les oblige à précipiter le retour. On ne diagnostique pourtant aucune pathologie importante.

Ferenczi dans l'atelier du sculpteur Oscar Nemon.
À l'arrière-plan, portrait de Ferenczi peint par Olga Székely-Kovács.

La famille Ferenczi. De gauche à droite : Lajos, Gizella, Elma, Sándor et Magda.

Lajos Ferenczi, le plus jeune frère de Sándor, et son épouse Magda Pálos, la fille cadette de Gizella Pálos.

Gizella Pálos.

Freud et sa fille Anna vers 1920.

21

En janvier 1929, Freud traîne les pieds pour écrire un hommage à Ernest Jones, à l'occasion de son cinquantième anniversaire : cela lui est infiniment plus difficile que lorsqu'il s'agissait de Ferenczi. Quand Eitingon insiste, craignant que Jones ne se vexe, en ayant l'impression que Freud n'a pas une grande estime pour lui, ce dernier n'essaie pas de le détromper : « Depuis son premier, tout premier travail sur la rationalisation, il n'a plus eu une seule pensée originale et les applications qu'il a faites des miennes en sont restées au niveau scolaire. Il le sait, de là sa sensibilité[1]. » Si Freud se contraint à écrire le texte sur Jones, l'effort qu'il fera pour atténuer son jugement conduira à un résultat qui ne satisfera personne. De son côté, Ferenczi a le sentiment que le conflit de l'analyse profane n'est pour Jones « qu'un prétexte pour réunir sous son sceptre le monde anglo-saxon[2] », y compris d'un point de vue financier.

Le nouveau congrès de l'Association psychanalytique internationale a lieu à Oxford, du 27 au 30 juillet 1929. La communication qu'y présente Ferenczi ne manque pas d'audace. Il y incite ses confrères à la modestie, personne ne pouvant affirmer détenir la vérité en matière de réussite thérapeutique. Lui-même, reconnaît-il, n'a cessé de chercher et souvent de transgresser les règles : « Au cours de ma longue pratique analytique, je me suis constamment retrouvé en train d'enfreindre tantôt l'un, tantôt l'autre des "Conseils techniques" de Freud. La *fidélité au principe* selon lequel le patient doit être allongé fut *trahie* occasionnellement par l'impulsion indomptable des malades à se lever d'un bond, à déambuler dans la pièce ou à parler avec moi, les yeux dans les yeux. Des circonstances difficiles de la réalité, mais souvent aussi la machination inconsciente du malade m'ont mis maintes fois devant l'alternative, soit d'interrompre l'analyse, soit de contrevenir à la règle habituelle et de poursuivre l'analyse sans contrepartie financière ; je n'ai pas hésité à choisir cette dernière solution et, en général, je n'ai pas pris un mauvais train. Le principe selon lequel l'analyse doit se dérouler dans le milieu habituel et le patient poursuivre ses activités professionnelles était très souvent impraticable ; dans quelques cas difficiles, je me suis même vu obligé de permettre aux patients de rester au lit pendant des jours, voire des semaines, et de les dispenser même de l'effort de venir me voir. L'effet de choc de l'interruption brutale de la séance d'analyse m'a plus d'une fois obligé à prolonger la séance jusqu'à l'écoulement de la réaction émotive, voire à consacrer au malade deux séances par jour, ou plus[3]. »

Ferenczi l'admet non sans ironie : si l'Association psychanalytique internationale n'était pas une société « hautement civilisée et habituée à l'autodiscipline », son discours ne manquerait pas d'être interrompu par un tumulte général et des exclamations. Mais le respect avec lequel l'exposé de Ferenczi est accueilli n'empêche pas qu'au terme du congrès Max Eitingon soit réélu président. Cette fois, Sándor en est profondément blessé. Le 6 novembre, il tente d'expliquer à Freud pourquoi leur correspondance a tendance à s'effilocher. Il admet avoir pris ses distances avec les aspects institutionnels de la psychanalyse pour se concentrer sur les nouvelles questions soulevées par sa pratique.

La vraie raison du malaise est peut-être ailleurs : une remarque récente de Freud, faite comme en passant, sur la sénilité précoce que marquerait l'allure de Ferenczi, l'a réellement bouleversé. « À l'évidence, ma pulsion de vie y a réagi par du dépit et de la contradiction ; elle s'est jetée avec avidité sur les problèmes non résolus de la psychanalyse, voulant ainsi mettre en évidence sa juvénilité[4]. » Sándor a donc donné libre cours à des réflexions trop longtemps refoulées et continue à y travailler.

Quelques semaines plus tard, Freud reproche à nouveau à Ferenczi de s'être éloigné de lui : « Intérieurement pas assez loin, j'espère, pour s'attendre de votre part, mon paladin et grand vizir secret, à un pas vers la création d'une nouvelle analyse oppositionnelle[5]. » Ferenczi nie toute velléité de dissidence. Mais il est possible, reconnaît-il, qu'il n'ait pas évoqué devant Freud un certain nombre d'idées pour lesquelles il n'attendait « ni approbation ni véritable compréhension ». C'est la première fois qu'il exprime de telles difficultés de communication. Sándor explique aussi combien il lui a été douloureux d'être à plusieurs reprises écarté de la présidence de l'Association psychanalytique internationale. Et il avoue ne pas comprendre pourquoi Freud ménage Jones à ce point : pour sa part, il ne voit désormais en lui qu'un homme sans scrupule « qui ne dédaigne même pas les armes de la diffamation[6] » et soumet le groupe britannique à sa tyrannie, étouffant tous les mouvements d'indépendance. Sur ces différents points, Freud n'apporte pas de véritable réponse.

Si sa propre santé lui cause de nouvelles inquiétudes, Sándor se sent de plus en plus assuré sur le terrain thérapeutique. « Il semble qu'à force de lutter je sois parvenu à une sorte de technique qui permette de travailler tranquillement et avec succès ; en même temps, de nombreuses connexions théoriques me deviennent plus claires, sans le moindre effort[7].» L'une de ses conclusions est que la psychanalyse tend à exagérer la part du fantasme et à sous-estimer la réalité traumatique dans la genèse des pathologies.

Freud, de son côté, admet s'intéresser de moins en moins à l'aspect clinique de la psychanalyse. Cela tient sans doute en partie aux difficultés d'audition et d'élocution liées à son cancer. Mais c'est surtout que des travaux plus spéculatifs, comme *L'Avenir d'une illusion* et *Malaise dans la civilisation*, le passionnent davantage. Le 11 janvier 1930, Freud déclare d'ailleurs sans ambages : «Il est fort possible [...] que vous pratiquiez l'analyse mieux que moi, mais je n'ai rien contre. Je suis saturé de l'analyse en tant que thérapie, *fed up*, et qui donc alors devrait le faire mieux que moi, sinon vous[8] ?»

Une chose est claire : «la passion de guérir» est bien plus forte chez Ferenczi que chez Freud. C'est entre eux une différence fondamentale. Sándor s'est défini à plusieurs reprises comme «un thérapeute incorrigible», alors que Freud a avoué très tôt qu'il lui manquait le besoin d'aider et qu'à ce titre il se sentait bien moins médecin que son disciple. Il reconnaissait déjà dans une lettre de jeunesse à Fliess que la connaissance philosophique était sa vraie passion et qu'il était sur le point de l'accomplir en passant de la médecine à la psychologie[9]. Il l'avait redit de façon explicite en 1925 dans *La Question de l'analyse profane* : «Après quarante et un ans d'activité médicale, la connaissance que j'ai de moi-même me dit qu'au fond je n'ai jamais été un véritable médecin. Je suis devenu médecin par suite d'une déviation forcée de mon dessein originel, et le triomphe de ma vie consiste à avoir retrouvé, après un long détour, la direction initiale. De mes premières années, je n'ai pas connaissance du moindre besoin d'aider des hommes qui souffrent. […] Je pense pourtant que mon manque de véritable disposition médicale n'a pas beaucoup nui à mes patients. Car le malade n'a pas grand avantage à ce que, chez le médecin, l'intérêt thérapeutique soit à prédominance affective. Le mieux pour lui est que le médecin travaille avec sang-froid et le plus correctement possible[10]. »

L'explication tant attendue a lieu le 17 janvier 1930. Ferenczi tente d'établir un bilan de leur relation, dans une longue lettre qui commence par un « cher ami » très inhabituel. Il reconnaît que leurs liens sont faits de sentiments enchevêtrés et souvent contradictoires. « D'abord, vous avez été mon maître adoré et mon modèle inatteignable pour lequel je nourrissais les sentiments, pas toujours sans mélange, de l'apprenti. Puis, vous êtes devenu mon analyste, mais les circonstances défavorables n'ont pas permis de mener mon analyse jusqu'à son terme[11]. » Ce que Sándor regrette particulièrement, c'est que Freud n'ait pas, dans le cours de l'analyse, décelé en lui les sentiments et fantasmes négatifs à son égard, dont une part ne relevait sans doute que du transfert. Il est persuadé qu'aucun analysant ne peut parvenir à s'en libérer sans l'aide de l'analyste, même pas lui malgré ses nombreuses années de pratique.

Une laborieuse autoanalyse, poursuit Sándor, lui a malgré tout permis de comprendre certaines conséquences de ce transfert négatif. Lors du voyage en Sicile, il y a vingt ans, la sévérité dont Freud a fait preuve dans la tentative d'écrire ensemble le texte sur le président Schreber a conduit à une durable inhibition. Sándor continue à se demander si « la douceur et l'indulgence de la part du détenteur de l'autorité n'auraient pas été alors plus justes». Il l'admet : ces souvenirs, ravivés par les conflits des derniers mois, l'ont conduit à une forme de réserve. Il n'a pas voulu partager avec Freud les évolutions de ses recherches thérapeutiques. Évitant une vraie explication, il s'est tenu dans «une réserve boudeuse» quelque peu infantile, sous-estimant sans doute la capacité de Freud à supporter la critique.

Sándor espère toutefois que le ressentiment et les désaccords appartiennent au passé et tiennent surtout à la rareté de leurs rencontres récentes et à la stagnation de leur correspondance. «J'ai le ferme espoir que cette franche explication signifie la fin de la "bouderie" de ma part ; et là soudain s'éveillent à nouveau les sentiments de gratitude pour les nombreux signes de votre bienveillance[12].»

La correspondance reprend, sur un mode plus chaleureux et plus régulier. Les 12 et 13 avril 1930, à Vienne, les deux hommes discutent longuement et les difficultés semblent s'aplanir. Comme Ferenczi l'écrit à Freud deux semaines plus tard : «Je repense encore et encore à l'atmosphère amicale et intime des heures que j'ai vécues l'avant-dernier dimanche dans votre cabinet qui m'est si familier.» Il a quitté Freud avec la conviction que ses craintes étaient très exagérées. L'indépendance dont il fait preuve dans ses recherches récentes n'est nullement synonyme d'opposition. «Je poursuis donc mon travail avec un courage accru et j'espère fermement que ces petits détours ne pourront jamais me faire dévier de la grande route sur laquelle je chemine maintenant depuis près de vingt-cinq ans à vos côtés[13].»

Onzième congrès de l'Association psychanalytique internationale (Oxford, juillet 1929).

22

Le 25 mai 1930, Sándor est heureux d'annoncer qu'il vient enfin d'acheter une villa avec un grand jardin sur la colline de Buda. C'est pour l'essentiel l'argent gagné pendant son séjour américain qui lui a permis cette acquisition. Au début du mois de juillet, il s'installe avec Gizella au 11 de la rue Lisznyai, à deux pas de la rue Orvos où habitent ses amis Frédéric et Vilma Kovács et non loin de la rue Meszáros où vivent et travaillent deux autres de ses proches, Michael et Alice Balint. Sándor peut enfin profiter de l'air pur et du soleil qui lui ont tant manqué dans ses appartements précédents.

À cause de sa faiblesse persistante, il n'envisage pourtant l'avenir qu'avec un optimisme très relatif. Il espère qu'il pourra «quand même exister encore pendant un certain temps». Mais intellectuellement, l'année a été très fructueuse. Ses réflexions «commencent à se cristalliser autour de certains thèmes». S'il ne sait pas encore s'il en sortira un livre, il a l'impression de comprendre beaucoup plus de choses qu'auparavant : «Les confirmations s'amoncellent et se consolident, mais l'épuisement après le travail accompli m'empêche toujours de formuler les choses par écrit[1].»

Sándor assure se sentir à nouveau concerné par l'Association psychanalytique internationale. Et il envisage sans déplaisir la possibilité d'en prendre enfin la présidence. De son côté, maintenant que les conflits autour de l'analyse profane commencent à s'apaiser, Freud préférerait de loin que ce soit Ferenczi, et non Jones, qui succède à Eitingon. L'un des arguments qu'avance Freud est on ne peut plus personnel : s'il devait mourir au cours des prochains mois, il ne voudrait personne d'autre que Ferenczi pour prononcer son oraison funèbre. En réalité, aucun congrès international, et donc aucune élection à la présidence, n'aura lieu en 1930 et 1931.

Sándor nourrit lui aussi de vives inquiétudes pour sa propre santé. «Un peu plus tôt que vous, Monsieur le professeur, je me préoccupe également beaucoup du problème de la mort, en rapport avec mon propre destin et ses perspectives d'avenir[2].» Son anxiété le pousse à se consacrer prioritairement au développement de ses propres idées. Il voudrait donner toutes ses chances à cette flambée tardive de productivité et s'en laisser distraire le moins possible. Il en est venu, explique-t-il «à renouveler la théorie du traumatisme, apparemment vieillie (ou du moins provisoirement mise de côté)». Et les résultats qu'il a pu ainsi obtenir l'incitent à persévérer dans cette voie.

Freud paraît s'en réjouir : «Vos nouveaux points de vue annoncés sur la fragmentation traumatique de la vie psychique me semblent très inspirés ; ils ont quelque chose du grand mouvement de la théorie génitale[3]», c'est-à-dire de *Thalassa*. Mais Sándor craint que ces compliments ne soient un peu empoisonnés : il aurait aimé que Freud qualifie ces recherches de «justes, vraisemblables, voire seulement plausibles», plutôt que de « très inspirées». Quant à la comparaison avec *Thalassa*, elle ne le satisfait pas : «La "Théorie génitale" était un produit de pure spéculation, en un temps où, loin de toute pratique, je me consacrais entièrement à la contemplation.» Les nouveaux points de vue, par contre, même s'ils ne sont encore qu'esquissés, sont issus de la pratique elle-même : « C'est elle qui les a fait surgir, qui les a développés et modifiés jour après jour ; ils se sont avérés valables, c'est-à-dire utilisables, pas seulement sur le plan théorique, mais aussi pratique[4]. »

D'un point de vue politique, la situation est à nouveau catastrophique en Hongrie. « La réaction antirévolutionnaire et catholique est au sommet de sa puissance et empêche toute espèce d'activité officielle », explique Ferenczi[5]. L'hostilité des autorités retarde l'ouverture de la policlinique psychanalytique en projet depuis longtemps. La situation économique est tout aussi calamiteuse, obligeant les jeunes praticiens à se contenter d'honoraires dérisoires.

Sándor garde un rythme de dix séances quotidiennes, ce qui lui laisse peu de temps et de force pour le travail théorique et la correspondance. Il consacre chaque jour quatre à cinq heures à sa patiente principale depuis 1924 : Elisabeth Severn, désignée comme « Orpha » ou « R. N. » et parfois comme « la reine ». Régulièrement brutalisée et agressée sexuellement par son père pendant sa petite enfance, cette Américaine a fait plusieurs tentatives de suicide. Lorsque Ferenczi la prend en analyse, elle est âgée de quarante-quatre ans et a déjà publié deux ouvrages de psychothérapie à caractère fortement autobiographique. Mais elle continue à souffrir de troubles si graves qu'il doit bientôt bousculer toutes les règles habituelles[6].

Poussant l'empathie jusqu'à ses limites, il accepte de se rendre chez elle au lieu de la faire venir à son cabinet, renonce souvent à ses honoraires, lui accorde des séances le dimanche et lui permet de l'accompagner pendant ses vacances. Mais ces « excès d'efforts » ne restent pas vains : l'histoire infantile, hautement traumatique, finit par émerger «sous forme d'états de transe ou de crises». Souvent, vers la fin des séances, la patiente est dans un tel état que Ferenczi reste encore une heure auprès d'elle : «Ma conscience de médecin et d'être humain m'empêchait de la laisser là, dans cet état démuni[7].»

Comme il le confie à Groddeck, tout cela est «fatigant, mais gratifiant». Il a l'impression que bientôt, il pourra «enfin dire ce qui s'appelle "terminer une analyse"[8]». Un problème qui n'a jamais été vraiment celui de Freud, dont plusieurs cas, devenus célèbres par les publications qu'il leur a consacrées, sont retournés en analyse chez d'autres praticiens.

«Vous traitez les patients comme je traite les enfants dans mes analyses d'enfants[9]», a fait un jour remarquer Anna Freud à Ferenczi. Et, loin de la contredire, il revendique ce principe. Dans «Analyses d'enfants avec des adultes», conférence prononcée à Vienne le 6 mai 1931, à l'occasion du soixante-quinzième anniversaire de Freud, Sándor explique que, dans les cas les plus difficiles, il convient d'utiliser des méthodes similaires. Il ne fait en cela que revenir à une de ses convictions de toujours, lui qui écrivait dès 1909 : «Au plus profond de notre être, nous restons des enfants et le resterons toute notre vie. Grattez l'adulte et vous y trouverez l'enfant[10].»

Dans le cadre très solennel de cette conférence viennoise, Ferenczi assume publiquement d'être un esprit inquiet, parfois considéré comme «l'enfant terrible de la psychanalyse». Et il ne cache pas que sa manière de travailler avec les patients est devenue bien différente de celle de Freud : «On peut, à juste titre, affirmer que la méthode que j'emploie avec mes analysants consiste à les "gâter". Sacrifiant toute considération quant à son confort, on cède autant que possible aux désirs et impulsions affectives. On prolonge la séance d'analyse le temps nécessaire pour pouvoir aplanir les émotions suscitées par le matériel ; on ne lâche pas le patient avant d'avoir résolu, dans le sens d'une conciliation, les conflits inévitables dans la situation analytique, en clarifiant les malentendus, et en remontant au vécu infantile. On procède donc un peu à la manière d'une mère tendre qui n'ira pas se coucher le soir avant d'avoir discuté à fond avec son enfant et réglé, dans un sens d'apaisement, tous les soucis, grands et petits, peurs, intentions hostiles et problèmes de conscience restés en suspens[11]. »

Dans les cas difficiles, Ferenczi est persuadé que l'écoute traditionnelle de l'analyste, ses silences et sa retenue, sa neutralité plus ou moins bienveillante, apparaissent aux analysants comme une répétition du désaveu subi dans leur enfance. C'est la même violence qui continue de se manifester, rendant impossible tout progrès dans la cure. « Dès que le patient se trouve disposé à tout livrer en s'abandonnant réellement, à dire tout ce qui se passe en lui, il émerge soudain de son état, en sursaut, et se plaint qu'il lui est vraiment impossible de prendre au sérieux ses mouvements intérieurs quand il me sait tranquillement assis derrière lui, fumant ma cigarette et réagissant, tout au plus indifférent ou froid, par la question stéréotypée : "Qu'est-ce qui vous vient à ce propos ?" [12] »

Inventer une autre forme d'écoute lui semble nécessaire. Quand il est confronté à de grands névrosés, Ferenczi entre à son tour dans les associations de l'analysant, s'adressant à l'enfant qu'il est momentanément redevenu par un jeu de questions et de réponses. Mais il sait que si la question n'est pas assez simple, « si elle n'est pas vraiment adaptée à l'intelligence d'un *enfant*», le dialogue ne tarde pas à se rompre. En procédant de cette façon, loin de toute position de maîtrise, Sándor veut favoriser une reproduction réelle des processus traumatiques, condition nécessaire de leur éventuel dépassement.

Ainsi que l'a noté une de ses principales patientes de la fin des années 1920, Izette de Forest, devenue analyste par la suite : « À mesure que Ferenczi évoluait vers un mode d'approche plus humain, plus sympathique et moins mystérieux, ma compréhension de moi-même s'approfondissait. En même temps, j'ai bénéficié du fait que Ferenczi se préoccupait personnellement de moi, me reconnaissait comme être humain souffrant et ne me considérait pas comme un objet, comme une chose[13]. »

Chaque fois que les lettres de Ferenczi se raréfient, les inquiétudes de Freud se ravivent. Mais dès qu'ils se retrouvent en tête à tête, le dialogue se rétablit. En novembre 1930, lors d'une nouvelle rencontre à Vienne, Sándor se réjouit de constater que les expériences thérapeutiques auxquelles il se livre n'apparaissent finalement « pas si révolutionnaires » au père de la psychanalyse[14].

Quelques mois plus tard, il doit pourtant admettre qu'il est plongé dans un difficile travail de clarification personnel et scientifique. Ses réflexions, qui tournent toujours autour de la technique, l'entraînent dans des directions aussi nouvelles que risquées, et il se refuse à les présenter dans cet état. Sándor sait qu'il a tendance à pousser ses hypothèses aussi loin que possible, presque jusqu'à l'absurde, mais cela ne le décourage pas : « Je cherche à progresser dans d'autres voies, souvent diamétralement opposées, et j'ai toujours l'espoir de trouver tôt ou tard le bon chemin. » Et même si ses propos rendent « un son très mystique », il demande à Freud de ne pas s'inquiéter : « Autant que je puisse me juger, je ne transgresse pas (ou pas souvent) la frontière de la normalité[15]. »

Freud envisage la situation de manière moins optimiste. Selon lui, l'interruption de leur correspondance depuis plusieurs mois est le signe certain d'une prise de distance. Et son ton se fait plus plaintif qu'agressif. « Je ne dis pas que vous vous détachez de moi, j'espère bien que non. Je l'accepte comme le destin ; comme tant d'autres choses, je sais que je n'en porte pas personnellement la faute ; même au cours de ces derniers temps il n'y avait personne que je vous aie préféré. » S'il craint que Sándor se soit engagé dans des directions « qui ne semblent pas mener à un but souhaitable », Freud se dit prêt à respecter sa volonté d'autonomie intellectuelle. Cela ne l'empêche pas de décocher quelques flèches : « Il pourrait s'agir chez vous d'une nouvelle et troisième puberté, à l'extinction de laquelle vous aurez enfin atteint la maturité [16]. »

Face à ce qu'il ressent en ce début des années 1930 comme une dérive de Ferenczi, Freud est déchiré. D'une part, c'est le schéma éternel qui lui paraît se répéter : le disciple favori qui trahit, « la horde sauvage » qui risque à nouveau de se déchaîner. D'autre part, il y a chez Sándor quelque chose qui le touche de près et lui importe au-delà de toutes les considérations professionnelles : c'est un drôle de fils, agaçant et attachant, dans lequel il continue de se reconnaître en partie et qu'il veut tenter de retenir.

Bureau de Vilma Kovács de la rue Orvos à Budapest, avec un buste de Freud.

Gizella, Ferenczi et Elisabeth Severn à Baden-Baden.

Ferenczi et Howard Z. Lehrman, fils du psychanalyste
Philip R. Lehrman, vers 1930.

23

En octobre 1931, Sándor et Gizella sont à Capri. C'est la première fois depuis plusieurs années qu'ils partent en vacances sans emmener aucun patient. Dans ce cadre enchanteur, Sándor essaie de se remettre de son extrême fatigue physique et intellectuelle.

Au retour, il s'arrête trois jours à Vienne. Alors que Freud tente de le ramener vers l'orthodoxie, estimant qu'il ne s'est pas engagé «dans une voie féconde», Ferenczi défend ses recherches avec plus de fermeté qu'autrefois, refusant toute censure préalable. La science n'a-t-elle pas le devoir de tout rapporter, «même ce qui présente un risque», dans l'espoir qu'il en naîtra quelque chose de bon? L'important, pour Sándor, est de savoir si ce qu'il a observé se vérifie et si ses interprétations sont justes. Même s'il n'a pas l'intention de s'entêter dans ses erreurs éventuelles, il est persuadé que bien des éléments qu'il met en œuvre dans ses analyses actuelles ont «une valeur objective[1]». De son côté, Freud perçoit sa nouvelle approche technique comme une «régression à tendance névrotique» : faute d'avoir trouvé auprès de ses collègues l'amour qu'il réclame, Ferenczi s'efforce désormais d'être aimé par ses analysants[2]. Sa *furor sanandi* – sa rage de soigner – lui paraît également dangereuse.

La lettre de Freud du 13 décembre 1931 est l'une des plus célèbres de leur correspondance. Elle sera souvent citée de manière tronquée, voire tout à fait déformée. Freud s'est laissé dire qu'il arrivait à Ferenczi d'embrasser ses patientes ou de se laisser embrasser par elles. Le père de la psychanalyse feint d'abord la compréhension, assurant qu'il n'est « certainement pas celui qui, par pruderie ou par égard pour les conventions bourgeoises, proscrirait de telles petites satisfactions érotiques ». Si cette « technique du baiser » fait partie des innovations de Ferenczi, il importe donc qu'il la revendique haut et fort, pour éviter les rumeurs. Mais est-il sûr de mesurer les risques auxquels il s'expose ? Imagine-t-il les prochaines étapes ?

L'ironie de Freud se fait mordante : « Il n'y a pas de révolutionnaire qui ne soit dépassé par un plus radical encore. Un certain nombre de penseurs indépendants, en matière de technique, se diront : pourquoi en rester au baiser ? On pourrait certainement obtenir encore davantage en y ajoutant le "pelotage" qui, après tout, ne fait pas non plus d'enfants. » Bientôt, continue-t-il, viendra une nouvelle génération d'analystes, plus hardis encore, qui incluront dans la cure « tout le répertoire de la demi-virginité et des *petting-parties*[3] », suscitant un nouvel engouement chez les analystes et les analysés. « Nos collègues les plus jeunes trouveront difficile de s'arrêter, dans les relations nouées, au point fixé au départ, et le *Godfather* Ferenczi se dira peut-être, en contemplant la scène animée qu'il a créée : j'aurais peut-être dû arrêter ma technique de tendresse maternelle *avant* le baiser[4]. »

Puis le ton se fait plus rude. À la façon d'un père sévère, Freud rappelle à Ferenczi que « la tendance aux petits jeux sexuels avec les patientes » ne lui était pas étrangère dans les temps pré-analytiques. Ne risque-t-on pas d'établir un rapport entre la nouvelle technique et les errements d'autrefois ? « C'est pour cela que, dans une lettre précédente, j'ai parlé d'une nouvelle puberté, d'un démon de midi chez vous ; et maintenant vous m'avez obligé à être clair, sans détour. » Freud est en réalité loin d'être clair. Veut-il faire allusion à l'affaire Elma ? Mais l'histoire n'est pas survenue en des temps « pré-analytiques ». Sinon, de quoi parle-t-il ?

Sándor ne répond que deux semaines plus tard. Le malentendu est aussi profond que la blessure. Il s'agit en effet de tout autre chose qu'un jeu sexuel et la patiente en question lui répugne plutôt, à cause de l'odeur déplaisante qu'elle dégage. En se laissant embrasser, Sándor a tenté de répondre à un cas particulièrement difficile[5]. Ce que veut Ferenczi, c'est « créer une atmosphère bienveillante et dépassionnée, propre à faire éclore tout ce qui était caché jusque-là ». Dans sa lettre à Freud, il essaie vaguement de s'expliquer, puis fait mine d'espérer que leur entente « amicale, personnelle et scientifique[6] » sera bientôt rétablie. Mais les choses n'en prennent pas le chemin.

Sándor et Gizella en vacances à Capri en 1931.

Gizella et Sándor à Capri en 1931.

24

Le *Journal clinique*, entamé le 7 janvier 1932 et poursuivi neuf mois durant, prend le relais d'une correspondance devenue impossible. C'est un dialogue qui se prolonge *in absentia*, en même temps qu'une tentative d'émancipation affective et théorique.

Dès la première note, Ferenczi met en cause l'insensibilité dont semble témoigner l'attitude de bon nombre d'analystes : « façon maniérée de saluer, exigence formelle de "tout dire", attention dite flottante, qui finalement n'en est pas une et qui n'est certainement pas appropriée aux communications des analysants, grosses de sentiments et souvent présentées avec difficulté [1]. » La plupart du temps, le patient se refuse à penser du mal de son analyste ; c'est en lui-même qu'il cherche les motifs du manque d'intérêt suscité par ses propos. Mais cela ne l'encourage pas à aller plus loin. Dès lors, il devient presque impossible d'accéder aux couches les plus enfouies de son histoire.

Sándor dresse ensuite un bilan assez amer de sa relation avec Freud. Par-delà les reproches personnels – l'analyse insuffisante, le mariage manqué avec Elma –, leurs divergences sont devenues théoriques. Il se souvient d'une remarque récurrente de Freud : « Les patients ne sont bons qu'à nous faire vivre, et ils sont du matériel pour apprendre. Nous ne pouvons pas les aider de toute façon[2]. » Ou de celle-ci, communiquée aux intimes : « Les névrosés sont de la racaille, juste bons à nous entretenir financièrement, et à nous permettre de nous instruire à partir de leur cas : la psychanalyse comme thérapie serait sans valeur[3]. »

En témoigne, parmi d'autres indices, une lettre de Freud à István Hollos, proche ami de Ferenczi et pionnier de l'antipsychiatrie, pour le remercier avec retard de son livre *Mes adieux à la maison jaune*. Freud assure que cet oubli ne provient pas d'un manque d'intérêt pour l'ouvrage, mais plutôt des interrogations personnelles qu'il a réveillées en lui : « Tout en appréciant infiniment votre ton chaleureux, votre compréhension et votre mode d'abord, je me trouvai pourtant dans une sorte d'opposition qui n'était pas facile à comprendre. Je dus finalement m'avouer que la raison en était que je n'aimais pas ces malades ; en effet, ils me mettent en colère, je m'irrite de les sentir si loin de moi et de tout ce qui est humain. Une intolérance surprenante, qui fait de moi plutôt un mauvais psychiatre. […] Ne suis-je pas en train de me conduire comme les médecins d'autrefois à l'égard des hystériques ? Mon attitude serait-elle la conséquence d'une prise de position de plus en plus nette dans le sens d'une primauté de l'intellect, l'expression de mon hostilité à l'égard du Ça ? Ou alors quoi[4] ? »

Pourtant, selon Sándor, ce désintérêt n'a pas toujours été là. À l'époque des travaux avec Josef Breuer, Freud devait vraiment croire aux possibilités thérapeutiques de la psychanalyse. Il travaillait dans l'enthousiasme et s'occupait « passionnément, avec dévouement, de la guérison des névrosés[5] ». Mais Freud a dû être ébranlé, et bientôt désenchanté, par les rechutes de celles et ceux qu'il soignait, puis par le problème du contre-transfert, «s'ouvrant devant lui comme un gouffre». Il s'est alors persuadé que les hystériques mentent, et peu à peu il a cessé d'aimer les malades.

Si Freud continue d'explorer le champ intellectuel ouvert par l'analyse, il se refuse désormais à l'investir sur le plan émotionnel. Dans un article de 1912, «Conseils aux médecins sur le traitement analytique», Freud invitait déjà les analystes à «demeurer impénétrables» et à prendre comme modèle le chirurgien qui, «laissant de côté toute réaction affective et toute sympathie humaine, ne poursuit qu'un seul but : mener aussi habilement que possible son opération à bien[6]». Mais la neutralité prônée par Freud dans l'écoute analytique ne tourne-t-elle pas souvent à une forme d'indifférence?

Sándor se refuse à suivre Freud sur ce terrain. Il ne partage pas du tout l'idée que l'aspect thérapeutique soit secondaire : c'est la manière de conduire la cure qui doit être révisée si l'on veut parvenir à des résultats plus consistants et plus durables. Il s'y est employé plus qu'aucun autre analyste de l'époque, à force d'essais et quelquefois d'erreurs qu'il reconnaît volontiers. Malgré ses propres accès de découragement, il a continué à accorder la plus grande attention à ses patients, et c'est ce qui lui a permis de progresser parallèlement d'un point de vue théorique.

Ferenczi n'est plus prêt à admettre, entre autres choses, la légèreté avec laquelle Freud a sacrifié aux patients masculins les intérêts des femmes : «Ceci correspond à l'orientation unilatérale, androphile, de sa théorie de la sexualité.» Sándor ne croit plus aux spéculations freudiennes sur «le complexe féminin de castration et l'envie de pénis» : la sexualité féminine lui paraît autrement riche et complexe. Il reconnaît avoir trop longtemps suivi Freud sur cette question, comme la quasi-totalité des analystes. Et il considère qu'il s'agit d'un des points faibles de *Thalassa* : la réflexion est restée à cet égard « suspendue aux paroles du maître : une réédition impliquerait une réécriture[7] ».

Ses expériences avec des patients gravement traumatisés ont aussi conduit Sándor à repenser certains aspects de la conception freudienne de la sexualité infantile. Sans remettre en cause son importance, Ferenczi est désormais persuadé « qu'une grande partie de la sexualité des enfants n'est pas spontanée, mais greffée artificiellement par la tendresse exagérément passionnée et la séduction des adultes[8] ». C'est ainsi qu'il va établir une distinction essentielle entre « les velléités érotiques imaginaires et ludiques », que les enfants expriment fréquemment, et la réponse d'ordre génital que leur impose l'abuseur. Les pulsions incestueuses des adultes prennent souvent « le masque de la tendresse » pour gagner la confiance des enfants[9].

C'est comme si Ferenczi reprenait la question de la réalité du trauma là où Freud l'avait laissée, lorsqu'il s'était persuadé que les hystériques mentaient. L'abandon de la « théorie de la séduction » avait d'ailleurs été moins simple et moins rapide qu'on ne l'a longtemps pensé. Après la fameuse lettre à Fliess du 21 septembre 1897, où Freud dit ne plus croire à ses « *neurotica* », il a continué à réfléchir à l'authenticité intrinsèque des traumas : « Ma confiance dans l'étiologie paternelle a beaucoup augmenté », écrit-il encore le 12 décembre 1897. Mais peu à peu, le renoncement s'est fait définitif. Dès lors, Freud a évoqué la théorie de la séduction comme une erreur qui aurait pu être fatale à la psychanalyse naissante[10].

À la lumière de plusieurs de ses analyses, Ferenczi se persuade que beaucoup d'agressions sexuelles décrites par ses patientes ne relèvent pas d'un simple fantasme et que leur déni par l'analyste, écho de celui de la mère pendant l'enfance, empêche toute forme de réparation.

Le choc ressenti par l'enfant abusé, surtout dans un cadre intrafamilial, équivaut « à l'anéantissement du sentiment de soi, de la capacité de résister, d'agir et de penser, en vue de défendre le soi propre ». Il s'agit d'une commotion psychique – en allemand une *Erschütterung*, dérivé du mot *Schütt* qui signifie débris. L'enfant sexuellement agressé a perdu « sa *forme* propre ». Il a désormais « l'acceptation facile et sans résistance d'une forme octroyée, "à la manière d'un sac de farine"[11] ». La conséquence d'un tel choc est souvent une prématuration sexuelle dont l'enfant ne sait que faire : « On pense aux fruits qui deviennent trop vite mûrs et savoureux, quand le bec d'un oiseau les a meurtris[12]. » Pour survivre, l'enfant se transforme parfois en « nourrisson savant », développant des capacités intellectuelles impressionnantes[13].

Aux yeux de Ferenczi, ce qui produit les dommages les plus graves, par-delà l'agression subie, c'est l'abandon ressenti par l'enfant abusé dans un moment de totale détresse. Pour protéger le père, l'oncle ou d'autres adultes ayant autorité, l'entourage a tendance à nier ou à minimiser ce qui est arrivé. « Le pire, c'est vraiment le désaveu, l'affirmation qu'il ne s'est rien passé, qu'on n'a pas eu mal, ou même d'être battu et grondé lorsque se manifeste la paralysie traumatique de la pensée ou des mouvements ; c'est cela surtout qui rend le traumatisme pathogène. » Sándor a même l'impression qu'une agression peut être surmontée « si la mère est bien présente, avec toute sa compréhension, sa tendresse, et, ce qui est bien plus rare, une totale sincérité[14] ».

Peu à peu, Ferenczi devient le spécialiste des cas les plus graves, que les autres analystes ne se sentent pas en mesure de traiter. Chez une patiente comme Elisabeth Severn, la personnalité a été à ce point disloquée que le fragment le plus atteint demeure longtemps inaccessible.

« L'analyste ne peut entrer en contact avec cette partie, l'*affect refoulé pur*, qu'à grand-peine et en respectant des règles de conduite tout à fait spéciales. Cette partie se comporte comme un enfant évanoui qui ne sait rien de lui-même, qui ne fait que gémir et qu'il faut secouer psychiquement, parfois physiquement. Si ceci n'est pas fait avec une croyance totale en la réalité du processus, toute la force persuasive et l'efficacité de la secousse feront défaut[15]. »

Car c'est « un corps devenu sans âme » que Ferenczi tente de ramener du côté de la vie. Certes, il reste en surface un individu actif, avec des mécanismes bien, sinon trop bien réglés, mais derrière ceux-ci il y a « un Moi assassiné », « un être qui ne veut plus rien savoir de la vie ».

Tant que l'analyste s'en tient à la distance professionnelle, la situation ne peut pas s'améliorer. Pour avoir une chance de rassembler les fragments depuis longtemps dissociés et procurer au patient « le milieu favorable à la construction du Moi qui lui a manqué autrefois », il faut aller bien au-delà d'une dissection intellectuelle : « Un enfant ne peut être guéri par la seule compréhension. Il faut l'aider, d'abord réellement, puis en le consolant et en éveillant l'espoir en lui. » Si la bonté seule ne suffit pas, elle n'en reste pas moins indispensable pour rendre durable la réunification d'une personnalité en miettes et permettre « une nouvelle couvade et un nouvel envol[16] ».

À la figure autoritaire et paternelle de l'analyste freudien, Sándor tente de substituer une figure aimante, maternante sinon maternelle, même s'il est persuadé qu'un analyste devrait être capable de « bien jouer tous ces rôles[17] ». Là où Freud cherche à remettre de la loi, Ferenczi veut d'abord proposer une expérience réparatrice, restaurant la possibilité de la confiance et de l'amour. Ce qui lui importe, c'est une conviction véritablement ressentie sur le plan émotionnel. «Aucune analyse ne peut réussir si nous ne parvenons pas, au cours de celle-ci, à aimer réellement le patient. Chaque patient a le droit d'être considéré et soigné comme un enfant maltraité et malheureux[18].» Autrement dit, pour reprendre une des dernières formules du *Journal clinique* : «Seule la sympathie guérit. La compréhension est nécessaire pour pouvoir utiliser la sympathie au bon moment (analyse) et de la bonne façon.» Sinon, on obtient tout au plus des aperçus sur «la genèse de la souffrance[19]».

Ferenczi s'en est convaincu : rien ne sert de tricher en témoignant à l'analysant plus de bienveillance qu'on en éprouve réellement, car les signes les plus infimes sont perçus : «de discrètes et presque imperceptibles différences dans la poignée de main, l'absence de coloration ou d'intérêt de la voix, la qualité de notre promptitude ou de notre inertie dans la manière de suivre ce qui est produit[20]». Tous les indices font sens et peuvent engendrer des résistances chez le patient.

À l'inverse, si l'analyste parvient à reconnaître ses déceptions, ses faiblesses et ses propres expériences traumatiques, il augmente considérablement les chances d'arracher le patient à la situation dans laquelle il se débat. «S'il arrive même à l'occasion, comme c'est le cas pour moi, que de vivre la souffrance de l'autre et la sienne propre vous arrache une larme (et on ne doit pas cacher cette émotion au patient), alors ces larmes du médecin et du patient se mêlent en une solidarité sublimée qui ne trouve peut-être son analogie que dans la relation mère-enfant.»

Pour Sándor, à cette époque, la psychanalyse est devenue, bien au-delà d'un métier, un engagement de tout l'être, presque sans limites. À Elisabeth Severn et quelques autres patientes, il a sacrifié, plusieurs années durant, ses jours de repos, ses vacances et souvent ses honoraires, malgré les mises en garde de plusieurs de ses proches, y compris Georg Groddeck.

C'est aussi dans l'espoir de mieux les soigner qu'il s'est lancé dans une expérience nouvelle et difficile, celle de l'analyse mutuelle. L'idée est née d'une impasse dans la cure avec Elisabeth Severn. Malgré l'investissement exceptionnel de Ferenczi, elle affirme percevoir chez lui des sentiments de haine à son égard. Et elle lui demande de la laisser mettre au jour ces sentiments négatifs profondément enfouis. Sándor résiste pendant un an à l'idée de se laisser analyser par cette malade à bien des égards dangereuse, puis se résout à ce «sacrifice» dont il ne tarde pas à découvrir l'intérêt. «À ma plus grande surprise, je dus [...] constater que la patiente avait raison à bien des égards. Une anxiété particulière devant les fortes personnalités féminines de sa trempe me venait de mon enfance. Je trouvais et trouve en effet "sympathiques" les femmes qui m'idolâtrent, qui se soumettent à mes idées et à mes singularités; par contre les femmes de son genre me remplissent d'effroi et provoquent en moi l'opposition et la haine des années d'enfance. La surperformance émotionnelle, particulièrement la gentillesse exagérée, est identique aux sentiments du même ordre à l'égard de ma mère. [...] Les exigences de la patiente d'être aimée correspondaient à des exigences analogues que m'adressait ma mère; dans les faits, et en mon for intérieur, je haïssais donc la patiente, en dépit de toute la gentillesse apparente; voilà ce qu'elle sentait et ce à quoi elle réagissait [...][21].»

Permettant à Sándor de donner libre cours à son antipathie, confirmant à Elisabeth Severn la justesse de son intuition, l'analyse mutuelle débloque la situation. Dès qu'il reconnaît les limites de sa bienveillance, la patiente réduit ses propres revendications. Sándor commence dès lors à la trouver moins antipathique, reportant sur elle « des sentiments amicaux et badins » et portant davantage d'attention à ce qu'elle lui raconte. La libération qu'il ressent lui permet même de se comporter de manière plus libre et plus juste avec ses autres patients.

L'analyse mutuelle, note-t-il, favorise donc un dialogue d'inconscient à inconscient, révélant certains ressorts enfouis du transfert et du contre-transfert. Mais l'usage de cette méthode doit rester exceptionnel : le 31 mars 1932, après n'avoir rien fait d'autre, pendant deux jours, que se laisser analyser par plusieurs de ses patients, jaloux du privilège accordé à Elisabeth Severn, Sándor a le « sentiment déprimant d'avoir lâché la direction, les rênes ». N'y a-t-il pas le risque que le patient trouve dans ce dispositif un biais insidieux pour se soustraire à l'analyse ? Ferenczi reste toutefois persuadé qu'il ne peut y avoir de cure réussie sans une remise en question de « l'habituelle supériorité de l'analyste[22] » et l'invention d'une forme de réciprocité.

Quels que soient les limites et les risques de sa nouvelle approche, Sándor se sent récompensé par les progrès qu'elle permet, en particulier avec une patiente aussi gravement atteinte qu'Elisabeth Severn. Il continue à réfléchir à la manière de finir une analyse, après de longues années. Comment permettre à l'analysant et l'analyste de se séparer doucement, après s'être investis si profondément dans une relation transférentielle ? Cela ne devrait-il pas ressembler au processus qui permet à un enfant, en grandissant, de se détacher de ses parents ?

Elisabeth Severn, la plus célèbre analysante de Ferenczi. Portrait peint par Olga Székely-Kovács.

Extrait manuscrit du *Journal clinique* de Ferenczi.

« Balint a repris les choses où je me suis arrêté. »
Ferenczi

25

Ignorant tout des nouvelles expériences thérapeutiques de Ferenczi, Freud contine à se plaindre et s'inquiéter de ses longs silences. Depuis le voyage aux États-Unis, il lui semble qu'il n'est plus le même. À Max Eitingon, il écrit ainsi, le 18 avril 1932 : « Quelles difficultés avons-nous avec Ferenczi ? Une fois de plus, des mois sans nouvelles de lui. Il est vexé parce qu'on n'est pas ravi qu'il joue au papa et à la maman avec ses élèves[1]. »

Pour la présidence de l'Association psychanalytique internationale, la situation vient de se compliquer : Eitingon a été victime d'une thrombose cérébrale, après que toute sa famille a été ruinée par la crise économique. Son remplacement à la tête de l'Association semble donc urgent, et Freud émet le vœu que Ferenczi fera enfin preuve de « la bonne volonté nécessaire pour sacrifier les agréments de l'isolement actuel au profit des devoirs d'un dirigeant du mouvement[2] ». Il n'a donc pas tout à fait renoncé à l'espoir qu'il accède à la présidence.

Sándor assure Freud que son retrait n'a rien d'une bouderie. Il s'est à ce point immergé dans le travail analytique qu'une forme de solitude lui est nécessaire pour l'instant. Jamais il ne s'est accordé « de véritables vacances psychiques ». Sans mentionner le *Journal clinique*, il se dit en quête d'une sorte de « poésie et vérité scientifique » dont il espère qu'il sortira quelque chose. Peut-être, en ces temps troublés, n'est-il pas le président qu'il faudrait à l'Association, même s'il ne refuse pas absolument la mission. Freud insiste encore, quelques semaines plus tard. Il est persuadé que la présidence pourrait avoir sur Ferenczi « l'effet d'un remède de cheval ». Sa conviction est claire : « Vous devez abandonner l'île des rêves où vous demeurez avec vos enfants fantasmatiques et vous mêler de nouveau au combat des hommes[3]. »

Le 19 mai, Sándor réagit vivement. S'il admet être toujours en pleine recherche, il a l'impression que, malgré les apparences, « bien des choses utilisables se développeront et se développent déjà ». Il se refuse donc à envisager la présidence comme un remède de cheval pour le guérir d'un mal qu'il ne considère pas comme tel. Il annonce son prochain départ avec Gizella pour Venise et le Lido. Il compte ensuite travailler tout l'été, notamment pour préparer sa communication au congrès de Wiesbaden. Dans le texte qu'il présentera, il veut condenser l'état actuel de ses réflexions.

Le 21 août, après une longue et douloureuse hésitation, Ferenczi renonce à se porter candidat. Ses travaux récents l'ont conduit dans une passe résolument critique et autocritique qui peut difficilement s'accorder avec la fonction de président de l'Association psychanalytique internationale. Il a le sentiment qu'il ne serait « pas honnête d'occuper cette position[4] ».

Furieux, Freud communique la lettre à Eitingon. Il est désormais persuadé que Ferenczi suivra le même chemin que Rank : « Il aura peut-être la grâce d'attendre que je ne sois plus là ; si je suis coriace, je le verrai de mes yeux. » Pour lui, le diagnostic est clair : l'hostilité de Ferenczi envers « le père et les frères » tient d'une régression névrotique. Freud assure qu'il aurait aimé vivre « ne serait-ce qu'un cas de divergence théorique sans motivation personnelle préalable[5] ». En ce qui concerne Ferenczi, conclut-il, il se sent tout à fait innocent. Il oublie qu'il s'est exprimé exactement dans les mêmes termes lors de la rupture avec Rank. Et qu'il n'est jamais parvenu à détacher la psychanalyse de sa personne.

De son côté, Ferenczi se défend de vouloir fonder une nouvelle école. Il pense seulement que le degré d'esprit critique qui est le sien convient davantage à un simple membre de l'Association qu'à son président. Espérant encore lever les malentendus, il annonce sa venue à Vienne le 2 septembre, juste avant de se rendre au congrès. Mais ni lui ni Freud n'attendent grand-chose de ce rendez-vous trop tardif.

La rencontre – dont le récit a ouvert ce livre – tourne effectivement à la catastrophe. Le dialogue, dans lequel Abraham Brill vient s'immiscer, ne tarde pas à s'interrompre[6]. Freud est exaspéré par le comportement de Ferenczi et sa lecture à voix haute du texte qui deviendra « Confusion de langue entre les adultes et l'enfant », mais dont le titre original était plus explicite : « Les passions des adultes et leur influence sur le développement du caractère et de la sexualité des enfants ».

Ferenczi y traite d'abord, en termes plus forts que jamais, de ce que l'empathie parvient à faire surgir. « Au ton de notre voix, au choix de nos mots », le patient devine les pensées et les émotions de l'analyste. Il peut éventuellement se sentir assez en confiance pour laisser affleurer les traumatismes les plus enfouis, dont parfois les abus sexuels subis pendant l'enfance. Des abus dont Ferenczi est désormais persuadé qu'ils surviennent dans tous les milieux, de façon beaucoup plus fréquente qu'on ne le croit. Nombre de patients en analyse lui ont d'ailleurs avoué eux-mêmes « des voies de fait sur des enfants ».

Ferenczi évoque les conséquences dévastatrices de ces abus. Incapable de comprendre ce qui lui arrive, et a fortiori de protester, l'enfant n'a d'autre ressource que de se soumettre à la volonté de l'adulte. Le choc subi, l'effroi et l'incompréhension qu'il suscite, le conduit « à obéir en s'oubliant complètement, et à s'identifier totalement à l'agresseur », comme s'il était lui-même le responsable de ce qui est survenu.

« Si l'enfant se remet d'une telle agression, il en ressent une énorme confusion ; à vrai dire, il est déjà clivé, à la fois innocent et coupable, et sa confiance dans le témoignage de ses propres sens en est brisée. S'y ajoute le comportement grossier de l'adulte, encore plus irrité et tourmenté par le remords, ce qui rend l'enfant encore plus profondément conscient de sa faute et encore plus honteux. Presque toujours, l'agresseur se comporte comme si de rien n'était, et se console avec l'idée : "Oh, ce n'est qu'un enfant, il ne sait rien encore, il oubliera tout cela." Après un tel événement, il n'est pas rare de voir le séducteur adhérer étroitement à une morale rigide ou à des principes religieux, en s'efforçant par cette sévérité de sauver l'âme de l'enfant[7]. »

« Je l'ai écouté avec effarement », avoue Freud à Anna le lendemain. Dans ce texte majeur, il ne veut voir qu'une régression vers cette théorie de la séduction à laquelle il a cru à ses débuts avant d'y renoncer. Ferenczi accorde selon lui une confiance démesurée aux récits d'agression sexuelle infantile dont ses analysants lui font part, dans un état qui lui semble dangereusement proche de l'hypnose. « C'est cela qu'il prend pour la révélation, mais ce qu'on obtient ainsi, ce sont les fantasmes des patients sur leur enfance, et pas l'histoire. Ma première grande erreur étiologique est elle aussi née de cette manière[8] », conclut Freud.

Le congrès de Wiesbaden a lieu du 4 au 7 septembre. Brill, Eitingon et quelques autres auraient voulu empêcher Ferenczi de lire sa communication, mais Jones, qui va être élu président malgré les défauts que tous lui connaissent, juge plus opportun de ne pas le censurer. Il est persuadé que le scandale sera moindre. Ferenczi donne donc lecture de «Confusion de langue» le soir du 3, avant l'ouverture officielle du congrès. À la tribune, il est pâle comme la mort. Et le texte ne fait l'objet d'aucune discussion.

Pendant la suite du congrès, Ferenczi se montre plus calme et détendu que plusieurs ne le craignaient. Mais la condamnation de ses collègues semble sans appel. Dans son compte rendu à Freud, Eitingon estime que Ferenczi «se trouve déjà sur l'autre rive. On n'en revient plus. Il était très retenu, il éludait, mais pas désagréable au bout du compte. Tout ce que l'on a entendu de lui n'était pas seulement d'un flou désespéré mais avait la tendance la plus affirmée à échanger nos notions principales contre des conceptions beaucoup plus générales et superficielles. C'est un repli complet[9]».

Avec l'autorité nouvelle que lui confère la présidence de l'Association, Jones assure de son côté ne pas être surpris par l'évolution de Ferenczi, «y compris sur le plan pathologique». Se servant des concepts analytiques pour mieux régler ses comptes personnels, il affirme avoir deviné depuis longtemps que Ferenczi en arriverait là : «Son besoin exceptionnellement profond d'être aimé et son sadisme refoulé sont manifestement derrière cette tendance aux idées de persécution[10].» Jones considère son ancien analyste comme un grand malade qu'il faut protéger. C'est avec des arguments similaires que les psychiatres soviétiques ont déconsidéré les dissidents.

Mais l'avis de Jones ne compterait guère si Freud ne confirmait pas qu'à ses propres yeux Ferenczi appartient au passé : « Voilà déjà trois ans que j'observe son éloignement croissant, sa fermeture aux mises en garde quant à ses erreurs techniques, et, ce qui est vraisemblablement décisif, une hostilité personnelle à mon égard à laquelle j'ai certainement encore moins donné prise que dans les cas précédents[11]. »

Ernest Jones en 1936.

26

Après le congrès de Wiesbaden, le voyage de Sándor et Gizella n'est qu'une longue suite de catastrophes. Pendant son séjour chez Groddeck à Baden-Baden, Sándor est victime de complications neurologiques et de graves troubles digestifs. Il ne renonce pas au voyage prévu au Pays basque, mais fait une chute à Paris juste avant de prendre le train pour Biarritz. Et son anémie s'aggrave si rapidement que le voyage se fait «de lit à lit» jusqu'au retour anticipé à Budapest.

«La cause psychique du déclin, outre l'épuisement, a été la déception à propos de Freud dont tu as connaissance[1]», écrit Sándor à Groddeck. Il partage depuis longtemps les théories de son ami sur l'apparition et le développement des maladies. Groddeck n'a-t-il pas anticipé son cas dans un entretien de 1925 : «L'aveu secret de la maladie elle-même est que nous voulons être malades, que nous cherchons dans la maladie un refus contre les vicissitudes de la vie. […] Nous fuyons le combat, souvent si désespérément que nous mourons avant l'heure […]. Toute mort prématurée est un suicide inconscient[2].»

Le 27 septembre, Sándor redit à Freud combien il a été bouleversé par leur dernière rencontre. Il ne comprend ni l'irruption de Brill au milieu du rendez-vous, ni la recommandation de s'abstenir de toute publication pendant un an au moins. «Même aujourd'hui, je ne peux reconnaître que je pourrais, par mes communications, nuire à moi-même ou à la cause. J'espère toujours que vous allez abandonner cette idée[3].»

Dans sa réponse, Freud campe sur ses positions, sans tenir compte de l'état de santé de Sándor. Son conseil de ne rien publier à court terme n'a été formulé que dans l'intérêt de Ferenczi, assure-t-il. «Je ne voulais pas abandonner l'espoir qu'en poursuivant votre travail, vous reconnaîtriez vous-même l'incorrection technique de votre procédé et la justesse limitée de vos résultats[4].» Mais Freud ne croit plus que son grand vizir d'hier saura rectifier ses erreurs, comme lui-même l'avait fait, en 1897, en renonçant à la théorie de la séduction. Plus que jamais, il en est persuadé: c'est à force d'isolement que Ferenczi s'est égaré. Depuis trois ans, il s'est systématiquement détourné de lui, développant une hostilité personnelle trop forte pour pouvoir s'exprimer explicitement. «Que me reste-t-il d'autre que vous souhaiter tout le bien possible, ce qui serait très différent du présent.»

C'est de ce jour-là que datent les dernières notes du *Journal clinique*, tracées d'une écriture maladroite. La maladie s'est encore aggravée; Sándor a littéralement l'impression de se décomposer, de régresser vers l'état de mort. «Une crise sanguine est survenue au moment même où j'ai compris que non seulement je ne peux pas compter sur la protection d'une "puissance supérieure", mais qu'au contraire, je suis piétiné par cette puissance indifférente, dès que je vais mon propre chemin – et non le sien[5].»

Ferenczi se rend compte que depuis près de vingt-cinq ans il n'a pas cessé de s'appuyer sur Freud: «Je n'ai donc jamais été "adulte". Performances scientifiques, mariage, lutte contre des collègues très forts – tout cela n'était possible que *sous* la protection de l'idée que je peux *en toutes circonstances* compter sur ce substitut de père.» Le bilan qu'il dresse est terrible : «Et, de même que je dois maintenant reconstituer de nouveaux globules rouges, est-ce que je dois (si je peux) me créer une nouvelle base de personnalité et abandonner comme fausse et peu fiable celle que j'avais jusqu'à présent? Ai-je ici le choix entre mourir et me "réaménager" – et ce à l'âge de cinquante-neuf ans?»

Épuisé, alimenté par voie sous-cutanée, Sándor continue à recevoir des patients. Il est touché par un message d'Ernest Jones, annonçant un envoi de roses pour le jardin, mais il se doute que Freud doit évoquer son cas dans ses échanges avec lui comme avec Eitingon. Sans doute, comme le suggérait Brill, a-t-on décidé de ne plus polémiquer avec lui, mais de le traiter comme «un malade qu'il faut ménager».

Freud est informé régulièrement de l'état de Ferenczi par son médecin Lajos Lévy. Depuis le début du mois d'octobre, il sait qu'il souffre d'une anémie pernicieuse, mais qu'une thérapie du foie lui apporte quelque soulagement. Sur le plan intellectuel, Freud n'attend plus rien. Il pense que Ferenczi est allé trop loin pour trouver «le chemin du retour». Leur correspondance se réduit à peu de chose, même s'ils s'efforcent l'un et l'autre de préserver ce qui peut encore l'être. Le 14 décembre, dans la première lettre envoyée à Freud depuis plus de deux mois, Sándor remercie brièvement de l'envoi des *Nouvelles conférences sur la psychanalyse* et cherche à donner des nouvelles rassurantes.

Le 10 janvier 1933, les vœux de nouvel an de Ferenczi à Freud sont aussi brefs que distants. Il veut assurer le cher professeur qu'il reste «toujours conscient des nombreuses années de bonne entente» qu'ils ont connues. «Je pense que c'était plus que cela, lui répond Freud avec tristesse, c'était plutôt une communauté intime de vie, de sentiment et d'intérêt[6]. » Seule une « fatalité psychologique » a conduit Ferenczi à s'éloigner de lui.

Le mois suivant, son analysante Clara Thompson écrit à son amie Izette de Forest que Ferenczi va un peu mieux, en tout cas d'un point de vue émotionnel : « Il ne paraît plus écrasé par l'attitude de Freud mais il ne semble pas non plus disposé à se réconcilier avec lui. Ses propres idées sur la technique semblent de nouveau avoir progressé récemment. Je dirais que la nouvelle idée-force est la sincérité affective[7]. » De son côté, Sándor espère que ses successeurs pourront tirer parti de ses ultimes recherches, à commencer par Michael Balint, pour lequel il a beaucoup d'estime. « Balint, note-t-il, a repris les choses là où je me suis arrêté. »

Mais la maladie gagne du terrain. Au mois de mars, Sándor montre des signes de dégénérescence de la moelle épinière. Il marche avec difficulté et tombe parfois sans raison apparente. « Un jour, racontera plus tard Clara Thompson, il s'est endormi pendant que je lui parlais. On sait que cela arrive à des analystes en parfaite santé. Un jour, il a mis un disque, une chanson qu'il aimait, et il s'est mis à pleurer. Il est évident qu'à ce moment-là, nous ne faisions plus de psychanalyse[8]. » En avril, Sándor est contraint de s'aliter.

Hitler est devenu chancelier de l'Allemagne le 30 janvier 1933. Dès le lendemain, il a dissous le Parlement et annoncé de nouvelles élections. « Nous sommes tous curieux de savoir ce qui sortira du projet d'Hitler, le chancelier du Reich, dont le seul projet politique réside dans les pogroms[9] », écrit naïvement Freud à son amie Jeanne Lampl de Groot.

La terreur nazie se met en place à une vitesse spectaculaire. Dans sa lettre du 29 mars, en même temps qu'il annonce une nouvelle dégradation de son état de santé, Ferenczi met en garde le professeur. Persuadé que l'Autriche ne restera pas longtemps épargnée, il lui conseille «d'utiliser le temps où la situation n'est pas encore immédiatement menaçante», pour partir avec Anna et quelques patients «dans un pays sûr, éventuellement l'Angleterre[10]». Il le supplie de prendre son avertissement au sérieux.

Freud n'a pas la même lucidité. Pour l'heure, répond-il à Ferenczi, il ne veut pas entendre parler d'exil. Il est «trop peu mobile, trop dépendant de traitements, de petits soulagements et de commodités» pour quitter Vienne, d'autant qu'il lui paraît peu probable qu'Hitler s'empare aussi de l'Autriche. Et si jamais cela devait arriver, le régime n'atteindrait pas le même niveau de brutalité qu'en Allemagne. Il en est convaincu: aucun danger personnel ne le menace: «Et si vous supposez que la vie sous l'oppression sera suffisamment inconfortable pour nous, Juifs, n'oubliez pas à cet égard le peu d'agrément que promet aux réfugiés la vie à l'étranger, fût-ce en Suisse ou en Angleterre. Je pense que la fuite ne serait justifiée que par un danger vital direct, et après tout, si l'on vous assomme, c'est une façon de mourir comme une autre[11].»

Quelques semaines plus tard, les œuvres de Freud font l'objet de nombreux autodafés dans les universités et les bibliothèques allemandes. Des étudiants et des professeurs profèrent notamment: «Contre la valorisation excessive de la vie pulsionnelle qui dégrade l'âme, pour la noblesse de l'âme humaine, je jette aux flammes les écrits de Sigmund Freud!» L'ironie de Freud laisse pantois: «Quels progrès nous faisons. Au Moyen Âge ils m'auraient brûlé, à présent ils se contentent de brûler mes livres[12].»

La dernière lettre de Ferenczi – des souhaits d'anniversaire – est datée du 4 mai. Elle ne comporte que quelques lignes, d'une écriture devenue presque informe : Sándor tente vaguement de rassurer Freud sur son état de santé. Gizella ajoute quelques mots au verso : «Je ne sais pas ce que je peux croire et ce que je peux espérer ! [...] Pour le moment, mon cœur est rempli de tristesse.» Les jours suivants, Freud reçoit des nouvelles de plus en plus affligeantes par le Dr Lajos Lévy : la paralysie gagne du terrain, Ferenczi ne parvient plus à marcher ; il a été victime d'un accès de démence, directement lié à son anémie.

Sándor Ferenczi meurt d'étouffement dans la nuit du 21 au 22 mai 1933. La nouvelle se propage rapidement et suscite le désarroi dans toute la communauté psychanalytique hongroise. «Il arriva à plus d'un homme de sangloter auprès de son cercueil. Nous nous sentions comme des orphelins[13]», raconte l'un de ses collègues. Judith Dupont, petite-fille de la psychanalyste Vilma Kovács, n'avait alors que sept ans, mais elle a gardé le souvenir des amis et des patients qui couraient en tous sens dans les rues du quartier en criant : «Le docteur est mort, le docteur est mort[14].»

La tombe de Ferenczi au cimetière juif de Farkasrét, à Budapest.

Freud en 1933.

27

Le 26 mai, alors qu'Anna est rentrée bouleversée des obsèques de Ferenczi, Freud fait part à son amie Jeanne Lampl de Groot des sentiments contradictoires dans lesquels le laisse «la violence particulière» de ce décès. Il y a d'une part une forme de soulagement «à le savoir maintenant hors de cette épouvantable déchéance – les dernières semaines, il ne pouvait plus tenir debout et ses hallucinations ont été pires que ce que nous supposions – et d'autre part le chagrin devant le passé maintenant tout à fait révolu, tout ce qu'il a représenté pour nous, même s'il s'était éloigné de nous depuis longtemps[1].»

Trois jours plus tard, dans une lettre à Jones, Freud dresse un bilan sans appel des dernières années de leur relation : «Ferenczi emporte avec lui un morceau de l'ancien temps, puis avec mon décès commencera sans doute une autre époque, dans laquelle vous entrerez encore.» Il redit à Jones qu'une dégénérescence psychique de type paranoïaque s'était emparée de Ferenczi les derniers temps : «Elle était centrée autour de la conviction que je ne l'aimais pas assez, ne voulais pas reconnaître ses travaux, aurais aussi mal fait son analyse. Ses innovations techniques étaient en rapport avec cela. Il voulait me montrer avec quelle tendresse il fallait traiter ses patients pour leur venir en aide.» Il met également en cause Elisabeth Severn, « une Américaine suspecte » qu'il considère depuis longtemps comme le mauvais génie de Ferenczi. On ne sait de quelle source Freud tire la conviction qu'après le retour aux États-Unis d'Elisabeth Severn, Ferenczi crut « qu'elle l'influençait au moyen d'ondes par-delà l'océan, et raconta qu'elle l'avait analysé et sauvé grâce à cela ». « Ce fut dans ces aberrations, conclut Freud, que s'éteignit son intelligence autrefois si brillante. Mais nous voulons que la tristesse de sa fin reste entre nous, comme un secret[2]. » Un conseil que Jones se gardera bien de suivre.

Le 4 juin, Freud achève, non sans difficultés, la notice nécrologique destinée au *Zeitschrift* et à l'*International Journal*. Le texte commence par un conte oriental pour le moins ambigu. Un sultan invite deux sages à préparer son horoscope. Le premier lui assure qu'il sera heureux, car il verra mourir avant lui tous ses proches : le sultan le fait exécuter. Le second astrologue cite les mêmes faits de façon plus habile, lui promettant qu'il survivra à tout son entourage : il est richement récompensé. Freud évoque alors sa douleur d'avoir survécu à Karl Abraham, et maintenant à Sándor Ferenczi, moins de dix ans après avoir célébré son cinquantième anniversaire.

Il rappelle avec chaleur les grands moments de leur amitié : le voyage aux États-Unis de 1909, la fondation de l'Association psychanalytique internationale, les vacances passées ensemble pendant plusieurs années. Il assure que de nombreux textes qui sont parus ensuite trouvent leur origine dans les discussions qu'ils ont eues, à commencer par les *Cinq Leçons sur la psychanalyse*. Freud redit aussi sa grande admiration pour *Thalassa* : si la « bioanalyse » annoncée par Ferenczi se développe, elle ne pourra que revenir à cet ouvrage.

S'il ne dissimule pas leur éloignement pendant les dernières années, Freud l'évoque en termes mesurés. « De retour de sa tournée de conférences américaines, il s'est comme de plus en plus enfermé dans le cocon de son travail solitaire, alors qu'autrefois il a participé avec beaucoup de vivacité à tout ce qui se passait dans les cercles analytiques. Nous avons appris qu'un seul problème occupait tout son intérêt : l'aspiration à guérir et à aider est devenue sa préoccupation principale. Il s'était probablement fixé des objectifs qu'avec nos moyens thérapeutiques d'aujourd'hui il est impossible d'atteindre. De sources affectives non taries naissait sa conviction qu'on pourrait obtenir de bien meilleurs résultats avec les malades si on leur donnait beaucoup plus de cet amour après lequel ils languissaient dans leur enfance. »

Freud n'en considère pas moins que les recherches tardives de Ferenczi n'ont pas eu de résultat positif. Selon lui, leur principal effet a été de l'éloigner de « tel ou tel de ses amis » dans lequel il n'est que trop facile de le reconnaître.

« Où qu'ait pu le conduire le chemin qu'il a emprunté, il n'a pas pu le parcourir jusqu'au bout. Peu à peu se sont développés en lui les signes de ce processus de destruction physique qui probablement jetait une ombre sur sa vie depuis des années. Il est mort d'une anémie pernicieuse, peu avant sa soixantième année. Il n'est pas pensable que l'histoire de notre science le laisse tomber dans l'oubli[3]. »

Dans sa propre notice nécrologique, Jones se montre d'une hypocrisie parfaite : « Il m'est difficile de parler de ses qualités personnelles, car il fut l'un de mes amis les plus proches et les plus chers. Sa bonté sans faille témoignait de la nature authentique de son charme et de son amabilité[4]. » C'est le même homme qui, dans une lettre à Freud, enterre pour longtemps « Confusion de langue entre les adultes et l'enfant ». Juste après sa parution en langue allemande, le texte a en effet été traduit en anglais et mis en pages. Et Jones a promis à Ferenczi qu'il paraîtrait, en ouverture du numéro de juillet de l'*International Journal of Psychoanalysis*. Mais maintenant que la mort de Ferenczi a éliminé le motif sentimental de cette publication, Jones juge préférable de retirer le texte du sommaire. Il ne pourrait que faire du tort à l'auteur de *Thalassa* et «jeter le discrédit sur lui[5]».

Brill approuve absolument cette occultation de l'ultime article de Ferenczi : «Moins on en dit sur toute cette affaire, mieux c'est[6].» Il ne s'agit que de la première étape d'une stratégie collective d'effacement : le nom de Ferenczi disparaît peu à peu, censuré jusque dans les cercles psychanalytiques qu'il a contribué à fonder.

Le 19 février 1934, après avoir longtemps hésité, Groddeck envoie à Gizella une très belle lettre qui éclaire sous un autre jour les dernières années de Ferenczi. Depuis des années, reconnaît celui qui fut l'un de ses amis intimes, il ne peut penser à Sándor que le cœur lourd. Il est persuadé qu'il n'a pas seulement été victime de son conflit avec Freud, mais aussi de son esprit de chercheur jusqu'au-boutiste, et peut-être d'un aspect sacrificiel de sa personnalité. Aux yeux of Groddeck, sa quête, si grandiose soit-elle, était devenue trop extrême.

«Devant moi, il a utilisé l'expression : j'atomise l'âme. Mais une telle atomisation ne peut se terminer, si elle est sérieusement tentée, que par une dissolution de soi-même, car l'autre humain est, et reste, pour nous un mystère ; nous ne pouvons atomiser que notre propre âme, et cela nous détruit. Sous quelle forme Sándor, dont j'ai toujours admiré le génie et la vaillance, a finalement été déchargé des peines d'un combat surhumain, est tout à fait accessoire. Ici et là, j'ai tenté d'attirer son attention sur le danger du chemin qu'il avait pris, mais pas plus qu'on ne peut arrêter un torrent impétueux du creux de la main, on ne pouvait venir en aide à Sándor. Si l'on dit que, peut-être, moi je l'aurais pu, eh bien c'est une erreur. Il était, pour proches que nous ayons été, et pour grande qu'ait été notre amitié, déjà loin de moi dans un vol sidéral auquel je ne pouvais ni ne voulais me joindre[7]. »

Groddeck lui-même disparaît quatre mois plus tard, le 11 juin 1934.

28

En 1937, quatre ans après la mort de Ferenczi, Freud publie « L'analyse finie et l'analyse infinie ». Cette mise au point majeure sur la technique psychanalytique peut se lire comme un long dialogue posthume avec son ancien « paladin et grand vizir secret », qui avait consacré en 1927, au congrès d'Innsbruck, une communication au « Problème de la fin des analyses ».

Dans son texte, Freud se penche à son tour sur la manière dont s'achève une analyse et les obstacles qui peuvent s'opposer à la résolution des symptômes. Il évoque deux cas, dont le premier est de toute évidence celui de Ferenczi. « Un homme, qui a lui-même exercé l'analyse avec grand succès, juge que son rapport à l'homme comme à la femme – aux hommes qui sont ses concurrents et à la femme qu'il aime – n'est malgré tout pas libre d'entraves névrotiques, et pour cette raison se fait l'objet analytique d'un autre qu'il tient pour supérieur à lui. Cette radioscopie critique de sa propre personne lui apporte un plein succès. Il épouse la femme aimée et se transforme en ami et maître de ses rivaux supposés[1]. »

Connaissant l'histoire dans tous ses détails, on est en droit de trouver le résumé qu'en fait Freud assez cavalier et sa conclusion beaucoup trop optimiste, en tout cas en ce qui concerne le mariage avec Gizella.

Pendant les années suivantes, poursuit Freud, «la relation à l'analyste d'autrefois se maintient sans nuages». Jusqu'au jour où, «sans cause extérieure décelable», l'homme entre en conflit avec son analyste, lui reprochant de ne pas avoir conduit l'analyse jusqu'à son terme et de ne pas avoir suffisamment pris en compte la possibilité d'un transfert négatif. Freud s'efforce de balayer cet argument. D'abord, parce qu'en ces temps héroïques, on n'avait pas encore envisagé l'existence d'un transfert négatif. Ensuite, parce que si les indices d'un tel conflit étaient restés discrets, il aurait été bien difficile à l'analyste d'y réagir adéquatement.

Une lecture attentive de la correspondance donne toutefois à penser que l'admiration excessive de Ferenczi à l'égard de Freud, puis ses accès d'agressivité après l'affaire Elma, n'étaient pas inaccessibles à l'interprétation. Il en avait du reste été explicitement question lors d'une visite de Ferenczi à Vienne, en 1922. Comme Sandor l'avait raconté à Groddeck : «Le professeur Freud a pris une ou deux heures pour s'occuper de mes états; il s'en tient à son opinion précédemment exprimée, à savoir que l'élément principal chez moi serait ma haine à *son* égard, lui qui (tout comme autrefois le père) a empêché mon mariage avec la fiancée plus jeune. [...] Je dois avouer que cela m'a fait du bien de pouvoir, pour une fois, parler de ces mouvements de haine face au père tant aimé[2].»

Tout cela, les lecteurs de «L'analyse finie et l'analyse infinie» ne pouvaient évidemment pas le deviner.

Beaucoup plus loin dans le texte, Freud évoque explicitement Ferenczi, mais cette fois en tant que clinicien et théoricien. C'est comme si, en cette période de grande solitude, il retrouvait en lui un interlocuteur essentiel. «Une substantielle conférence prononcée par S. Ferenczi en 1927, "Le problème de la fin des analyses", se conclut par la réconfortante assurance que "l'analyse n'est pas un procès sans fin, mais peut, si l'analyste possède la compétence et la patience requises, être menée jusqu'à une conclusion naturelle". J'estime qu'au total cet article entend être, malgré tout, une exhortation à s'assigner comme but, non le raccourcissement, mais l'approfondissement de l'analyse. Ferenczi ajoute encore cette précieuse remarque qu'il est tout à fait décisif, pour le succès, que l'analyste ait suffisamment appris de ses propres "errements et erreurs" et qu'il se soit rendu maître des "points faibles de sa propre personnalité"[3]. »

Freud donne raison à Ferenczi en reconnaissant que beaucoup d'analystes « n'ont pas complètement atteint, dans leur propre personnalité, le degré de normalité psychique auquel ils veulent éduquer leurs patients ». En une formule qui deviendra célèbre, il décrit la psychanalyse comme l'un des trois métiers « impossibles », puisque l'on peut « d'emblée être sûr d'un succès insuffisant » ; les deux autres métiers, pratiqués depuis bien plus longtemps, sont éduquer et gouverner.

Dans le prolongement direct des réflexions de son rival d'hier, Freud revient alors sur le problème des analyses didactiques, les considérant comme généralement trop superficielles pour permettre aux analystes d'affronter les difficultés de la pratique, à commencer par les dangers d'un contre-transfert mal maîtrisé. Et il conclut que « chaque analyste devrait périodiquement, par exemple tous les cinq ans, se constituer à nouveau l'objet de l'analyse, sans avoir honte de cette démarche ». Bien au-delà d'une simple analyse didactique ou de contrôle, il s'agirait donc, là aussi, d'une « tâche infinie ».

À la même époque, Freud suit avec attention le rassemblement des derniers écrits de Ferenczi. Lorsque

Michael Balint lui présente les notes et fragments qui seront publiés plus tard sous le titre de « Réflexions sur le traumatisme », il reconnaît qu'il y a là-dedans « des choses extrêmement intéressantes[4] ». Il est malheureusement un peu tard.

Freud en 1933.

Freud et Marie Bonaparte en 1937.

Édition originale de « L'analyse finie et l'analyse infinie » (1937).

Freud en 1937.

29

Ernest Jones a été élu président de l'Association psychanalytique internationale en 1934 ; il va occuper ce poste jusqu'au congrès de Zurich en 1949, s'efforçant, comme le souhaite Freud, de permettre à la psychanalyse de «*survivre à des temps défavorables*». Non sans ambiguïtés, Jones accepte dans un premier temps de collaborer avec les autorités nazies qui tentent d'«aryaniser» la psychanalyse. En 1935, il préside ainsi la séance de l'Association psychanalytique allemande pendant laquelle les derniers membres juifs sont contraints à la démission. Cela n'empêchera pas les psychothérapeutes restés à Berlin de fonder l'année suivante l'Institut allemand de recherche en psychologie et de psychothérapie, et d'en confier la direction à Matthias Göring, le cousin du dirigeant nazi Hermann Göring. Jung va présider l'Institut, de 1936 à 1940[1].

Le 12 mars 1938, les troupes allemandes entrent en Autriche sous les acclamations. «*Finis Austriae*», note sobrement Freud dans son agenda. Le 4 juin, après de difficiles tractations avec les nazis, Freud, Martha et Anna quittent Vienne pour Londres, avec l'aide de l'ambassadeur des États-Unis, d'Ernest Jones et de Marie Bonaparte. Comme le raconte Freud : «J'ai été forcé de quitter ma maison, j'ai vu la société scientifique que j'avais fondée dissoute, nos institutions détruites, notre maison d'édition saisie par les envahisseurs, les livres que j'avais publiés confisqués et mis au pilon, mes enfants chassés de leur profession[2]. »

Installé à Maresfield Gardens, dans le paisible quartier d'Hampstead, Freud achève l'écriture de l'*Abrégé de psychanalyse* malgré une brutale récidive de son cancer de la mâchoire. Le 1er août 1939, il cesse de recevoir des patients, mais accepte encore quelques visites. Son état de santé ne cesse d'empirer. Le 21 septembre, il rappelle à Max Schur, son médecin et ami, la promesse qu'il lui a faite lors de leur première conversation : « Vous m'avez promis alors de ne pas m'abandonner lorsque mon temps serait venu. Maintenant, ce n'est plus qu'une torture et cela n'a plus de sens[3]. » Schur lui fait plusieurs injections de morphine après avoir prévenu Anna. Freud plonge dans le coma et meurt dans la nuit du 22 au 23 septembre 1939.

En Hongrie, la situation des analystes est devenue intenable. Après la mort de Ferenczi, István Hollós l'a remplacé à la présidence de l'Association, tandis que Michael Balint assure la direction de la clinique psychanalytique de la rue Meszáros. Mais l'antisémitisme du régime est plus intense que jamais. À partir de 1938, un policier assiste obligatoirement aux réunions de l'Association, prenant quantité de notes. Bientôt, la policlinique doit fermer ses portes. John Rickman, membre éminent de la British Psycho-Analytical Society, vient spécialement à Budapest pour convaincre les analystes hongrois d'émigrer au plus vite.

Un comité d'urgence est constitué à Londres, pour centraliser les demandes et orienter les candidats. Mais Jones se dit d'emblée soucieux que ceux qui veulent s'installer en Grande-Bretagne soient en mesure de « travailler harmonieusement » avec la British Psycho-Analytical Society et qu'ils aient le projet de s'assimiler au mode de vie britannique. Ces deux critères lui font accepter ou rejeter les dossiers. En homme de pouvoir, il se livre à « une soigneuse sélection[4] ». Jones déclare ainsi à Anna Freud qu'il apprécie Michael Balint et sa femme Alice, brillante analyste elle aussi, mais qu'il les considère comme encore « trop sous l'influence des théories de Ferenczi ». Il souhaite donc qu'ils s'installent plutôt en Australie. Heureusement, John Rickman s'est engagé à ce qu'ils puissent trouver refuge en Angleterre.

Lorsque Michael Balint quitte enfin Budapest, en janvier 1939, Gizella lui confie le manuscrit du *Journal clinique* de Ferenczi et les très nombreuses lettres de Freud, lui demandant de les garder jusqu'à ce qu'elles puissent être éditées. La situation rend tout projet de publication inenvisageable à court et moyen terme. Deux volumes rassemblant des articles et conférences de Ferenczi ont été imprimés à Budapest juste avant l'Anschluss. Les envoyer à Vienne serait les condamner à une destruction certaine. L'édition est exportée en Suisse et confiée à un éditeur de Berne.

L'installation des Balint à Manchester est marquée par la tragédie. Le 29 août 1939, Alice Balint meurt d'une rupture d'anévrisme à l'âge de quarante et un ans. Michael finit par rejoindre Londres où les papiers de Ferenczi et les lettres de Freud sont mis à l'abri.

Elma, à qui son mariage avec John Laurvik a valu la nationalité américaine, travaille pendant les années de guerre à l'ambassade des États-Unis à Berne. Gizella, sa fille Magda et sa sœur Sarolta ne quittent pas Budapest. En mars 1944, la Hongrie est envahie par l'Allemagne, dont elle était pourtant l'alliée. Les rafles de Juifs se multiplient. Même si Gizella s'est convertie au christianisme, cette protection est loin d'être suffisante. Comme de nombreux Juifs hongrois, Gizella et les siens sont mis à l'abri par le diplomate Raoul Wallenberg, dans une maison protégée par les Suédois. Il n'empêche : sur un million de Juifs hongrois, six cent mille périssent dans les camps nazis, mais aussi au cours de marches forcées vers l'Autriche.

Pendant l'hiver 1945, après la destruction des ponts de Budapest par les bombardements, la psychanalyste Ilona Felszgehi traverse à pied le Danube gelé, puis monte jusqu'à la maison de Ferenczi, gravement endommagée. Au milieu des décombres, elle découvre le portrait de Ferenczi peint par Olga Dormándi, ainsi que de nombreux papiers dispersés dans le jardin. Elle emporte les documents dans un sac, avec l'intention de revenir chercher le tableau. Mais le lendemain, il a disparu. Beaucoup des notes de Ferenczi se révéleront trop abîmées pour être déchiffrables[5].

En 1946, Elma invite sa mère et sa sœur Magda à la rejoindre à Berne. Peu après, Gizella reprend contact avec Anna Freud. Par l'intermédiaire de Michael Balint, elle lui fait savoir combien elle aimerait recevoir les nombreuses lettres que Sándor avait envoyées à Freud. Avant sa mort, elle voudrait transmettre à ses filles les deux volets de cette correspondance : « Comme il ne me reste guère d'autres valeurs, explique-t-elle, il serait consolant et apaisant pour moi et pour mes enfants de posséder ce document émanant de deux hommes aussi grands[6]. »

Anna accepte de transmettre à Gizella la propriété intégrale des lettres, mais elle souhaite qu'une copie soit d'abord réalisée, « en vue d'une éventuelle utilisation partielle ». Depuis longtemps, elle fait d'ailleurs preuve d'un vif attachement à Ferenczi : «S'il y a une personne sans qui la psychanalyse serait impensable, c'est Ferenczi[7]», a-t-elle écrit peu après la mort de celui-ci. Gizella s'éteint quelques mois plus tard, le 21 mars 1949.

Le 20 août 1949, la République populaire de Hongrie est proclamée. Sous le régime stalinien de Mátyás Rákosi, secrétaire général du Parti communiste puis Premier ministre, les purges sont très nombreuses, notamment parmi les intellectuels. L'Association psychanalytique hongroise a été à nouveau interdite en 1948. La pratique de la psychanalyse est étouffée pour plusieurs décennies et l'œuvre de Sándor Ferenczi tout à fait oubliée dans son propre pays.

Freud à Paris le 5 juin 1938, avec William Bullitt, ambassadeur des États-Unis en France.

Carl Gustav Jung vers 1940.

Freud à Paris, entre Marie Bonaparte et William Bullitt.

Les époux Balint et leur fils John en 1939.

Elma à l'ambassade des États-Unis à Berne en 1937.

Michael Balint, son fils et sa nièce
Judith Dormándi, future Judith Dupont.

Budapest en 1945, après les bombardements et la destruction du célèbre pont des Chaînes.

30

En 1949, plus de quinze ans après la mort de Ferenczi, un numéro de l'*International Journal of Psychoanalysis* lui est consacré, grâce aux efforts de Michael Balint. «Confusion de langue entre les adultes et l'enfant» y paraît pour la première fois en anglais, ainsi qu'un certain nombre de fragments tardifs regroupés sous le titre «Réflexions sur le traumatisme».

Les projets de Balint sont beaucoup plus ambitieux. Il veut non seulement rassembler en un volume les derniers articles de Ferenczi, mais aussi faire paraître de larges extraits de sa correspondance avec Freud. Dans l'immédiat, il écarte le *Journal clinique*, craignant de raviver les polémiques. Pour les lettres, les difficultés ne sont pas moindres. Anna Freud surveille étroitement les publications, écartant tout ce qui pourrait porter atteinte à l'image de son père. Le 12 novembre 1951, Elma, devenue l'interlocutrice de Michael Balint depuis la mort de sa mère, lui écrit : «Si seulement, je pouvais la voir paraître, cette correspondance... dont je sais bien que la remise à plus tard est de la faute d'Anna[1].»

Deux ans après, Balint souligne que nombre de lettres contiennent des commentaires «plutôt francs» sur des gens dont beaucoup sont encore en vie. La meilleure politique consiste selon lui à voir les réactions que suscitera la parution en langue anglaise du troisième et dernier volume des œuvres de Ferenczi, *Final Contributions*, avant de décider du destin de la correspondance. Les négociations pour ce recueil d'articles sont difficiles : se disant soucieux de protéger la réputation de son « grand ami » Ferenczi, Ernest Jones veut veiller à ce que cette publication « ajoute à son prestige plutôt qu'à son discrédit ». Il essaie d'écarter de ce dernier volume tous les textes écrits après 1928, arguant que « la malheureuse détérioration mentale causée par sa maladie au cours de ses dernières années a fait qu'il a écrit alors des choses telles qu'il n'en aurait même pas rêvé dans ses meilleurs jours ». Il a, dit-il, le sentiment qu'il faut se souvenir de Ferenczi « à partir de ce qu'il a fait de mieux, et non de pire[2] ».

Les textes que Jones voudrait éliminer sont les quatre derniers articles : « L'enfant mal accueilli et sa pulsion de mort », « Principe de relaxation et néocatharsis », « Analyses d'enfants avec des adultes » et bien sûr « Confusion de langue entre les adultes et l'enfant ». Mais Balint n'est pas prêt à se laisser forcer la main. Selon lui, « ce serait faire injure à la mémoire de Ferenczi et à son œuvre que d'éliminer ces quatre articles, les derniers qu'il ait écrits, et qui contiennent quelques-unes de ses idées les plus achevées ». Balint les a relus plusieurs fois et a été frappé par leur caractère extrêmement stimulant. En outre, ils sont parus tous les quatre dans l'*International Journal of Psychoanalysis*, trois à l'époque où il était publié sous la direction de Freud et le quatrième pour commémorer le quinzième anniversaire de la mort de Ferenczi. Leur omission dans le recueil ne pourrait qu'apparaître « comme un acte gratuit et injustifié[3] », comme si les successeurs de Freud voulaient se montrer plus freudiens que lui.

Pour éviter un conflit ouvert, Balint accepte toutefois d'attirer l'attention dans sa préface sur les critiques qui ont été opposées à ces textes. Jones finit par s'incliner, malgré sa répugnance à afficher «la folie de Ferenczi». Il se dit même persuadé que ce dernier lui en aurait été reconnaissant. Le livre *Final Contributions to the Problems and Methods of Psychoanalysis*, incluant ces quatre textes, paraît à Londres et New York en 1955.

Malgré le bon accueil du volume, la perspective d'une publication de la correspondance avec Freud s'éloigne. Balint lui-même préfère temporiser. La situation est tout aussi délicate pour le *Journal clinique*, explique-t-il à Elma. Il s'agit certes d'un «document scientifique de première valeur», mais les sujets qui y sont abordés sont toujours très controversés et les allusions à des personnes vivantes sont si nombreuses que mieux vaut «le laisser dormir pendant quelques années avant d'y repenser[4]». Elma approuve cette décision et renouvelle sa confiance à Balint : «Je suis sûre que vous avez raison d'attendre […] Sándor ne voudrait certainement pas blesser ou bouleverser des gens. […] Toutes ses pensées précieuses sont entre vos mains fidèles et loyales, elles ne seront pas perdues pour le monde[5].»

De son côté, Ernest Jones a entamé dès 1944 l'écriture de son autobiographie, *Free Associations* : il y dépeint Ferenczi en termes peu flatteurs. Certes, il évoque d'abord sa «personnalité délicieuse qui a gardé quelque chose de l'imagination de l'enfant», mais c'est pour mieux s'en prendre au Ferenczi tardif : «Comme on sait, quelques années avant sa mort, une grave détérioration mentale a commencé à s'installer, essentiellement en conséquence de la maladie organique dont il souffrait, et son caractère a changé. Il a perdu sa gaieté, sa vitalité, et il est devenu pesant, déprimé et peu aimable. Il s'est éloigné de ses amis de longue date et, plus grave encore, a laissé sérieusement dévier son jugement scientifique. C'était une triste fin pour une personnalité rare et précieuse[6]. »

Mais Jones ne tarde pas à se rendre compte que sa partialité à l'égard de Ferenczi et des autres disciples de Freud apparaît de façon trop évidente. Il décide alors de se lancer dans un projet beaucoup plus ambitieux : la biographie de Freud. Comme le lui a écrit Michael Balint, il est le dernier qui ait appartenu au cercle très intime des premiers élèves de Freud, et désormais « le seul porteur de cette grande tradition » qui puisse la transmettre à la nouvelle génération. Anna Freud commence par se méfier : pour ce projet essentiel, elle aurait préféré une personnalité plus neutre, comme Ernst Kris ou Siegfried Bernfeld. Mais après la parution du premier volume, en 1953, son attitude se modifie. Désormais, elle accorde à Jones toute sa confiance. Et c'est à elle, « digne fille d'un immortel génie », qu'il dédie le second tome.

Balint et Jones ont de nombreux échanges pendant la préparation de la biographie. Grâce au soutien d'Anna, Jones est le seul autorisé à lire la correspondance de Freud et Ferenczi. Il ne tarde pas à percevoir sa richesse : à partir de 1910, reconnaît-il, « Ferenczi a joué un rôle plus important dans la vie de Freud que n'importe qui d'autre ». De son côté, Balint insiste pour que rien ne soit dit des relations compliquées de Sándor avec Gizella et Elma. Avant de transmettre à Jones les lettres des dernières années, il les relit avec émotion. « Revivre le malentendu tragique qui a séparé ces deux personnes » est pour lui une tâche troublante. Il continue à penser qu'il est encore trop tôt pour que cette histoire puisse être discutée dans une atmosphère objective et compréhensive. Il rappelle donc au biographe de « traiter ce matériel avec prudence[7] ».

Pour de tout autres raisons, la lecture de la correspondance est un choc considérable pour Ernest Jones. Plus que par les discussions théoriques, il est frappé par les critiques et jugements acerbes qui le concernent, y compris sous la plume de Freud : « Je viens d'examiner la dernière époque de la correspondance Ferenczi. Ce fut une grande surprise pour moi de voir avec quelle force il s'était tourné contre moi dans sa phase paranoïde plus tardive. Ce qui est remarquable, c'est qu'il ne me l'a jamais manifesté personnellement, bien qu'il ait sans aucun doute quelque peu empoisonné l'esprit de Freud[8]. » Balint conteste aussitôt l'idée d'une « phase paranoïde ». Lui qui a beaucoup fréquenté Ferenczi durant ses dernières années a plutôt perçu de la dépression, surtout après la rupture avec Freud. Sándor avait une peur dévorante d'avoir été « emporté par son enthousiasme, et d'avoir perdu à tout jamais le respect et l'estime de ses collègues ».

C'est manifestement par prudence que Balint refuse de communiquer le *Journal clinique* à Jones. Il assure qu'une partie importante « en est écrite en hongrois, ou dans l'écriture manuscrite de Ferenczi, avec toutes les abréviations sténographiques qu'il avait l'habitude d'employer ». Avant de pouvoir le donner à lire, il lui faudrait travailler pendant des mois pour lui donner une forme lisible : « Tel qu'il est, il serait incompréhensible et définitivement déroutant[9]. » En réalité, le journal est entièrement écrit en allemand, et plus des trois quarts du texte sont dactylographiés...

31

Il n'était pas encore question de Ferenczi dans le premier tome de la biographie de Freud. Dans le deuxième, publié en 1955, la malveillance de Jones se manifeste par petites touches et notations insidieuses, comme s'il lui fallait préparer le règlement de comptes final. Mais le choix des adjectifs et l'insistance sur certains détails, composent un portrait désagréable, malgré les protestations d'amitié.

« Ferenczi, quelque charme qu'il pût avoir, se montrait parfois assez dictatorial et certaines de ses propositions outrepassèrent de loin ce qu'on a coutume d'entendre dans les cercles scientifiques. […] Cette attitude de Ferenczi devait, par la suite, entraîner de graves dissentiments entre analystes américains et européens[1]. »

« Ferenczi était obsédé par le besoin insatiable, extraordinaire, de l'amour de son père [Freud]. C'était la passion de sa vie et la source des malheureux remaniements qu'il devait faire subir, vingt ans plus tard, à sa technique psychanalytique et qui l'éloignèrent de Freud (ce qui ne fut pas réciproque). En amitié, ses exigences étaient illimitées. […] Freud ne cessa jamais de traiter Ferenczi avec générosité et tact et l'affection qu'il lui portait maintint entre eux une précieuse amitié, cela jusqu'au moment où l'équilibre de Ferenczi menaça de se rompre[2]. »

En évoquant la correspondance, Jones reconnaît que les lettres adressées par Freud à Ferenczi sont de loin les plus intimes, mais il s'empresse d'ajouter que deux problèmes en diminuent l'intérêt. «D'abord une discussion permanente des problèmes domestiques personnels à Ferenczi, problèmes compliqués, mais sans intérêt réel pour nous.» Ensuite, «l'hypocondrie particulièrement grave dont Ferenczi avait toujours été affligé – les détails en sont ennuyeux et monotones. Freud, dans l'examen minutieux de ces troubles, fit preuve de la patience la plus admirable[3].»

En octobre 1957, la parution du troisième tome de *La Vie et l'œuvre de Sigmund Freud* est un choc pour tous les proches de Ferenczi. Sándor y est décrit comme un malade mental, gagné par la paranoïa depuis le début des années 1920. Selon Jones, deux des membres du Comité secret, Rank et Ferenczi, n'ont pas été en mesure de «tenir jusqu'au bout». «Les manifestations psychotiques qui apparurent chez Rank de façon dramatique [...], et celles qui se développèrent peu à peu chez Ferenczi vers la fin de sa vie, eurent entre autres conséquences de les détourner de Freud et de ses doctrines. Les germes d'une psychose destructrice, invisibles pendant si longtemps, finirent par éclater[4].»

Il pourrait sembler étrange que le fondateur de la psychanalyse n'ait pas été en mesure de détecter plus rapidement de tels symptômes, chez deux de ses plus proches disciples...

C'est surtout dans son récit des derniers mois de Ferenczi que Jones évoque explicitement la folie. À l'en croire, l'anémie pernicieuse dont souffrait Ferenczi «exacerba ses tendances psychotiques latentes». Dans son «stade délirant final», il aurait répété autour de lui que Freud le poursuivait de sa haine. Un paragraphe concentre les affirmations les plus brutales et les moins étayées.

« La dernière lettre de Ferenczi, écrite au lit le 4 mai, consistait en quelques lignes pour l'anniversaire de Freud. Son dérangement mental avait fait de rapides progrès pendant les quelques derniers mois. Il racontait comment l'une de ses patientes américaines à laquelle il avait dans le temps consacré quatre à cinq heures par jour l'avait analysé et guéri de tous ses maux. Il recevait ses messages à travers l'Atlantique – Ferenczi avait toujours fermement cru à la télépathie. Puis il y eut ses idées délirantes concernant la soi-disant hostilité de Freud. Vers la fin, il fut sujet à de violents éclats de type paranoïaque, voire homicides, qui furent suivis de sa mort soudaine, le 24 mai. Telle fut la fin tragique de l'être brillant, charmant et distingué qui fut pendant un quart de siècle le plus proche ami de Freud. Les démons cachés contre lesquels Ferenczi s'était pendant des années battu avec une grande angoisse et beaucoup de succès eurent finalement raison de lui, et cette terrible expérience nous rappelle une fois de plus combien terrible peut être leur pouvoir[5]. »

La date de la mort de Ferenczi est en réalité le 22 mai, non le 24. Mais surtout, contrairement à ce que laisse entendre Jones, l'histoire extravagante de la patiente dont Ferenczi aurait reçu des messages à travers l'Atlantique ne figure dans aucune de ses lettres. C'est comme si les réserves que Jones avait toujours eues sur plusieurs aspects de la personnalité de Freud, à commencer par son intérêt pour la télépathie, trouvaient en Ferenczi un parfait bouc émissaire.

Elma, qui a pris sa retraite en 1955, vit désormais à New York avec sa sœur Magda, veuve de Lajos, l'un des frères de Sándor. Toutes deux travaillent aux archives Bartók et habitent le mythique Chelsea Hotel, où elles sont connues comme «les dames Ferenczi». Elles font savoir à Michael Balint combien elles ont été bouleversées par le livre d'Ernest Jones :

«Nous avons été choquées de lire ce que Jones affirme au sujet de Sándor, à savoir qu'il est mort fou! Comme vous le savez, il n'était pas fou! Même si Jones et probablement quelques autres ne peuvent pas suivre ses derniers écrits et ne sont pas d'accord avec lui, cela ne prouve certainement pas que Sándor était fou! C'est horrible de prétendre de telles choses d'un homme qui est mort et ne peut pas se défendre. Y aura-t-il quelqu'un pour rectifier cela? Écrira-t-on, fera-t-on quelque chose? Je veux dire publiquement. Nous sommes très très tristes que cela ait pu arriver vingt-cinq ans après la mort de Sándor[6].»

Profondément blessé lui aussi, Michael Balint ne sait trop quelle attitude adopter. S'il garde le silence, lui qui est en charge de l'héritage littéraire de Ferenczi, ce sera interprété comme un accord avec le récit d'Ernest Jones, et donc comme un enterrement définitif du dernier Ferenczi. D'un autre côté, il lui répugne de se lancer dans une polémique publique avec une personnalité aussi puissante qu'Ernest Jones. C'est donc en termes très modérés qu'il s'adresse d'abord à lui :

«Au cours des derniers mois [...], j'ai plus d'une fois hésité à vous écrire. Votre description de la dernière phase de la vie de Ferenczi en est la raison, comme vous le savez certainement. Je pense que ce que vous dites dans le livre est, à bien des égards, loin de la vérité et propre à induire en erreur. [...] J'ai vu Ferenczi durant les derniers mois de sa vie en bien des occasions, une ou deux fois par semaine, et je ne l'ai jamais trouvé délirant, paranoïde ou homicidaire. Au contraire, bien qu'il était physiquement invalidé par son ataxie, il avait la plupart du temps l'esprit frais, et discutait souvent avec moi des divers détails de sa controverse avec Freud et de son projet de revoir certaines de ses idées publiées dans ses derniers articles – si jamais il était encore capable d'écrire. Je l'ai vu le dimanche avant sa mort et bien que très faible, son esprit était parfaitement clair[7]. »

Jones tente de persuader Balint qu'ils ont raison chacun à leur manière. Selon lui, le fait de n'avoir observé aucun trait paranoïde chez Ferenczi ne prouve absolument rien : il est fréquent, « même dans un cas de paranoïa avancée », qu'une personne continue à se montrer « entièrement lucide sur la plupart des sujets ». De son côté, il affirme disposer de solides preuves pour étayer son récit, tout en se gardant de donner la moindre précision.

Malgré l'aggravation de l'état de santé de Jones, Balint n'est pas disposé à se laisser manipuler. Il tient d'autant plus à publier une lettre rectificative dans l'*International Journal of Psychoanalysis* qu'il a reçu de nombreuses lettres des proches de Ferenczi, parmi lesquelles ses anciennes analysantes Clara Thompson, Alice Lowell et Izette de Forest, ainsi que les deux filles de Gizella. Toutes le pressent de réagir. Mais Balint reste partisan d'un compromis. Le droit de réponse qu'il rédige va faire l'objet de laborieuses négociations.

« La publication du tome III de la grande biographie de Freud du Dr Jones a créé une situation embarrassante pour moi, l'exécuteur littéraire de Ferenczi. Dans ce volume, le Dr Jones exprime avec force son point de vue quant à l'état mental de Ferenczi, en particulier durant les dernières années de sa vie, et donne le diagnostic d'une sorte de paranoïa à développement lent, avec hallucinations et pulsions homicidaires. Fondé sur ce diagnostic, il interprète dans ce sens les publications scientifiques de Ferenczi, ainsi que sa participation au mouvement analytique[8]. »

Un tel récit, explique Balint, risque de donner le sentiment que les derniers écrits de Ferenczi relèveraient du pur délire, alors que ces textes anticipent « de quinze à vingt-cinq ans le développement de la technique et de la théorie psychanalytiques », notamment les travaux de Donald Winnicott, et qu'ils contiennent « bien des idées qui pourraient éclairer des problèmes du présent, et même du futur ». Balint rappelle qu'il a rencontré régulièrement Ferenczi pendant les derniers mois de sa vie, et que malgré son affaiblissement physique il a toujours gardé l'esprit clair.

L'argument final de Balint est sans conteste le plus fort : « À mon avis, la différence entre le Dr Jones et moi-même concerne moins les faits que leur interprétation. Comme chacun de nous a été – à un moment ou un autre – analysé par Ferenczi, il est possible que les interprétations tant du Dr Jones que de moi-même soient tendancieuses. » Selon lui, il ne leur reste qu'à prendre acte de leur désaccord, en confiant aux prochaines générations « la tâche de démêler la vérité ».

Avec ces dernières lignes, Balint a touché à un point très sensible. Car Jones s'est bien gardé, dans les trois tomes de sa biographie, de signaler qu'il a été analysé par Ferenczi. Il tente, non sans mauvaise foi, d'obtenir la suppression de cette information : « Je n'aime pas non plus votre dernier paragraphe qui cherche à réduire le problème épineux à des différences personnelles d'un transfert positif ou négatif à l'égard d'un ex-analyste. La vie n'est absolument pas aussi simple que cela[9]. »

Le 19 décembre 1957, Balint constate que le conflit est pour l'instant insoluble. « Après mûre réflexion », il accepte de retirer la référence au fait que Ferenczi a été leur analyste à tous les deux, à condition de ne rien modifier au reste de la lettre.

Lorsque celle-ci paraît dans la revue, Jones ajoute toutefois en post-scriptum : «Ce que j'ai écrit concernant les derniers jours de Ferenczi était basé sur les preuves dignes de confiance d'un témoin oculaire.» Ce témoin ne sera jamais identifié. Lajos Lévy, le médecin de Ferenczi, pensait qu'il pourrait s'agir de Gizella, mais elle était morte en 1949, avant que Jones ne songe à l'interroger. Et si dans sa dernière lettre à Freud, le 4 mai 1933, elle a écrit que Sándor n'est « toujours pas redevenu celui qu'il a été», elle n'a jamais parlé de folie. On ne peut que noter, aussi, la manière dont Jones a glissé subrepticement des «dernières années» aux «derniers jours» de Ferenczi...

Si le décès d'Ernest Jones, le 11 février 1958, met un terme à la polémique avec Balint, l'image de Ferenczi va pâtir très longtemps des effets de sa biographie. Malgré les virulentes protestations d'Erich Fromm qui, dans son livre *La Mission de Sigmund Freud*[10], évoque «une réécriture typiquement stalinienne de l'histoire», l'ouvrage de Jones s'impose comme une référence majeure partout dans le monde. Et la prétendue folie de Ferenczi détourne la plupart des analystes de la dernière partie de son œuvre.

Elma Pálos.

Elma, Magda et Gizella Pálos.

Ernest Jones.

32

En France, Jacques Lacan a marqué très tôt un vif intérêt pour l'œuvre de Ferenczi. Dans une lettre adressée à Michael Balint en 1953, peu avant la scission de l'Association psychanalytique internationale, il assure que son enseignement accorde toujours « une grande part à la lignée spirituelle de Ferenczi[1] ».

Même si l'œuvre est encore largement inédite en France, Lacan voit en lui « le plus authentique interrogateur de la responsabilité de thérapeute ». Lacan partage notamment sa conviction que la plupart des analystes ont été analysés de façon trop superficielle, et que la notion même d'analyse didactique dissimule ce manque crucial. « L'analyse didactique est simplement une analyse », redit-il à la suite de Ferenczi. Et dans son séminaire du 2 juin 1954, il l'évoque de manière très positive, comme s'il voyait en lui l'un de ses devanciers :

« Ferenczi a été un peu considéré avant 1930 comme l'enfant terrible de la psychanalyse. Par rapport au concert des analystes, il gardait une grande liberté d'allure. Sa façon de poser les questions ne participait pas du souci de s'exprimer par ce qui était déjà, à cette époque, *orthodoxique*. Il a ainsi introduit à plusieurs reprises des questions qui peuvent se grouper autour de l'expression *psychanalyse active* – et quand on a dit ça, qui fait clef, on croit qu'on a compris quelque chose. Ferenczi a commencé à s'interroger sur le rôle que devaient jouer, à tel moment de l'analyse, l'initiative de l'analyste d'abord, son être ensuite[2]. »

Dans « Variantes de la cure-type », en 1955, Lacan parle de Ferenczi comme de « l'auteur de la première génération le plus pertinent à questionner ce qui est requis de la personne du psychanalyste, et notamment pour la fin du traitement ». Il rend hommage à son « lumineux article sur "L'élasticité de la technique psychanalytique" » et, dans un autre écrit, à « Analyses d'enfants avec des adultes[3] ». C'est aussi à Ferenczi, on ne le sait pas assez, que Lacan va reprendre le terme d'analysant.

Mais le principal introducteur de Ferenczi en France est incontestablement Wladimir Granoff, alors une des figures majeures du mouvement psychanalytique français. En 1958, il prononce à la Société française de psychanalyse une conférence intitulée « Ferenczi : faux problème ou vrai malentendu ? ». Le texte est publié en 1961 dans la revue de Lacan *La Psychanalyse*, en même temps que la première traduction française de « Confusion de langue entre les adultes et l'enfant ».

Granoff s'interroge d'emblée sur le silence embarrassé qui entoure désormais le nom de Ferenczi : « De-ci de-là on le cite [...], mais à de rarissimes exceptions, contrairement à Abraham que l'on adopte, à Rank que l'on exclut, on le laisse comme en marge. Ou l'on déplore sa fin, comme si la mort l'avait cueilli en pleine jeunesse, à l'âge des espoirs qui ne se sont pas encore réalisés. Comme s'il avait beaucoup promis, mais n'avait pas tenu[4]. »

Selon Granoff, Ferenczi est devenu un mythe, en même temps qu'un révélateur : il suffit d'évoquer son nom pour diviser «le monde analytique en deux catégories. Ceux qui sont tranquilles et ceux qui le sont moins. Ces derniers sont une minorité». Mais pour cette minorité, qui ne s'est pas laissé impressionner par les malveillances d'Ernest Jones, Ferenczi reste plus présent et plus actuel que jamais, car avec lui «il est question du fond même des choses de l'analyse». Et Granoff ne craint pas d'écrire, quelques pages plus loin, que «si Freud a inventé la psychanalyse, Ferenczi a fait de la psychanalyse. Plus encore, qu'il a fait l'analyse pour autant qu'elle est pulsation vivante».

Vers 1960, Michael Balint offre à sa nièce Judith Dormándi – devenue Judith Dupont après son mariage avec Jacques Dupont, médecin et imprimeur – une série d'éditions originales des œuvres de Ferenczi que son père, László Dormándi, avait publiées en Hongrie avant la guerre.

Judith Dupont est particulièrement séduite par *Thalassa* et se lance dans la traduction française. Refusé par les Presses universitaires de France, l'ouvrage est accepté par Payot. Il paraît en 1962 sous le titre *Thalassa, psychanalyse des origines de la vie sexuelle*. Premier ouvrage de Ferenczi publié en français, il connaît un succès très important.

Dans sa préface, Nicolas Abraham, hongrois d'origine lui aussi, présente l'essai «comme l'un des plus passionnants et des plus libérateurs» du siècle, élargissant la démarche psychanalytique à «une méthode d'investigation universelle». Ferenczi est, dit-il, le premier qui a tenté d'intégrer la biologie à la psychanalyse, ouvrant la voie à la médecine psychosomatique. Mais selon Abraham, même «celui qui dénie à *Thalassa* toute validité scientifique peut y voir encore une poésie, un mythe, un objet de méditation[5]».

33

Malgré son grand âge, Elma travaille jusqu'en 1965 aux archives Bartók, de façon à pouvoir satisfaire son «hobby» favori : aider ses amis pauvres à Budapest. Mais elle continue à s'intéresser de près au destin des œuvres de Ferenczi. Elle se réjouit des bonnes ventes de la nouvelle édition des *Bausteine zur Psychoanalyse*, le premier volume de l'édition allemande de ses écrits. Il est important pour elle «que les pensées et les idées de Sándor soient toujours vivantes» et que la génération actuelle veuille aussi en tirer profit[1].

Le 28 avril 1966, Michael Balint a de vraies nouvelles à lui annoncer. Après des négociations «prolongées et traînantes», Anna Freud a marqué son accord pour une anthologie de la correspondance en un volume, que viendrait compléter un second livre, le récit par Balint des relations entre Freud et Ferenczi, une sorte de biographie de cette amitié. Ces deux publications soulèvent toutefois une difficulté majeure : «Écrire une biographie […] sans mentionner que vous y avez joué un rôle équivaudrait à une falsification.» Et de toute manière, trop de rumeurs ont déjà circulé, dès les années 1920, pour qu'il soit possible de passer l'affaire sous silence. Il demande donc à Elma de réfléchir à «ce problème très intime et délicat[2]».

Deux semaines plus tard, Elma lui répond longuement. Elle lui avoue qu'elle a toujours craint d'être mentionnée dans ces lettres. Tout en espérant qu'elle ne sera plus là lorsque la correspondance sera publiée, elle accepte que son rôle soit évoqué : agir autrement ne serait conforme ni à l'éthique ni à la vérité historique. Et elle évoque pudiquement ses relations avec Sándor, même si «mettre en mots ses souvenirs» est très douloureux pour elle. Elle décrit la jeune fille qu'elle était alors comme «une méchante séductrice», indifférente au sort de ses victimes. Mais tout cela est si loin. À ses yeux, l'essentiel est maintenant de restaurer l'image de Sándor, qui a tant pâti de la biographie d'Ernest Jones. Pour le reste, elle fait confiance au tact de Balint[3].

Ce dernier répond avec émotion. Il imagine «combien de souvenirs, tendres ou douloureux», sa demande a ravivés. Un peu plus tard, il propose un subterfuge : masquer l'identité d'Elma sous un nom d'emprunt, Sylvia par exemple, et la présenter comme une proche parente de Gizella plutôt que comme sa fille.

L'année suivante, Elma évoque la question de la responsabilité des écrits de Ferenczi, après sa disparition et celle de sa sœur. Elle propose à Balint que ce soit Judith Dupont qui hérite de cette responsabilité, une suggestion qu'il accepte aussitôt. Atteinte de la maladie d'Alzheimer, Elma meurt le 4 décembre 1971, cinq mois avant sa sœur Magda. Balint lui-même s'est éteint le 31 décembre 1970[4].

Judith Dupont va jouer un rôle déterminant dans la redécouverte de l'œuvre de Ferenczi, en France et bien au-delà. En 1968, trente-cinq ans après son décès, elle fait paraître, à nouveau chez Payot, le premier tome de ses œuvres psychanalytiques ; trois autres suivront. L'année suivante, elle fonde la revue *Le Coq-Héron*, rassemblant autour d'elle tout un groupe d'analystes. Même s'il ne s'agit au départ que d'un fascicule artisanal, cette publication va permettre d'exhumer, de traduire et de commenter d'innombrables textes de Ferenczi et de l'école hongroise de psychanalyse.

Pourtant, le *Journal clinique* et la correspondance avec Freud sont toujours inédits. Michael Balint souhaitait qu'ils paraissent simultanément, tant ils étaient complémentaires. Mais Anna Freud continue à s'opposer à une édition intégrale des lettres. L'équipe du *Coq-Héron* décide alors de traduire la correspondance entre Ferenczi et Groddeck, sur laquelle ne pèse aucun interdit. L'histoire des amours de Ferenczi y est évoquée en termes explicites. Le volume ne suscite aucun scandale, ouvrant la voie à la parution du *Journal clinique*, «accueilli avec intérêt, émotion et respect[5]».

Les derniers obstacles à la publication de la correspondance avec Freud disparaissent en 1982 à la mort d'Anna Freud. Seule l'ampleur du projet impose de nouveaux délais. Un comité international se constitue, pour trouver des éditeurs dans plusieurs pays, des traducteurs et commentateurs ainsi que les financements indispensables. Venus d'un peu partout, les membres du comité se retrouvent un dimanche à Londres. Enid Balint, la veuve de Michael, a fait apporter de la banque la valise noire supposée contenir l'immense correspondance des deux hommes. Mais lorsqu'on l'ouvre solennellement, les lettres ne s'y trouvent pas : la valise contient divers documents, dont un chapitre du manuscrit de *Totem et Tabou* et les lettres d'Otto Rank à Freud. C'est comme si le destin voulait jouer un dernier tour. La correspondance de Freud et Ferenczi est retrouvée le lendemain, dans une autre valise noire.

En France, plusieurs grands éditeurs se désistent en raison du nombre de lettres – il y en a plus de mille deux cents, dont certaines très longues – et de la complexité du travail de traduction et d'annotation. Cela n'empêche pas le groupe du *Coq-Héron* de se mettre au travail. Trois volumes sont prévus, dont le premier est publié par Calmann-Lévy en 1992. «Une fois de plus, raconte Judith Dupont, c'est l'édition française qui fut la première à paraître, et fut un succès de ventes considérable. Elle fut suivie de l'édition anglaise, et bien plus tard seulement, de l'original allemand[6].»

Dès lors, les ouvrages sur Ferenczi se multiplient et l'importance de ses textes, surtout ceux de la dernière période, commence à être reconnue. La question des abus sexuels commis sur des enfants devient centrale, tandis que les pratiques thérapeutiques évoluent. La passion de guérir de Ferenczi fascine. On célèbre celui qui fut «non seulement le disciple préféré de Freud, mais aussi le clinicien le plus doué de l'histoire du freudisme[7]». On admet enfin, avec l'historienne Élisabeth Roudinesco, que Ferenczi a été «réellement persécuté par Jones et critiqué injustement par les freudiens orthodoxes[8]». Et le psychanalyste Pierre Sabourin est loin d'être seul à se demander «comment ne pas être ferenczien[9]».

Des colloques s'organisent, partout à travers le monde. À Florence, Carlo Bonomi crée une société psychanalytique d'inspiration explicitement ferenczienne. À New York, un Sándor Ferenczi Center s'ouvre en 2008 à la New School for Social Research, où il avait donné une série de conférences en 1927. Même en Hongrie, on s'intéresse à nouveau à lui : en 2011, l'appartement de la rue Lisznyai, où Sándor vécut avec Gizella de 1930 à 1933, est acheté par la Ferenczi Society et devient un centre de documentation.

En 2012, Judith Dupont décide de confier au Musée Freud de Londres l'ensemble des archives Ferenczi qu'elle détient. Elle n'aurait pu choisir de lieu plus symbolique. Et Michael Molnar, ancien directeur des lieux, salue cette entrée en termes forts : l'auteur de *Thalassa* et du *Journal clinique* «est arrivé à la maison de Freud, non comme un fils, mais comme un partenaire et un égal».

Le temps de Ferenczi serait-il enfin venu?

Portrait de Ferenczi peint par Olga Székely-Kovács.

Notes

Chapitre 1
1. Sándor Ferenczi, « Confusion de langue entre les adultes et l'enfant. Le langage de la tendresse et de la passion » (1932), *Psychanalyse IV, 1927-1933*, Payot, 1982, p. 126-127. Les citations suivantes sont extraites du même article.
2. Lettre de Freud à Ferenczi du 13 décembre 1929, Sigmund Freud – Sándor Ferenczi, *Correspondance 1920-1933. Les années douloureuses*, Calmann-Lévy, 2000, p. 419.

Chapitre 2
1. Sigmund Freud – Karl Abraham, *Correspondance 1907-1926*, Gallimard, 1969, p. 42.
2. Sándor Ferenczi, « Les névroses à la lumière de l'enseignement de Freud et de la psychanalyse » (1908), *Psychanalyse I*, Payot, 1968, p. 11.
3. Michael Balint, « Préface », *in* Sándor Ferenczi, *Psychanalyse I, op. cit.*, p. 11.
4. Eugen Bleuler était devenu le directeur du Burghölzli en 1898, à l'époque l'un des hôpitaux psychiatriques les plus importants d'Europe. En 1904, il écrivait à Freud : « Nous sommes au Burghölzli des admirateurs zélés des théories freudiennes en psychologie et pathologie » (Sigmund Freud et Eugen Bleuler, *Lettres 1904-1937*, Gallimard, 2016). Max Eitingon, Carl Gustav Jung et Karl Abraham avaient tous les trois été assistants du professeur Bleuler avant d'aller trouver Freud.
5. Sigmund Freud – Sándor Ferenczi, *Correspondance 1908-1914*, Calmann-Lévy, 1992, p. 3. Toutes les références ultérieures à la correspondance de Freud et Ferenczi renvoient à ce volume, ainsi qu'aux deux tomes suivants : *Correspondance 1914-1919*, Calmann-Lévy, 1996 ; *Correspondance 1920-1933, les années douloureuses, op. cit.*
6. Sándor Ferenczi, « Principe de relaxation et néocatharsis » (1930), *Psychanalyse IV, op. cit.*, p. 85.
7. Lettre de Freud à Ferenczi du 11 février 1908, *Correspondance 1908-1914, op. cit.*, p. 7.

Chapitre 3
1. Françoise Dolto, propos publiés à l'automne 1979 dans le dossier « Les enfants en morceaux », *Choisir la cause des femmes*, n° 44, septembre-novembre 1979. Exhumée dans le prolongement des débats sur le livre de Vanessa Springora, *Le Consentement* (Grasset, 2020), cette interview a été commentée par Claude Halmos dans *Le Monde* du 16 janvier 2020, en faisant référence à Ferenczi : « Aucune fille n'est violée par son père parce qu'elle y consent. La maltraitance est un crime. Même si elle ne tue pas l'enfant, elle tue toujours son enfance et une partie de son devenir. [...] En n'expliquant pas que les émotions et la sexualité de l'enfant sont radicalement différentes de celles des adultes, elle [Françoise Dolto] se prête à ce que le psychanalyste Sándor Ferenczi nommait "la confusion des langues". Contrairement à ce que

prétendent les pédophiles, "séduire" n'a pas, dans la langue des enfants, le même sens que dans celle des adultes. Quand une petite fille fait tourner sa jupe devant un monsieur, elle n'attend en aucun cas de lui la réponse qu'il va lui donner s'il est incestueux ou pédophile, et qui la détruira.» Quelques jours plus tard, Serge Tisseron le soulignait lui aussi dans une tribune : «L'enfant est en attente de tendresse comme l'a largement montré le psychanalyste hongrois Sándor Ferenczi du vivant même de Freud, et l'adulte qui prétend répondre aux attentes de l'enfant lui impose en réalité ses propres désirs de manière traumatique. [...] Nous ne savons guère ce qui se passe dans la tête d'un enfant, mais même si l'enfant pouvait *désirer* un échange sexuel avec un adulte, ce n'est pas ce qu'il nous faut prendre en compte. Car, sauf s'il a été précédemment abusé, il ne le *souhaite* pas» (*Le Monde*, 16 janvier 2020).

Chapitre 4

1. En 1969, Michael Balint – qui songeait à écrire une biographie de Ferenczi – collecta les souvenirs des frères et sœurs survivants de Sándor, dont un long texte de Zsófia, la sœur cadette. Ces témoignages rédigés en hongrois, aujourd'hui conservés au musée Freud de Londres, sont pour l'essentiel inédits.

2. Ce chapitre doit beaucoup au livre de Claude Lorin, *Sándor Ferenczi. De la médecine à la psychanalyse*, Presses universitaires de France, 1993, ainsi qu'à celui de Pierre Sabourin, *Sándor Ferenczi, un pionnier de la clinique*, Campagne Première, 2011.

3. Lettre de Ferenczi à Groddeck du 25 décembre 1921, Sándor Ferenczi – Georg Groddeck, *Correspondance*, Payot, 1982, p. 55.

4. Sándor Ferenczi, *Journal clinique*, Payot, 1985, p. 155.

5. Sándor Ferenczi, «Mots obscènes» (1910), *Psychanalyse I, op. cit.*, p. 126-137.

6. Lettre de Ferenczi à Groddeck du 25 décembre 1921, Sándor Ferenczi – Georg Groddeck, *Correspondance, op. cit.*, p. 56.

7. John Lukacs, *Budapest 1900. Portrait historique d'une ville et de sa culture*, Quai Voltaire, 1990.

8. Le célèbre Semmelweis, qui parvint à réduire la fièvre puerpérale en imposant l'hygiène aux médecins, avait dirigé la maternité de Szent Rókus de 1851 à 1857.

9. Sándor Ferenczi, «Deux erreurs de diagnostic» (1900), *Les Écrits de Budapest*, EPEL, 1994, p. 82. C'est Claude Lorin qui, au terme de longues recherches, a exhumé les écrits de Ferenczi antérieurs à sa rencontre avec Freud.

10. Sándor Ferenczi, «Ignotus, le compréhensif» (1924), *Psychanalyse III, 1919-1926*, Payot, 1974, p. 248.

11. Sándor Ferenczi, «Mon amitié avec Miksa Schächter» (1917), *Psychanalyse II*, Payot, 1970, p. 288.

12. Sándor Ferenczi, «Spiritisme» (1899), *Les Écrits de Budapest, op. cit.*, p. 35-41.

13. Sándor Ferenczi, «États sexuels intermédiaires» (1905), *ibid.*, p. 255.

14. Sándor Ferenczi, «De la valeur thérapeutique de l'hypnose» (1904), *ibid.*, p. 235.

15. Dezsö Kosztolanyi, «Sándor Ferenczi», *in* Écrivains hongrois autour de Sándor Ferenczi, *Cure d'ennui*, Gallimard, 1992, p. 102-103.

Chapitre 5

1. Peter Gay, *Freud, une vie*, tome I, Pluriel, 1995, p. 295.

2. Lettre de Freud à Jung du 17 janvier 1909, Sigmund Freud – C. G. Jung, *Correspondance*, Gallimard, 1992, p. 271.

3. Sándor Ferenczi, « Psychanalyse et pédagogie » (1908), *Psychanalyse I, op. cit.*, p. 54-55.
4. Lettre de Freud à Jung du 13 août 1908, Sigmund Freud – C. G. Jung, *Correspondance, op. cit.*
5. Sándor Ferenczi, *Journal clinique, op. cit.*, p. 255.
6. « Transfert et introjection », article majeur de 1909, occupe les pages 93 à 125 de *Psychanalyse I, op. cit.*
7. Préface de Freud au premier recueil d'articles de Ferenczi, citée dans la lettre de Freud à Ferenczi du 3 décembre 1909, *Correspondance 1908-1914, op. cit.*, p. 118.

Chapitre 6
1. Lettre de Freud à Ferenczi du 4 juillet 1909, *Correspondance 1908-1914, op. cit.*, p. 77.
2. C. G. Jung, *Ma vie*, Gallimard, « Folio », 1991, p. 255.
3. Ernest Jones, *La Vie et l'œuvre de Sigmund Freud*, tome II, Presses universitaires de France, 1972, p. 58.
4. Lettre de Freud à Mathilde Hollitscher du 23 septembre 1909, citée par Peter Gay, *Freud, une vie*, tome I, *op. cit.*, p. 344.
5. Lettre de Ferenczi à Freud du 5 octobre 1909, *Correspondance 1908-1914, op. cit.*, p. 84-86.
6. Lettre de Ferenczi à Freud du 5 octobre 1909, *ibid.*, p. 83-84.
7. Lettre de Freud à Ferenczi du 11 octobre 1909, *ibid.*, p. 88-89.
8. C'est Ferenczi qui a introduit le mot d'*analysant*, que Lacan va reprendre et populariser à partir de 1967.
9. Lettre de Freud à Ferenczi du 20 août 1910, *Correspondance 1908-1914, op. cit.*, p. 221.

Chapitre 7
1. Lettre de Ferenczi à Freud du 26 octobre 1909, *ibid.*, p. 95-96.
2. Lettre de Freud à Ferenczi du 10 janvier 1910, *ibid.*, p. 133.
3. Lettre de Ferenczi à Freud du 5 février 1910, *ibid.*, p. 141.
4. Sándor Ferenczi, « De l'histoire du mouvement psychanalytique » (1910), *Psychanalyse I, op. cit.*, p. 166.
5. Lettre de Freud à Jung du 2 février 1910, Sigmund Freud – C. G. Jung, *Correspondance, op. cit.*

Chapitre 8
1. Lettre de Ferenczi à Freud du 27 avril 1910, *Correspondance 1908-1914, op. cit.*, p. 177-178.
2. Lettre de Freud à Ferenczi du 16 août 1910, *Correspondance 1908-1914, op. cit.*, p. 213.
3. Lettre de Freud à Martha du 4 septembre 1910, Sigmund Freud, « Notre cœur tend vers le sud », *Correspondance de voyage 1895-1923*, Fayard, 2005, p. 299.
4. Lettre de Freud à Martha du 15 septembre 1910, *ibid.*, p. 316. Freud ajoute savoureusement que pour pouvoir effectuer un tel voyage avec tous les siens, « il n'aurait pas fallu devenir psychiatre et prétendu fondateur d'une nouvelle tendance en psychologie, mais fabricant de quelque objet de genre courant comme du papier hygiénique, des allumettes ou des boutons de bottines. Il est beaucoup trop tard maintenant pour changer de profession, si bien que je continue – égoïstement mais en principe avec regrets – à jouir seul de tout ».
5. Lettre de Freud à Jung du 24 septembre 1910, Sigmund Freud – C. G. Jung, *Correspondance, op. cit.*

6. Le texte de Freud, publié en 1911, s'intitule « Remarques psychanalytiques sur l'autobiographie d'un cas de paranoïa : Le président Schreber ».
7. Lettre de Ferenczi à Groddeck du 25 décembre 1921, Sándor Ferenczi – Georg Groddeck, *Correspondance, op. cit.*, p. 56-57.
8. Lettre de Freud à Ferenczi du 2 octobre 1910, *Correspondance 1908-1914, op. cit.*, p. 225.
9. Lettre de Ferenczi à Freud du 3 octobre 1910, *ibid.*, p. 227-229.
10. Lettre de Freud à Ferenczi du 6 octobre 1910, *ibid.*, p. 231.

Chapitre 9

1. Lettre de Freud à Ferenczi du 10 janvier 1910, *ibid.*, p. 133-134.
2. Lettre de Freud à Fliess du 24 novembre 1887, Sigmund Freud, *Lettres à Wilhelm Fliess, 1887-1904*, Presses universitaires de France, 2006, p. 31.
3. Lettre de Freud à Fliess du 21 mai 1894, *ibid.*, p. 97.
4. Lettre de Freud à Fliess du 6 décembre 1896, *ibid.*, p. 268.
5. Lettre de Freud à Fliess du 6 octobre 1893, *ibid.*, p. 82.
6. Il est longuement question d'Emma Eckstein dans le « Projet d'une psychologie » de 1895, publié en annexe des *Lettres à Wilhelm Fliess, op. cit.*, p. 657-660. On trouvera également une remarquable analyse de l'histoire d'Emma et plus généralement des relations de Freud et Fliess dans l'ouvrage de Max Schur, *La Mort dans la vie de Freud*, Gallimard, 1975.
7. Lettre de Freud à Fliess du 8 mars 1895, *Lettres à Wilhelm Fliess, op. cit.*, p. 152.
8. Lettre de Freud à Fliess du 8 mars 1895, *ibid.*, p. 153.
9. Lettre de Freud à Fliess du 13 mars 1895, *ibid.*, p. 158. L'histoire d'Emma Eckstein est présente en filigrane dans le célèbre rêve de « l'injection faite à Irma », que Freud a fait dans la nuit du 23 au 24 juillet 1895 et dont l'analyse joue un rôle déterminant dans *L'Interprétation des rêves*. Quelques années plus tard, Freud écrira à Fliess : « Crois-tu vraiment qu'il y aura un jour sur cette maison une plaque de marbre où on pourra lire : "Ici se dévoila le 24 juillet 1895 au Dr Sigmund Freud le mystère du rêve" ? » (Lettre de Freud à Fliess du 12 juin 1900, *ibid.*, p. 527.)
10. Lettre de Freud à Fliess du 4 juin 1896, *ibid.*, p. 246.
11. Lettre de James Strachey à Ernest Jones du 24 octobre 1951, citée dans l'introduction aux *Lettres à Wilhelm Fliess, op. cit.*, p. 22.
12. Lettre de Freud à Fliess du 7 juillet 1897, *ibid.*, p. 322.
13. Lettre de Freud à Fliess du 16 octobre 1895, *ibid.*, p. 186.
14. Lettre de Freud à Fliess du 7 mai 1900, *ibid.*, p. 520. Dans son article « L'unique autre » (*Libres cahiers pour la psychanalyse*, 2009, n° 1, p. 125-150), Josiane Rolland développe un parallèle judicieux entre l'amitié de Freud et Fliess et celle de Montaigne et La Boétie.
15. Sigmund Freud, « L'étiologie de l'hystérie » (1896), *Névrose, psychose et perversion*, Presses universitaires de France, 1973.
16. Lettre de Freud à Fliess du 4 mai 1896, *Lettres à Wilhelm Fliess, op. cit.*, p. 238.
17. L'allemand *Verführung* a la même racine que *Führer*, et un sens nettement actif. *Verführen*, ce n'est pas seulement séduire, c'est abuser ou pervertir. Pour qualifier ces agressions sexuelles, Freud emploie également les termes plus explicites de *Vergewaltigung* (viol), *Missbrauch* (abus), *Angriff* (attaque) ainsi que le mot français « attentat ». « En allemand, la séduction d'un enfant, c'est le viol qu'il subit », écrit Pierre Sabourin dans *Sándor Ferenczi, un pionnier de la clinique* (*op. cit.*, p. 156-160).

18. Lettre de Freud à Fliess du 2 mai 1897, *Lettres à Wilhelm Fliess, op. cit.*, p. 302.
19. Lettre de Freud à Fliess du 21 septembre 1897, *ibid.*, p. 294.
20. Lettre de Freud à Fliess du 23 février 1898, *ibid.*, p. 388.
21. Lettre de Freud à Fliess du 3 avril 1898, *ibid.*, p. 390.
22. Lettre de Freud à Fliess du 15 octobre 1897, *ibid.*, p. 345-346.
23. Propos cités par Michael Schröter, « Fliess, Weininger, Swoboda et Freud : la querelle du plagiat de 1906 à la lumière des documents », *Essaim*, n° 1, 2003, p. 295-324.
24. Lettre de Freud à Magnus Hirchsfeld de janvier 1906, *Lettres à Wilhelm Fliess, op. cit.*, p. 591.
25. Lettre de Freud à Marie Bonaparte du 3 janvier 1937, *ibid.*, p. 704.
26. Lettre de Marie Bonaparte à Freud du 7 janvier 1937, *ibid.*, p. 705.
27. Lettre de Freud à Ferenczi du 16 décembre 1910, *Correspondance 1908-1914, op. cit.*, p. 253. Wilhelm est effectivement le prénom de Stekel.

Chapitre 10
1. Lettre de Ferenczi à Freud du 3 janvier 1911, *ibid.*, p. 261.
2. Lettre de Freud à Ferenczi du 20 juillet 1911, *ibid.*, p. 312.
3. Lettre de Ferenczi à Freud du 14 novembre 1911, *ibid.*, p. 328-329.
4. Lettre de Freud à Ferenczi du 17 novembre 1911, *ibid.*, p. 330.
5. Lettre de Ferenczi à Freud du 3 décembre 1911, *ibid.*, p. 334.
6. Lettre d'Elma Pálos à Michael Balint du 7 mai 1966, citée dans l'article très riche d'Emanuel Berman, « Sándor, Gizella, Elma : un voyage biographique », *Le Coq-Héron*, n° 174, p. 39.
7. Lettre de Freud à Ferenczi du 5 décembre 1911, *Correspondance 1908-1914, op. cit.*, p. 334. En 1915, Freud publiera l'article « Observations sur l'amour de transfert », c'est-à-dire l'amour provoqué par la situation analytique elle-même. Il y évoque les cas fréquents « où une patiente, soit par de transparentes allusions, soit ouvertement fait comprendre au médecin que, comme toute simple mortelle, elle s'est éprise de son analyste. Cette situation comporte des côtés pénibles et comiques et des côtés sérieux… elle est si complexe, si inévitable, si difficile à liquider que son étude est depuis longtemps devenue une nécessité vitale pour la technique psychanalytique » (*La Technique psychanalytique*, Presses universitaires de France, 1953).
8. Lettre de Freud à Gizella Pálos du 17 décembre 1911, *Correspondance 1908-1914, op. cit.*, p. 336.
9. Lettre de Freud à Gizella Pálos du 17 décembre 1911, *ibid.*, p. 336.
10. Lettre de Freud à Ferenczi du 26 décembre 1911, *ibid.*, p. 338.
11. Lettre de Ferenczi à Freud du 1er janvier 1912, *ibid.*, p. 343-344.
12. Lettre de Freud à Ferenczi du 2 janvier 1912, *ibid.*, p. 344.
13. « A-t-on jamais ainsi courtisé une femme ?
A-t-on jamais ainsi obtenu son amour ?
Je l'aurai – pas longtemps. »
(*Was ever woman in this humor wooed ?*
Was ever woman in this humor won ?
I'll have her, but I will not keep her long.)
Shakespeare, *Richard III*, acte I, scène 2.
14. Lettre de Freud à Ferenczi du 13 janvier 1912, *Correspondance 1908-1914, op. cit.*, p. 346.

Certains spécialistes concluent de cette lettre – et particulièrement de la formule «la connaissance des organes génitaux masculins, acquise de façon illicite» – à un abus effectif d'Elma par son père («Commentaires de Pierre Sabourin sur la conférence de Yves Lugrin», *Le Coq-Héron*, n° 197, p. 120-126). Mais rien dans les lettres suivantes de Freud ne vient confirmer cette hypothèse. Elma, beaucoup plus tard, insistera seulement sur la passivité de son «pauvre père», «un homme démuni, sourd et faible».

15. Lettre de Ferenczi à Freud du 15 janvier 1912, *Correspondance 1908-1914, op. cit.*, p. 347.

16. Fragment d'une lettre d'Elma Pálos à sa mère, cité dans la lettre de Ferenczi à Freud du 18 janvier 1912, *ibid.*, p. 348-349.

17. Lettre de Freud à Ferenczi du 13 février 1912, *ibid.*, p. 364. C'est Freud qui souligne.

18. Lettre de Ferenczi à Freud du 18 février 1912, *ibid., op. cit.*, p. 365.

Chapitre 11

1. Paul Roazen, «Elma Laurvik, Ferenczi's Step-Daughter», *American Journal of Psychoanalysis*, 1998, n° 3, p. 271-286.

2. Lettre de Freud à Ferenczi du 24 mars 1912, *Correspondance 1908-1914, op. cit.*, p. 382.

3. Lettre de Ferenczi à Freud du 17 avril 1912, *ibid.*, p. 384-385.

4. Lettre de Ferenczi à Freud du 28 avril 1912, *ibid.*, p. 391.

5. Lettre de Ferenczi à Freud du 25 avril 1912, *ibid.*, p. 389.

6. Lettre de Ferenczi à Freud du 27 mai 1912, *ibid.*, p. 394.

7. Fragment d'une lettre d'Elma Pálos à Sándor Ferenczi; cité dans une lettre non datée de Ferenczi à Freud, *Correspondance I, op. cit.*, p. 404.

8. Lettre de Ferenczi à Freud du 26 juillet 1912, *Correspondance 1908-1914, op. cit.*, p. 417.

9. Lettre de Ferenczi à Freud, sans date (octobre 1912), *ibid.*, p. 433.

10. Lettre de Freud à Ferenczi du 9 décembre 1912, *ibid.*, p. 460.

11. Lettre de Freud à Ferenczi du 30 décembre 1912, *ibid.*, p. 479. Yves Lugrin a consacré un livre entier à cette analyse maintes fois interrompue et poursuivie plusieurs années durant à travers la correspondance : *Ferenczi sur le divan de Freud*, Campagne Première, 2017.

12. Lettre de Ferenczi à Freud du 8 février 1913, *Correspondance 1908-1914, op. cit.*, p. 492.

13. Lettre de Freud au pasteur Pfister du 5 juin 1910, *Correspondance de Sigmund Freud avec le pasteur Pfister, 1909-1930*, Gallimard, 1966, p. 74.

14. Lettre de Ferenczi à Freud du 12 mai 1913, *Correspondance 1908-1914, op. cit.*, p. 513.

Chapitre 12

1. Lettre de Ferenczi à Freud du 3 janvier 1911, *ibid.*, p. 262.

2. Lettre de Ferenczi à Freud du 20 janvier 1912, *ibid.*, p. 351. C'est Ferenczi qui souligne.

3. Lettre de Ferenczi à Freud du 27 janvier 1912, *Correspondance 1908-1914, op. cit.*, p. 354.

4. Lettre de Freud à Ferenczi du 28 juillet 1912, *ibid.*, p. 419.

5. Lettre de Freud à Ferenczi du 2 octobre 1912, *ibid.*, p. 429.

6. Lettre de Freud à Ferenczi du 25 octobre 1912, *Correspondance 1908-1914, op. cit.*, p. 437. Ferenczi consacre à l'ouvrage un compte rendu aussi long que sévère : «Critique de *Métamorphoses et symboles de la libido* de Jung» (1913), *Psychanalyse I, op. cit.*, p. 88-104.

7. Lettre de Ferenczi à Freud du 26 décembre 1912, *Correspondance 1908-1914, op. cit.*, p. 470-471. C'est Ferenczi qui souligne.

8. Lettre de Freud à Jung du 3 janvier 1913, Sigmund Freud – C. G. Jung, *Correspondance*, tome II, *op. cit.*, p. 318-319.
9. Lettre de Freud à Ferenczi du 8 mai 1913, *Correspondance 1908-1914*, *op. cit.*, p. 511.
10. Sigmund Freud, *Ma vie et la psychanalyse*, Gallimard, 1950.
11. Ernest Jones, *La Vie et l'œuvre de Sigmund Freud*, tome II, *op. cit.*, p. 162. Pour plus de détails, on consultera le livre de Phyllis Grosskurth, *Freud, l'anneau secret*, Presses universitaires de France, 1995.
12. Lettre de Freud à Jones du 1er août 1912, Sigmund Freud – Ernest Jones, *Correspondance complète (1908-1939)*, Presses universitaires de France, 1998, p. 199-200.
13. Lettre de Ferenczi à Freud du 12 avril 1913, *Correspondance 1908-1914*, *op. cit.*, p. 505.
14. Lou Andreas-Salomé, *Correspondance avec Freud* suivie du *Journal d'une année (1912-1913)*, Gallimard, 1970, p. 134.
15. *Ibid.*, p. 369.
16. *Ibid.*, p. 369.
17. Pour plus d'informations, on consultera le livre de Phyllis Grosskurth, *Melanie Klein, son monde, son œuvre*, Presses universitaires de France, p. 104.
18. Lettre de Jones à Freud du 3 juin 1913, Sigmund Freud – Ernest Jones, *Correspondance complète*, *op. cit.* p. 256.
19. Lettre de Freud à Ferenczi du 8 juin 1913, *Correspondance 1908-1914*, *op. cit.*, p. 519.
20. Lettre de Jones à Freud du 11 juin, 1913, *Correspondance complète*, *op. cit.*, p. 260.
21. Lettre de Ferenczi à Freud du 5 août 1913, *Correspondance 1908-1914*, *op. cit.*, p. 533.
22. Lettre de Ferenczi à Freud du 7 juillet 1913, *ibid.*, p. 527.
23. Lettre de Freud à Ferenczi du 9 juillet 1913, *ibid.*, p. 528.
24. Lettre de Ferenczi à Freud du 15 septembre 1913, *ibid.*, p. 537.
25. Lettre de Ferenczi à Freud du 7 juin 1914, *ibid.*, p. 597. Ferenczi répond ici à une phrase de Freud dans *Pour introduire le narcissisme*.
26. Sigmund Freud, *Contribution à l'histoire du mouvement psychanalytique* précédé de *Cinq leçons sur la psychanalyse*, p. 146-147.

Chapitre 13

1. Lettre de Freud à Ferenczi du 28 juin 1914, *Correspondance 1908-1914*, *op. cit.*, p. 602.
2. Lettre de Freud à Ferenczi du 22 juillet 1914, *Correspondance 1914-1919*, *op. cit.*, p. 10.
3. Lettre de Ferenczi à Freud du 23 juillet 1914, *ibid.*, p. 12.
4. Lettre de Ferenczi à Freud du 24 août 1914, *ibid.*, p. 19.
5. Lettre de Ferenczi à Groddeck du 27 février 1922, Sándor Ferenczi – Georg Groddeck, *Correspondance*, *op. cit.*, p. 66.
6. Lettre de Freud à Ferenczi du 30 octobre 1914, *Correspondance 1914-1919*, *op. cit.*, p. 28.
7. Lettre de Ferenczi à Groddeck du 25 décembre 1921, Sándor Ferenczi – Georg Groddeck, *Correspondance*, *op. cit.*, p. 58-59.
8. Lettre de Freud à Ferenczi du 31 juillet 1915, *Correspondance 1914-1919*, *op. cit.*, p. 86.
9. Lettre de Freud à Lou Andreas-Salomé du 30 juillet 1915, *Correspondance avec Freud*, *op. cit.*, p. 43.
10. Lettre de Ferenczi à Freud du 26 décembre 1915, *Correspondance 1914-1919*, *op. cit.*, p. 112.

11. Sándor Ferenczi, « Deux types de névrose de guerre (hystérie) » (1916), *Psychanalyse II*, *op. cit.*, p. 238-252.
12. Sándor Ferenczi, « L'ère glaciaire des périls » (1915), *ibid.*, p. 232.
13. Lettre de Ferenczi à Freud du 14 octobre 1915, *Correspondance 1914-1919, op. cit.*, p. 94.
14. Lettre de Ferenczi à Freud du 16 décembre 1915, *ibid.*, p. 109.
15. Lettre de Freud à Ferenczi du 18 janvier 1916, *ibid.*, p. 123.
16. Lettre de Freud à Ferenczi du 12 mars 1916, *ibid.*, p. 137.
17. Lettre de Ferenczi à Freud du 16 juillet 1916, *ibid.*, p. 152.
18. Lettre de Freud à Ferenczi du 10 juillet 1916, *Correspondance 1914-1919, op. cit.*, p. 152.
19. Selon Régis Boyer, traducteur et éditeur des œuvres d'Ibsen dans la Pléiade, Peer Gynt est « un poète hâbleur, vaurien, irresponsable, fuyant le devoir, le vouloir, la réalité ».
20. Lettre de Freud à Gizella Pálos du 31 juillet 1916, *Correspondance 1914-1919, op. cit.*, p. 155.
21. Lettre de Ferenczi à Freud du 16 octobre 1916, *ibid.*, p. 161.
22. Lettre de Freud à Ferenczi du 24 octobre 1916, *ibid.*, p. 169.
23. Lettre de Ferenczi à Freud du 13 novembre 1916, *ibid.*, p. 171.
24. Lettre de Freud à Ferenczi du 26 novembre 1916, *Correspondance 1914-1919, op. cit.*, p. 181.
25. Lettre de Freud à Gizella Pálos du 23 janvier 1917, *ibid.*, p. 199.
26. Lettre de Freud à Gizella Pálos du 21 août 1917, *ibid.*, p. 262.

Chapitre 14

1. Sigmund Freud, *La Technique psychanalytique, op. cit.*, p. 140-141.
2. Lettre de Freud à Ferenczi du 30 septembre 1918, *Correspondance 1914-1919, op. cit.*, p. 327.
3. Lettre de Ferenczi à Freud du 4 octobre 1918, *ibid.*, p. 328.
4. Lettre de Freud à Sándor et Gizella Ferenczi du 4 mars 1919, *ibid.*, p. 370.
5. Lettre de Ferenczi à Freud du 28 août 1919, *ibid.*, p. 403.

Chapitre 15

1. Lettre de Freud à Ferenczi du 21 janvier 1920, *Correspondance 1920-1933, op. cit.*, p. 5.
2. Lettre de Freud à Ferenczi du 29 janvier 1920, *ibid.*, p. 8.
3. Lettre de Ferenczi à Freud du 20 mars 1920, *ibid.*, p. 11.
4. Lettre de Ferenczi à Freud du 18 juillet 1920, *ibid.*, p. 33.
5. Lettre de Ferenczi à Freud du 20 novembre 1920, *ibid.*, p. 42.
6. Lettre de Freud à Ferenczi du 31 octobre 1920, *ibid.*, p. 39.
7. Lettre de Ferenczi à Freud du 24 juillet 1921, *ibid.*, p. 68.
8. Lettre de Ferenczi à Freud du 29 juillet 1921, *ibid.*, p. 70.
9. Lettre de Ferenczi à Freud du 6 novembre 1921, *ibid.*, p. 80.
10. Lettre de Ferenczi à Freud du 25 janvier 1922, *ibid.*, p. 87.

Chapitre 16

1. Lettre de Freud à Groddeck du 5 juin 1917 *in* Sigmund Freud, *Correspondance 1873-1939*, Gallimard, 1979, p. 96.
2. Georg Groddeck, « Correspondance Freud-Groddeck », in *Ça et Moi*, Gallimard, 1977,

p. 268.
3. Sándor Ferenczi, « La psychanalyse des états organiques (Groddeck) » (1917), *Psychanalyse II, op. cit.*, p. 299-300.
4. Sándor Ferenczi, « Georg Groddeck : le sondeur d'âme » (1921), *Psychanalyse III, op. cit.*, p. 138-142.
5. Lettre de Ferenczi à Groddeck du 25 décembre 1921, Sándor Ferenczi – Georg Groddeck, *Correspondance, op. cit.*, p. 55-57.
6. Lettre de Ferenczi à Groddeck du 25 décembre 1921, *ibid.*, p. 58-59.
7. Lettre de Ferenczi à Groddeck du 2 mai 1922, *ibid.*, p. 69.
8. Lettre de Groddeck à Ferenczi du 12 novembre 1922, *ibid.*, p. 76-77.
9. Lettre de Ferenczi à Groddeck du 11 octobre 1921, *ibid.*, p. 73.
10. Lettre de Ferenczi à Freud du 15 mai 1922, *Correspondance 1920-1933, op. cit.*, p. 91.

Chapitre 17
1. Sándor Ferenczi, « La technique psychanalytique » (1919), *Psychanalyse II, op. cit.*, p. 335.
2. Lettre de Freud à Ferenczi du 13 février 1919, *Correspondance 1914-1919, op. cit.*, p. 367.
3. Lettre de Ferenczi à Freud du 17 octobre 1916, *ibid.*, p. 166.
4. Lettre de Freud à Ferenczi du 24 août 1922, *Correspondance 1920-1933, op. cit.*, p. 99.
5. Lettre de Freud à Rank du 8 septembre 1922, Sigmund Freud – Otto Rank, *Correspondance 1907-1926*, Campagne Première, 2015, p. 267.
6. Lettre de Freud au Comité du 26 novembre 1922, *ibid.*, p. 271.
7. Lettre de Freud à Ferenczi du 25 janvier 1923, *Correspondance 1920-1933, op. cit.*, p. 108.
8. Ernest Jones, *La Vie et l'œuvre de Sigmund Freud*, tome III, *op. cit.*, p. 103.
9. Lettre de Freud à Ferenczi du 10 mai 1923, *Correspondance 1920-1933, op. cit.*, p. 120.
10. Lettre de Freud à Kata et Lajos Lévy du 11 juin 1923, citée par Max Schur dans *La Mort dans la vie de Freud, op. cit.*, p. 428.
11. Lettre de Ferenczi à Freud du 15 juillet 1923, *Correspondance 1920-1933, op. cit.*, p. 125.
12. Lettre de Freud à Ferenczi du 18 juillet 1923, *ibid.*, p. 126.
13. Sigmund Freud, « Dr Ferenczi Sándor (pour son 50e anniversaire) » (1923), *Revue française de psychanalyse*, 1983, n° 5, p. 1099.

Chapitre 18
1. Lettre de Ferenczi à Groddeck du 11 décembre 1922, Sándor Ferenczi – Georg Groddeck, *Correspondance, op. cit.*, p. 82.
2. Sigmund Freud, « Nécrologie pour Sándor Ferenczi » (1933), texte reproduit dans Pierre Sabourin, *Sándor Ferenczi, un pionnier de la clinique, op. cit.*, p. 224.
3. La version allemande de *Thalassa. Essai sur la théorie de la génitalité* (*Versuch einer Genitaltheorie*) a été publiée en 1924. Le texte le plus complet est toutefois la traduction hongroise de 1928, soigneusement revue et corrigée par Ferenczi et parue sous le titre *Katasztrofàk a nemi müködés fejlödésében* (*Catastrophe dans l'évolution de la vie sexuelle*). C'est cette version qui a servi pour la traduction française publiée dans *Psychanalyse III, op. cit.*, p. 250-323. Les hypothèses développées dans *Thalassa* sont prolongées dans un article de 1929, « Masculin et féminin », *Psychanalyse IV, op. cit.*, p. 66-75.
4. Sándor Ferenczi, *Psychanalyse III, op. cit.*, p. 265-266.

5. *Ibid.*, p. 285.

6. Sándor Ferenczi – Otto Rank, *Perspectives de la psychanalyse. Sur l'interdépendance de la théorie et de la pratique*, Payot-Rivages, 1994, p. 10-11. Dans le recueil *Psychanalyse III* de Ferenczi ne sont repris que les chapitres I, III et V, ce qui rend peu perceptible la logique de la démonstration.

7. Sándor Ferenczi – Otto Rank, *Perspectives de la psychanalyse…*, *op. cit.*, p. 55.

8. *Ibid.*, p. 91. On trouvera une analyse fouillée des relations entre l'hypnose et la psychanalyse dans l'ouvrage de Léon Chertok et Isabelle Stengers, *Le Cœur et la Raison. L'hypnose en question de Lavoisier à Lacan*, Payot, 1989.

9. Max Schur, *La Mort dans la vie de Freud*, *op. cit.*, p. 431. Bien des années plus tard, lorsque Freud apprendra que ses plus proches disciples l'ont trompé, il en sera ulcéré : « De quel droit ? » demandera-t-il alors à Jones.

10. Lettre de Freud à Ferenczi du 22 janv.er 1924, *Correspondance 1920-1933*, *op. cit.*, p. 138.

11. Lettre de Ferenczi à Freud du 30 janvier 1924, *ibid.*, p. 139.

12. Lettre de Freud à Ferenczi du 4 février 1924, *ibid.*, p. 142-143.

13. Pour une analyse plus approfondie du rapport de Freud à l'écriture en collaboration, je me permets de renvoyer au chapitre « Freud, de Breuer à Bullitt », *in* Michel Lafon – Benoît Peeters, *Nous est un autre. Enquête sur les duos d'écrivains*, Flammarion, 2006.

14. Lettre d'Eitingon à Freud du 31 janvier, Sigmund Freud – Max Eitingon, *Correspondance 1906-1939*, Hachette Littératures, 2009, p. 346.

15. Lettre de Freud au Comité secret du 15 février 1924, Sigmund Freud – Karl Abraham, *Correspondance 1907-1926*, *op. cit.*, p. 353.

16. Lettre d'Abraham à Freud du 21 février 1924, *ibid.*, p. 35.

17. Lettre de Freud à Ferenczi du 20 mars 1924, *Correspondance 1920-1933*, *op. cit.*, p. 149.

18. Lettre de Freud à Ferenczi du 26 mars 1924, *ibid.*, p. 156.

Chapitre 19

1. Lettre de Freud à Ferenczi du 6 août 1924, *ibid.*, p. 179.

2. Lettre de Rank à Freud du 9 août 1924, Sigmund Freud – Otto Rank, *Correspondance 1907-1926*, *op. cit.*, p. 352.

3. Lettre de Freud à Ferenczi du 27 août 1924, *Correspondance 1920-1933*, *op. cit.*, p. 183.

4. Lettre de Ferenczi à Freud du 1er septembre 1924, *ibid.*, p. 189.

5. Lettre de Freud à Ferenczi du 6 septembre 1924, *ibid.*, p. 194.

6. Lettre d'Abraham à Freud du 17 novembre 1924, *Correspondance 1907-1926*, *op. cit.*, p. 207.

7. Sándor Ferenczi, « Critique de l'ouvrage de Rank : "Technique de la psychanalyse" » (1926), *Psychanalyse III*, *op. cit.*, p. 401.

8. *Ibid.*, p. 402.

9. Lettre de Freud à Ferenczi du 1er décembre 1924, *Correspondance 1920-1933*, *op. cit.*, p. 264.

10. Lettre de Freud à Ferenczi du 18 juin 1925, *ibid.*, p. 244.

11. Lettre de Ferenczi à Freud du 26 février 1926, *ibid.*, p. 278.

12. Lettre de Freud à Ferenczi du 27 février 1926, *ibid.*, p. 280.

13. Lettre de Ferenczi à Freud du 25 octobre 1925, *ibid.*, p. 259-260.

14. Sándor Ferenczi, « Contre-indications de la technique active » (1926), *Psychanalyse III*, *op. cit.*, p. 364.
15. Lettre de Ferenczi à Groddeck du 13 octobre 1926, Sándor Ferenczi – Georg Groddeck, *Correspondance, op. cit.*, p. 105.
16. Sándor Ferenczi, « Les névroses d'organe et leur traitement » (1926), *Psychanalyse III*, *op. cit.*, p. 378.
17. Propos d'Elma Laurvik cités par Emanuel Berman, « Sándor, Gizella, Elma : un voyage biographique », *Le Coq-Héron*, n° 174, p. 35.
18. Lettre de Frédéric Kovács à Vilma Kovács du 8 janvier 1927, Sándor Ferenczi – Georg Groddeck, *Correspondance, op. cit.*, p. 135.

Chapitre 20

1. Lettre de Freud à Ferenczi du 6 juin 1926, *Correspondance 1920-1933, op. cit.*, p. 289.
2. Lettre de Freud à Ferenczi du 29 juin 1926, *ibid.*, p. 301.
3. Lettre de Ferenczi à Freud du 27 septembre 1926, *ibid.*, p. 310.
4. Lettre de Ferenczi à Vilma Kovács du 8 janvier 1927, *ibid.*, p. XXIII.
5. Lettre de Ferenczi à Freud du 8 avril 1927, *ibid.*, p. 338.
6. Témoignage cité par Izette de Forest, « Le levain de l'amour », *Le Coq-Héron*, n° 117, 1990.
7. Lettre de Freud à Ferenczi du 23 octobre 1926, *Correspondance 1920-1933, op. cit.*, p. 316.
8. Lettre de Ferenczi à Freud du 30 novembre 1927, *ibid.*, p. 317.
9. Lettre de Freud à Ferenczi du 25 mars 1927, *ibid.*, p. 336.
10. Lettre de Jones à Freud du 20 juin 1927, Sigmund Freud – Ernest Jones, *Correspondance complète (1908-1939), op. cit.*, p. 714.
11. Lettre de Freud à Jones du 6 juillet 1927, *ibid.*, p. 715.
12. Lettre de Freud à Ferenczi du 25 mars 1927, *Correspondance 1920-1933, op. cit.*, p. 336.
13. Lettre de Ferenczi à Freud du 2 août 1927, *ibid.*, p. 353.
14. Lettre de Jones à Freud du 18 juillet 1927, Sigmund Freud – Ernest Jones, *Correspondance complète (1908-1939), op. cit.*, p. 716.
15. Lettre de Freud à Eitingon, du 13 septembre 1927, Sigmund Freud – Max Eitingon, *Correspondance 1906-1939, op. cit.*, p. 526.
16. Lettre d'Anna Freud à Eitingon, *Correspondance 1906-1939, op. cit.*, p. 528.
17. Lettre de Freud à Ferenczi, 23 octobre 1927, *Correspondance 1920-1933, op. cit.*, p. 361.
18. Lettre de Freud à Jones du 23 septembre 1927, Sigmund Freud – Ernest Jones, *Correspondance complète (1908-1939), op. cit.*, p. 718.
19. Lettre de Ferenczi à Freud du 20 décembre 1927, *Correspondance 1920-1933, op. cit.*, p. 364.
20. Sándor Ferenczi, « Élasticité de la technique psychanalytique » (1928), *Psychanalyse IV*, *op. cit.*, p. 56.
21. *Ibid.*, p. 59.
22. Lettre de Freud à Ferenczi du 4 janvier 1928, *Correspondance 1920-1933, op. cit.*, p. 370.
23. Lettre de Ferenczi à Freud du 15 janvier 1928, *ibid.*, p. 372.
24. Sándor Ferenczi. « Introduction à *La Question de l'analyse profane* de S. Freud », *Essaim*, 2005, n° 2, p. 175-180.

Chapitre 21

1. Lettre de Freud à Eitingon du 14 janvier 1929, Sigmund Freud – Max Eitingon, *Correspondance 1906-1939, op. cit.*, p. 591.
2. Lettre de Ferenczi à Freud du 17 février 1929, *Correspondance 1920-1933, op. cit.*, p. 408.
3. Sándor Ferenczi, «Principe de relaxation et néocatharsis» (1930), *Psychanalyse IV, op. cit.*, p. 87.
4. Lettre de Ferenczi à Freud du 6 novembre 1929, *Correspondance 1920-1933, op. cit.*, p. 417.
5. Lettre de Freud à Ferenczi du 13 décembre 1929, *ibid.*, p. 419.
6. Lettre de Ferenczi à Freud du 25 décembre 1929, *ibid.*, p. 421.
7. Lettre de Ferenczi à Freud du 10 janvier 1930, *ibid.*, p. 404.
8. Lettre de Ferenczi à Freud du 11 janvier 1930, *ibid.*, p. 429.
9. Lettre de Freud à Fliess du 2 avril 1896, *Lettres à Wilhelm Fliess, op. cit.*, p. 233.
10. Sigmund Freud, *La Question de l'analyse profane*, Gallimard, 1985, rééd. «Folio essais», 1998, p. 145-146.
11. Lettre de Ferenczi à Freud du 17 janvier 1930, *Correspondance 1920-1933, op. cit.*, p. 431.
12. Lettre de Ferenczi à Freud du 17 janvier 1930, *ibid.*, p. 433.
13. Lettre de Ferenczi à Freud du 30 avril 1930, *ibid.*, p. 441. Cela ne fait en réalité que vingt-deux ans que les deux hommes se connaissent.

Chapitre 22

1. Lettre de Ferenczi à Georg et Emmy Groddeck du 15 juin 1930, Sándor Ferenczi – Georg Groddeck, *Correspondance, op. cit.*, p. 119-121.
2. Lettre de Ferenczi à Freud du 20 juillet 1930, *Correspondance 1920-1933, op. cit.*, p. 446.
3. Lettre de Freud à Ferenczi du 16 septembre 1930, *ibid.*, p. 450.
4. Lettre de Ferenczi à Freud du 21 septembre 1930, *ibid.*, p. 450.
5. Lettre circulaire de Ferenczi du 30 novembre 1930, *ibid.*, p. 455.
6. Pour plus de détails sur Elisabeth Severn, je renvoie à l'article de Christopher Fortune, «The Case of "RN". Sándor Ferenczi Radical Experiment in Psychoanalysis», in *The Legacy of Sándor Ferenczi* (The Analytic Press, 1993), ainsi qu'à celui de Nancy A. Smith, «La renaissance d'Orpha. Pour une reconnaissance honorable d'Elisabeth Severn» (*Filigranes*, printemps 2012).
7. Sándor Ferenczi, *Journal clinique, op. cit.*, p. 153.
8. Lettre de Ferenczi à Georg et Emmy Groddeck du 21 décembre 1930, Sándor Ferenczi – Georg Groddeck, *Correspondance, op. cit.*, p. 122. En 1928, Ferenczi a consacré un article important au «Problème de la fin de l'analyse», *Psychanalyse IV, op. cit.*, p. 43-52.
9. Sándor Ferenczi, «Principe de relaxation et néocatharsis» (1929), *Psychanalyse IV, op. cit.*, p. 95.
10. Sándor Ferenczi, «Transfert et introjection» (1909), *Psychanalyse I, op. cit.*, p. 114.
11. Sándor Ferenczi, «Analyses d'enfants avec des adultes» (1931), *Psychanalyse IV, op. cit.*, p. 107.
12. *Ibid.*, p. 101.
13. Lettre d'Izette de Forest à Erich Fromm du 6 novembre 1957, citée in «Correspondances à propos du tome III de la biographie de Freud par Jones», *Le Coq-Héron*, n° 177, p. 89-106.
14. Lettre de Ferenczi à Freud du 23 novembre 1930, *Correspondance 1920-1933, op. cit.*, p. 454.

15. Lettre de Ferenczi à Freud du 15 septembre 1931, *ibid.*, p. 472.
16. Lettre de Freud à Ferenczi du 18 septembre 1931, *ibid.*, p. 473.

Chapitre 23

1. Lettre de Ferenczi à Freud du 5 décembre 1931, *ibid.*, p. 477.
2. Lettre de Freud à Eitingon du 1er novembre 1931, Sigmund Freud – Max Eitingon, *Correspondance 1906-1939, op. cit.*, p. 710-711.
3. Les *petting-parties*, qui ont fait scandale dans les années 1920 aux États-Unis, permettaient aux jeunes de se retrouver pour des flirts poussés. Plus d'informations : wellreadsoutherner.com/1920s-petting-parties/
4. Lettre de Freud à Ferenczi du 13 décembre 1931, *Correspondance 1920-1933, op. cit.*, p. 479. Dans le dernier volume de sa biographie de Freud, Ernest Jones citera de larges extraits de cette lettre, en commettant une erreur lourde de sens : au *Godfather* (parrain) évoqué par Freud, il substituera un *God the Father*. Et voici Sándor devenu «Dieu le Père Ferenczi» (Ernest Jones, *La Vie et l'œuvre de Sigmund Freud*, tome III, Presses universitaires de France, 1969, p. 188).
5. Le cas de «Dm.», une patiente victime d'un abus sexuel de son père puis calomniée, est évoqué en détail dans le *Journal clinique, op. cit.*, p. 45-47.
6. Lettre de Ferenczi à Freud du 27 décembre 1931, *Correspondance 1920-1933, op. cit.*, p. 481.

Chapitre 24

1. Sándor Ferenczi, *Journal clinique, op. cit.*, p. 43.
2. *Ibid.*, p. 148.
3. *Ibid.*, p. 256.
4. Lettre de Freud à István Hollos, octobre 1928, consultée sur le site : www.dundivanlautre.fr/sur-freud/sigmund-freud-lettre-a-István-hollos-1928.
5. Sándor Ferenczi, *Journal clinique, op. cit.*, p. 148.
6. Sigmund Freud, *La Technique psychanalytique, op. cit.*, p. 65-66.
7. Sándor Ferenczi, *Journal clinique, op. cit.*, p. 257.
8. *Ibid.*, p. 128.
9. Sándor Ferenczi, «Principe de relaxation et néocatharsis» (1930), *Psychanalyse IV, op. cit.*, p. 93.
10. Sigmund Freud, *Contribution à l'histoire du mouvement psychanalytique, op. cit.*, p. 117.
11. Sándor Ferenczi, «Réflexions sur le traumatisme» (1931-1932), *Psychanalyse IV, op. cit.*, p. 139.
12. Sándor Ferenczi, «Confusion de langue entre les adultes et l'enfant» (1932), *ibid.*, p. 133.
13. Cette expression apparaît pour la première fois dans un texte très bref de 1923, «Le rêve du nourrisson savant» (*Psychanalyse III, op. cit.*, p. 203). Ferenczi reprend la formule quelques années plus tard, dans «Analyses d'enfants avec des adultes» (1931) pour désigner l'une des réactions possibles à un trauma infantile : «Les enfants qui ont beaucoup souffert, moralement et physiquement, acquièrent les traits de visage de l'âge et de la sagesse. Ils ont aussi tendance à entourer maternellement les autres ; manifestement, ils étendent ainsi à d'autres les connaissances, péniblement acquises par le traitement de leur propre souffrance, ils deviennent bons et secourables» (*Psychanalyse IV, op. cit.*, p. 107). Pour plus de préci-

sions sur ce concept, on lira l'article de Charlotte de Parseval, «De Ferenczi à Winnicott : le "nourrisson savant" et le faux self» (*Le Coq-Héron*, n° 189, p. 122-141) et celui de Thierry Bokanowski, «Le concept de "nourrisson savant", une figure de l'infantile» (dans *Le Nourrisson savant. Une figure de l'infantile*, In Press, 2001, p. 21-29).

14. Sándor Ferenczi, «Analyse d'enfants avec les adultes» (1931), *Psychanalyse IV, op. cit.*, p. 109.

15. Sándor Ferenczi, *Journal clinique, op. cit.*, p. 52.

16. *Ibid.*, p. 279 et 283.

17. Freud le reconnaissait : «Je n'aime pas être la mère dans un transfert. Cela me surprend et me choque toujours un peu. Je me sens tellement masculin» (Hilda Doolittle, *Visage de Freud*, Denoël, 1977, p. 65). Beaucoup plus jeune, il avait pourtant dit le contraire dans une lettre à Fliess : «Personne ne remplacera pour moi le commerce avec l'ami qu'exige un côté particulier – peut-être féminin» (Lettre de Freud à Fliess du 7 mai 1900, *Lettres à Wilhelm Fliess, op. cit.*, p. 520).

18. Sándor Ferenczi, *Journal clinique, op. cit.*, p. 190.

19. *Ibid.*, p. 271.

20. *Ibid.*, p. 84.

21. *Ibid.*, p. 155.

22. *Ibid.*, p. 126.

Chapitre 25

1. Lettre de Freud à Eitingon du 18 avril 1932, Sigmund Freud – Max Eitingon, *Correspondance 1906-1939, op. cit.*, p. 741.

2. Lettre de Freud à Ferenczi du 24 avril 1932, *Correspondance 1920-1933, op. cit.*, p. 491.

3. Lettre de Freud à Ferenczi du 12 mai 1932, *ibid.*, p. 494.

4. Lettre de Ferenczi à Freud du 21 août 1932, *ibid.*, p. 501.

5. Lettre de Freud à Eitingon du 24 août 1932, *ibid.*, p. 761.

6. Deux semaines avant cette rencontre, dans une note du *Journal clinique* du 17 août 1932, Ferenczi parle de Brill comme du «plus antipathique des hommes» (*op. cit.*, p. 277).

7. Sándor Ferenczi, «Confusion de langue entre les adultes et l'enfant» (1932), *Psychanalyse IV, op. cit.*, p. 129. Anna Freud reprendra le concept d'identification à l'agresseur en 1936, sans faire référence à Ferenczi.

8. Lettre de Freud à Eitingon du 29 août 1932, Sigmund Freud – Max Eitingon, *Correspondance 1906-1939, op. cit.*, p. 764.

9. Lettre d'Eitingon à Freud du 17 septembre 1932, *ibid.*, p. 769.

10. Lettre de Jones à Freud du 9 septembre 1932, Sigmund Freud – Ernest Jones, *Correspondance complète, op. cit.*, p. 807-808.

11. Lettre de Freud à Jones du 12 septembre 1932, *ibid.*, p. 810.

Chapitre 26

1. Lettre de Ferenczi à Groddeck du 20 mars 1933, Sándor Ferenczi – Georg Groddeck, *Correspondance, op. cit.*, p. 127.

2. Dezsö Kosztolanyo, «Interview de Groddeck» (1925), *Cure d'ennui, op. cit.*, p. 89.

3. Lettre de Ferenczi à Freud du 27 septembre 1932, *Correspondance 1920-1933, op. cit.*, p. 504.

4. Lettre de Freud à Ferenczi du 2 octobre 1932, *ibid.*, p. 505.
5. Sándor Ferenczi, *Journal clinique, op. cit.*, p. 284.
6. Lettre de Freud à Ferenczi du 11 janvier 1933, *Correspondance 1920-1933, op. cit.*, p. 510.
7. Lettre de Clara Thompson à Izette de Forest du 26 février 1933, citée par B. William Brennan, « Le messager oublié de Ferenczi : la vie et l'œuvre d'Izette de Forest », *Le Coq-Héron*, n° 210, p. 101.
8. Lettre de Clara Thompson à Erich Fromm du 5 novembre 1957, citée dans « Correspondances à propos du tome III de la biographie de Freud par Jones », *Le Coq-Héron*, n° 177, p. 89-106.
9. Lettre de Freud à Jeanne Lampl de Groot du 1ᵉʳ février 1933, citée dans Sigmund Freud, *Chronique la plus brève. Carnets intimes 1929-1939*, Albin Michel, 1992, p. 144.
10. Lettre de Ferenczi à Freud du 29 mars 1933, *Correspondance 1920-1933, op. cit.*, p. 511.
11. Lettre de Freud à Ferenczi du 2 avril 1933, *ibid.*, p. 513.
12. Ernest Jones, *La Vie et l'œuvre de Sigmund Freud*, tome III, *op. cit.*, p. 209.
13. Farkashary Menyhert, « Rue Meszáros, n° 12 », *Le Coq-Héron*, n° 85.
14. Entretien avec Judith Dupont, 26 octobre 2015. Judith Dupont m'a également raconté cette jolie anecdote : « Mon cousin John Balint, qui a le même âge que moi, a gardé de Ferenczi un souvenir imaginaire révélateur. Celui d'un immense circuit de train électrique que Ferenczi aurait installé dans le jardin de la villa pour y jouer avec lui entre deux séances. C'est tout à fait impossible, mais cela en dit long sur l'impression que Ferenczi pouvait laisser à un enfant. »

Chapitre 27

1. Sigmund Freud, *Chronique la plus brève, op. cit.*, p. 151.
2. Lettre de Freud à Jones du 29 mai 1933, *Correspondance complète, op. cit.*, p. 824.
3. Sigmund Freud, « Nécrologie de Sándor Ferenczi », citée par Pierre Sabourin, *Sándor Ferenczi, un pionnier de la clinique, op. cit.*, p. 223-225.
4. Ernest Jones, « Sándor Ferenczi, 1873-1933 », *International Journal of Psychoanalysis*, 1933, n° 14, p. 463-466.
5. Lettre de Jones à Freud du 3 juin 1933, *Correspondance complète, op. cit.*, p. 825.
6. Il faudra attendre 1949 pour que ce texte essentiel soit enfin publié en anglais, dans une traduction de Michael Balint, dans le n° 30 de l'*International Journal of Psychoanalysis*. Une série de « Notes et fragments » des dernières années est publiée dans le même numéro.
7. Lettre de Groddeck à Gizella Ferenczi du 19 février 1934, Sándor Ferenczi – Georg Groddeck, *Correspondance, op. cit.*, p. 130.

Chapitre 28

1. Sigmund Freud, « L'analyse finie et l'analyse infinie », *Œuvres complètes*, volume XX, Presses universitaires de France, 2010, p. 22.
2. Lettre de Ferenczi à Groddeck du 27 février 1922, Sándor Ferenczi – Georg Groddeck, *Correspondance, op. cit.*, p. 64-65.
3. Sigmund Freud, « L'analyse finie et l'analyse infinie », *op. cit.*, p. 49. L'article de Ferenczi, « Le problème de la fin des analyses », figure dans *Psychanalyse IV, op. cit.*, p. 43-52.
4. Propos cité par Judith Dupont in *Au fil du temps, un itinéraire analytique*, Campagne Première, 2015, p. 125. Dans ses recherches théoriques ultérieures, et en particulier dans son

dernier ouvrage, *Le Défaut fondamental*, Balint va revenir sur le conflit entre Freud et Ferenczi, le considérant comme un traumatisme majeur pour la communauté psychanalytique : « Cet événement, écrit-il, eut un impact si douloureux que la première réaction du mouvement analytique fut la dénégation et le silence » (Michael Balint, *Le Défaut fondamental*, Petite Bibliothèque Payot, 2003, p. 202).

Chapitre 29

1. L'attitude de Jones et des sociétés psychanalytiques pendant la période nazie est évoquée en détail par Élisabeth Roudinesco dans le chapitre « Face à Hitler » de *Sigmund Freud en son temps et dans le nôtre*, Seuil, 2014, p. 425-474.
2. Lettre de Freud à la directrice de *Time and Tide*, 17 novembre 1938 *in* Sigmund Freud, *Œuvres complètes*, volume XX, *op. cit.*, p. 333.
3. Max Schur, *La Mort dans la vie de Freud*, *op. cit.*, p. 622.
4. Je m'appuie ici sur l'article de Michelle Moreau-Ricaud, « Exil des analystes hongrois lors de la Seconde Guerre mondiale. Le cas de M. Balint », *Topique*, n° 80, p. 103-116.
5. Judith Dupont, « Ferenczi at Maresfield Gardens », *American Journal of Psychoanalysis*, n° 73.
6. Lettre de Gizella Ferenczi à Anna Freud d'avril 1948, citée par André Haynal, « Introduction », *Correspondance 1908-1914*, *op. cit.*, p. XXVII.
7. Lettre d'Anna Freud à Michael Balint du 23 mai 1935.

Chapitre 30

1. Lettre d'Elma Laurvik à Michael Balint du 12 novembre 1951, citée par André Haynal, « Introduction », *Correspondance 1908-1914*, *op. cit.*, p. XXVIII.
2. Lettre de Jones à Balint du 13 novembre 1951, « Correspondance Ernest Jones/Michael Balint, avril 1938-janvier 1958 », *Le Coq-Héron*, n° 177, p. 32.
3. Lettre de Balint à Jones du 18 septembre 1952, *ibid.*, p. 39.
4. Lettre de Balint à Elma Laurvik de 1955, citée par André Haynal, « Introduction », *Correspondance 1908-1914*, *op. cit.*, p. XXIX.
5. Lettre d'Elma à Balint du 13 février 1955, citée par Emanuel Berman, « Sándor, Gizella, Elma : un voyage biographique », *Le Coq-Héron*, n° 174, p. 36-37.
6. Ernest Jones, *Free Associations*, Hogarth Press, 1959, p. 189-190. Ce livre n'a été publié qu'à titre posthume ; je cite la traduction d'Eva Brabant, dans *Le Coq-Héron*, n° 197.
7. Lettre de Balint à Jones du 16 novembre 1953, *Le Coq-Héron*, n° 177, *op. cit.*, p. 52.
8. Lettre de Jones à Balint du 19 janvier 1954, *ibid.*, p. 53.
9. Lettre de Balint à Jones du 29 octobre 1954, *ibid.*, p. 62-63.

Chapitre 31

1. Ernest Jones, *La Vie et l'œuvre de Sigmund Freud*, tome II, Presses universitaires de France, 1961, p. 72.
2. *Ibid.*, p. 86-88.
3. *Ibid.*, p. 166.
4. Ernest Jones, *La Vie et l'œuvre de Sigmund Freud*, tome III, *op. cit.*, p. 50.
5. *Ibid.*, p. 204-205.
6. Lettre d'Elma Laurvik à Balint du 8 novembre 1957, *Le Coq-Héron*, n° 174, *op. cit.*, p. 37.

7. Lettre de Balint à Jones du 28 novembre 1957, *Le Coq-Héron*, n° 177, *op. cit.*, p. 74-75.
8. Lettre de Balint à Jones du 6 décembre 1957, *ibid.*, p. 71.
9. Lettre de Jones à Balint du 7 décembre 1957, *ibid.*, p. 80.
10. Erich Fromm, *La Mission de Sigmund Freud*, Complexe, 1975. Pour de plus amples précisions sur les polémiques entourant le livre d'Ernest Jones, on consultera « Correspondances à propos du tome III de la biographie de Freud par Jones », *Le Coq-Héron*, n° 177, p. 89-106, ainsi que l'important article de Carlo Bonomi, « L'allégation de Jones concernant la détérioration mentale de Ferenczi : une réévaluation », *Filigrane*, printemps 2010, p. 53-61.

Chapitre 32

1. Lettre de Jacques Lacan à Michael Balint du 14 juin 1953, www.ali-aix-salon.com/Lettre Lacan à Michel Balint.pdf
2. Jacques Lacan, *Les Écrits techniques de Freud*, séminaire 1953-1954, Seuil, « Points essais », 1998, p. 321.
3. Jacques Lacan, *Écrits*, Seuil, 1966, p. 340.
4. Wladimir Granoff, *Lacan, Ferenczi et Freud*, Gallimard, « Connaissance de l'inconscient », 2001, p. 74.
5. Nicolas Abraham, « Introduction », *Thalassa. Psychanalyse des origines de la vie sexuelle*, Payot, 1962, p. 21. La traduction de ce texte a été remaniée par la suite et publiée dans *Psychanalyse III*, en reprenant le titre de la version définitive en langue hongroise : *Thalassa. Essai sur la théorie de la génitalité*. Nicolas Abraham et Maria Torok prolongeront les réflexions ferencziennes dans leurs travaux ultérieurs, contribuant à le mettre en lumière.

Chapitre 33

1. Lettre d'Elma Laurvik à Balint du 9 juin 1965, *Le Coq-Héron*, n° 174, *op. cit.*, p. 38.
2. Lettre de Balint à Elma Laurvik du 28 avril 1966, *ibid.*, p. 38-39.
3. Lettre d'Elma Laurvik à Balint du 7 mai 1966, *ibid.*, p. 39-40.
4. Pour plus d'informations sur les dernières années d'Elma Laurvik, on se reportera au remarquable article d'Emanuel Berman, « Sándor, Gizella, Elma : un voyage biographique », *Le Coq-Héron*, n° 174, p. 20-41.
5. Judith Dupont, *Au fil du temps… Un itinéraire analytique*, Campagne Première, 2015, p. 129.
6. *Ibid.*, p. 132.
7. Élisabeth Roudinesco et Michel Plon, *Dictionnaire de la psychanalyse*, nouv. éd., La Pochothèque, 2017.
8. Élisabeth Roudinesco, *Sigmund Freud en son temps et dans le nôtre*, *op. cit.*, p. 451.
9. Pierre Sabourin, *Sándor Ferenczi, un pionnier de la clinique*, *op. cit.*, p. 323-328.

Crédits photographiques

Couverture : © MEPL / Bridgeman Images ; p.7 : © Archives Ferenczi ; p.14 : © Freud Museum London ; p.15 : © Collection Bourgeron / Bridgeman Images ; p.16 : © Authenticated News / Getty Images ; p.17 : © Freud Museum London ; p.18-19 : © Imagno / Getty Images ; p.31 : © MEPL / Bridgeman Images ; p.43 : © Archives Ferenczi ; p.44-45 : © Archives Ferenczi ; p.46 : Bibliothèque métropolitaine Ervin Szabó, Budapest ; p.47 : © Alamy / Artokoloro / Photo12 ; p.48 : Bibliothèque métropolitaine Ervin Szabó, Budapest ; p.49 : Magyar Kereskedelmi és Vendéglátóipari Múzeum ; p.50 : © Interfoto / La Collection ; p.51 : Edith Hajós, courtesy Lukács Archives, Budapest ; p.58-59 : © Archives Charmet / Bridgeman Images ; p.60 : © Liszt Collection / Akg-images ; p.61 : © ETH-Bibliothek Zürich / Science photo Library / Akg-images ; p.62 haut gauche : © Imagno / Akg-images ; p.62 haut droite : ©API / Gamma-Rapho ; p.62 bas gauche : © MEPL / Bridgeman Images ; p.62 bas droite : © Balfore Archive Images / Alamy / Photo 12 ; p.63 haut gauche : © Collection Bourgeron / Bridgeman Images ; p.63 haut droite : © Imagno / La Collection ; p.63 bas : © k. A. / Imagno / Akg-images ; p.71 haut : © Everett Collection / Aurimages ; p.71 bas gauche : © Freud Museum London ; p.71 bas droite : Source : Zeitschrift Deutscher Hausschatz, 1er janvier 1910 ; p.72 haut : © Archives Ferenczi ; p.72 bas : © Interfoto / Austrian National Library / La Collection ; p.72-73 : © Freud Museum London ; p.74-75 : © Freud Museum London ; p.89 haut : © Dipper Historic / Alamy / Photo12 ; p.89 bas gauche : Courtesy Peter Goodrich ; p.89 bas droite : The Collection Of The International Psychoanalytic University Berlin via archive.org ; p.90 : Library of Congress, Manuscript Division, Sigmund Freud Papers ; p.90-91 : © Heritage Images / The Print Collector / Photo12 ; p.109 : © k. A. / Imagno / Akg-images ; p.110 haut : Sigmund Freud Collection, Library of Congress, Prints and Photographs Division, Washington ; p.110 bas : Die Beziehungen zwischen Nase und weiblichen Geschlechtsorganen, in ihrer biologischen Bedeutung dargestellt. Source : Wellcome Collection ; p.111 : Sigmund Freud Collection, Library of Congress, Prints and Photographs Division, Washington ; p.125 : © Archives Ferenczi ; p.126 : © Archives Ferenczi ; p.127 : © Archives Ferenczi ; p.137 : © Interfoto / Austrian National Library / La Collection ; p.138-139 : ©Mary Evans / Bridgeman images ; p.152-153 : © PVDE / Bridgeman Images ; p.154 haut : Wellcome Collection, Courtesy Melanie Klein Trust ; p.154 bas :

© Freud Museum London ; p.155 haut : Wellcome Collection, Courtesy Melanie Klein Trust ; p.155 bas : © MEPL / Bridgeman Images ; p.167 : © Interfoto / Austrian National Library / La Collection ; p.168 : © Interfoto / Austrian National Library / La Collection ; p.169 : © Archives Ferenczi ; p.176-177 : © Freud Museum London ; p.178 haut : © Imagno / Akg-images ; p.178 bas : © Archives Ferenczi ; p.179 haut : © Freud Museum London ; p.179 bas : © Freud Museum London ; p.180 : © Freud Museum London ; p.181 : © Freud Museum London ; p.189 : Courtesy Georg Groddeck-Gesellschaft ; p.197 : Courtesy Georg Groddeck-Gesellschaft ; p.198 : © Archives Ferenczi ; p.199 : © Archives Ferenczi ; p.200-201 : © Collection Bourgeron / Bridgeman Images ; p.202 : The Collection Of The International Psychoanalytic University Berlin via archive.org ; p.203 : Courtesy Georg Groddeck-Gesellschaft ; p.212 : © Archives Ferenczi ; p.213 : © Collection personnelle Judith Dupont ; p.214-215 : © Archives Ferenczi ; p.226 : The Collection Of The International Psychoanalytic University Berlin via archive.org ; p.227 : © MEPL / Bridgeman Images ; p.247 : © The Nemon Estate ; p.248 : © Archives Ferenczi ; p.249 : © k. A. / Imagno / Akg-images ; p.257 : Library of Congress, Manuscript Division, Sigmund Freud Papers ; p.266 : © Archives Ferenczi ; p.267 : Photogrammes extraits du film "Sigmund Freud, his family and colleagues, 1928-1947" filmé par Philip R. Lehrman, M.D., documentaire produit et édité par Lynne Lehrman Weiner. Copyright 1985 and 1987; All rights reserved by Lehrman-Weiner Archives ; p.272 : © Archives Ferenczi ; p.273 : © Archives Ferenczi ; p.274-275 : © Archives Ferenczi ; p.286 : © Freud Museum London ; p.287 : © Collection personnelle Judith Dupont ; p.295 : © Sigm. Freud Priv. Stiftung / Imagno / Akg-images ; p.303 : © Archives Ferenczi ; p.304-305 : © Freud Museum London ; p.317 : © Freud Museum London ; p.318 haut : © Freud Museum London ; p.318 bas : Source : Library of Congress, Manuscript Division, Sigmund Freud Papers ; p.319 : © Freud Museum London ; p.326 haut : Photo © AGIP / Bridgeman Images ; p.326 bas : © Granger collection / Bridgeman images ; p.327 : © Granger / Bridgeman Images ; p.328 haut : © Collection personnelle Judith Dupont ; p.328 bas : © Archives Ferenczi ; p.329 : © Collection personnelle Judith Dupont ; p.330-332 : © SZ Photo / Bridgeman Images ; p.346 : © Archives Ferenczi ; p.347 haut : Wellcome Collection, Courtesy Melanie Klein Trust ; p.359 : © Archives Ferenczi.

Remerciements

À Jacques Martin, professeur de philosophie au lycée Hoche de Versailles, qui nous parla de *Thalassa* un jour de 1974.

À Sandrine Willems, qui voulut consacrer un film à Sándor Ferenczi, en souvenir de nos longues discussions.

À Judith Dupont, qui, avec l'équipe du *Coq-Héron*, s'est battue avec tant d'énergie pour la redécouverte de Ferenczi.

À celles et ceux qui m'ont aidé à reconstituer quelques éléments de ma bibliothèque incendiée, et tout particulièrement à Yves Lugrin.

À Nathalie Gisbert pour sa lecture attentive.

À Sophie Berlin, mon éditrice chez Flammarion, pour sa confiance, son exigence et sa patience, ainsi qu'à Emmanuelle Lê pour ses très précieux apports.

À Valérie Lévy-Soussan, bien sûr, qui a suivi au jour le jour l'élaboration de ce livre.

Table

1. Le vendredi 2 septembre 1932, peu avant 16 heures 9
2. Vingt-quatre ans plus tôt, le dimanche 2 février 1908 21
3. J'ai entendu le nom de Sándor Ferenczi pour la première fois 27
4. On ne trouve dans l'œuvre de Sándor Ferenczi 33
5. Au moment où Ferenczi fait la connaissance de Freud 53
6. En janvier 1909, Freud évoque pour la première fois 65
7. Après le voyage aux États-Unis 77
8. En 1909 déjà, Freud et Ferenczi avaient rêvé 83
9. Que pouvait alors savoir Ferenczi de l'amitié de Freud et Fliess 93
10. Le 3 janvier 1911, Sándor annonce à Freud 113
11. Après avoir passé trois mois à Vienne, Elma revient à Budapest 129
12. Tandis que Sándor se débat dans cet imbroglio sentimental 141
13. Le 28 juin 1914, Freud se dit sous le coup 157
14. L'entrée en guerre des États-Unis et la révolution russe 171
15. L'année 1920 commence de manière tragique 183
16. Le 3 juin 1917, Freud a fait part à Ferenczi 191
17. En septembre 1922, pendant le congrès de Berlin 205
18. Commencé en 1914, dans la petite ville de garnison de Pápa 217
19. La polémique est loin d'être apaisée 229
20. Après la mort de Karl Abraham 237
21. En janvier 1929, Freud traîne les pieds 251
22. Le 25 mai 1930, Sándor est heureux d'annoncer 259
23. En octobre 1931, Sándor et Gizella sont à Capri 269
24. Le *Journal clinique*, entamé le 7 janvier 1932 277
25. Ignorant tout des nouvelles expériences théraputhiques 289
26. Après le congrès de Wiesbaden 297
27. Le 26 mai, alors qu'Anna est rentrée bouleversée 307

28. En 1937, quatre ans après la mort de Ferenczi 313
29. Ernest Jones a été élu président 321
30. En 1949, plus de quinze ans après la mort de Ferenczi 333
31. Il n'était pas encore question de Ferenczi 339
32. En France, Jacques Lacan a marqué très tôt 349
33. Malgré son grand âge, Elma travaille jusqu'en 1965 353

Notes.. 361
Crédits photographiques... 378
Remerciements 381

Cet ouvrage a été achevé d'imprimer en juin 2020
sur les presses de Normandie Roto Impression s.a.s.
61250 Lonrai
N° d'impression : 2001746
N° d'édition : L.01EHBN000724.N001
Dépôt légal : août 2020

Imprimé en France